学びやすい建築構造力学
―― 力の釣合いから振動まで ――

博士(工学) 永野 正行 編著
博士(工学) 肥田 剛典 著
工学博士 井口 道雄 監修

コロナ社

刊行のことば

　本書は建築構造力学を初めて学ぼうとする人を対象に書かれた入門書です。新たに未知の分野の勉強をはじめようとする場合，だれしも多少なりとも期待と不安を持つものです。新たな学問との出会いの場を作り，その分野に興味を持ってもらうことを使命とする入門書は，初学者が持つ不安を和らげ，期待に応えるものでなければならないことは，言うまでもないことです。それと同時に求められるのは，「むずかしいことをやさしく，やさしいことをふかく，ふかいことをおもしろく」という井上ひさしが座右の銘としていた言葉です。「やさしく，ふかく，おもしろく」の要件は，入門書だけに限ったことではありませんが，建築構造力学が初学者にとって難解で苦手であることを考えると，「やさしく」は最も重点が置かれなければならない要件です。

　本書を通読して思うのは，本書がこの点に意を注いで書かれていることです。解説には図を多用し，それらの図にさまざまな工夫を凝らすなど，重要なことを初学者にわかりやすくそして面白く伝える，という精神が貫かれているように感じられます。所々には，ふふーと思わず口元が緩むようなイラストが登場し，これが建築構造力学という少々堅苦しい学問に一服の清涼剤の役割を果たしています。

　建築構造力学が難しく苦手であるという不評を多くの人に持たれてしまうのは，数式が登場し公式や無味乾燥な数字が多いということによるのでしょう。このような不評の原因を取り除く学習上のコツはどのようなものでしょうか。じつは，魔法の杖のような特別な策は残念ながら見当たりません。それでも，重要で鍵となることはいくつかあって，初学者には以下の3点を心掛けることをお勧めしたい。

（1）活字を目で追う勉強ではなく，手を動かすこと。
（2）一項目一項目ごとの理解を確実にすること。
（3）できるだけ多くの問題を解くこと。

特に第1の項目が重要であって，つねに本書とノートを脇に置き，自らの手で図を描きながら，ときには計算をしながら一歩一歩着実に進めることです。これは旧来からの方法ですが，電子化が進んだ今日であっても，この地道な方法に勝る術はなさそうです。

　建築構造力学を勉強する目的は，公式や数式，あるいはさまざまある計算方法を覚えることではありません。目標は力のバランスという抽象的ではあるが，力に対する感覚を養うことであって，建物を安全に造る上で必要となる基礎を身につけることです。建物に要求される要件は，古くローマ時代から「強・用・美」と言われています。「強」とは建物の強さと耐久性，「用」は建物の機能性，「美」は美しさのことです。建物を安全なものに作り上げるという「強」の使命を確かなものにし，その基礎となる勉強が建築構造力学の役割です。本書を通して，建築構造力学の面白さと，奥深さと，大切さを認識してもらうことができれば本書の目的は達せられることでしょう。

2015年1月

井口道雄

まえがき

　建築を学ぶ学生の中には，構造力学に苦手意識を持つひとが少なくありません。さらに，現在の建物の構造計算は大規模なマトリックス計算法で行われ，データを入力すればあとはコンピュータが構造計算までやってくれる時代であります。このような状況で，少しクラシカルな構造力学の理論を学んでも，どの程度役に立つのかが見えない部分も多いかもしれません。筆者も恥ずかしながら構造力学を教える立場になる前は，そのような考え方を持っていました。しかしながら，構造力学の講義を準備するうちに，これが現在のコンピュータ計算を理解する上で欠かせないものであり，力の流れ方や材の変形を理解する上で大変重要であることを，改めて認識することになりました。

　構造力学を習得するには，手を動かして自分で計算してみるのが一番と考えます。経験や直感も重要な部分ではありますが，いきなりそのような能力を磨くことは難しいでしょう。四則演算を満足に習っていない状態で，高度な数学の問題を理解することは難しいのと同じです。中学，高校では，数学や物理の授業でたくさんの計算を経験したと思います。そのような基礎学力はあるのですから，それを使わない手はありません。構造力学では比較的難しいと思われる問題が中学校の受験問題で出るくらいですので，構造力学の理論自体はそれほど難しいわけではないと思います。

　本書は以下を心掛けて作成しました。
① わかりやすい図を多用し，構造力学に苦手意識を持った初学者にもやさしい構成とする。
② 豊富な例題を通じ，理論が完全に理解できていなくても計算だけでもできるようにする。
③ 1冊の本で，静定構造物，不静定構造物までの範囲を網羅する。
④ 一級建築士対策にも適した構成とする。
⑤ 大地震時の建物の揺れを考える上で重要となる振動学への道筋もつける。

　本書は全11章から構成されています。前半の「1章　力と釣合い」，「2章　荷重と反力，応力」では，構造力学に必要となる基礎的な事項を学びます。「3章　トラスの応力」，「4章　梁の応力」，「5章　ラーメンの応力」では，力の釣合いだけで解くことができる静定構造物を取り扱います。後半では材の変形をイメージし，「6章　断面性能」「7章　材の応力度」「8章　材の変形・たわみ」を学びます。これらは不静定構造物の解法に必要となります。「9章　不静定梁の応力」と「10章　不静定ラーメンの応力と変形」では，建築構造では現実的な問題となる不静定構造物の解法を修得します。最後の「11章　構造力学から振動学へ」では，構造力学と振動学がどのように結びつくかを紹介し，建物の地震応答で必要となる振動学の基礎を学びます。

　構造力学は前の内容を今回に，今回の内容をつぎに利用する積重ねの上に成り立っています。章が進むにつれ，内容も少しずつ難しくなっていくので，わからなくなったら，あきらめてその時点まで戻って理解してください。

本書では，まずは皆さんが構造力学の計算ができるように構成しています。少し難しい基礎理論もありますが，豊富な図，例題によって，丁寧なわかりやすい説明を心がけました。各章の初めと終わりに，会話形式でポイントをまとめています。共著の肥田剛典さんにキャラクターを含むイラストを描いていただき，少しでも堅苦しいイメージを脱するように心がけました。わかりやすさを優先したために，厳密さに欠けるところもありますが，まずは例題，演習問題を通じいろいろな問題を解いて慣れてください。計算ができるようになると，力の流れ方がわかった気になるのではないかと思います。

　2011年東日本大震災の発生により，日本が地震大国であることを改めて認識したかと思います。建築構造は大地震に対し如何に耐えるかが重要となり，地盤や建物の揺れの話は大変重要となります。しかしながら，いままでのテキストでは，構造力学が振動学にどのように繋がるかを記述しているものは少なかったように思います。本書では地震時の建物の揺れに関わる振動の話も最後に少しだけ入れてあります。建物の振動についても関心を持っていただき，建物の耐震性向上のため，以降に発生が予想される大地震に対して私たちがなにをできるかを考えるきっかけとなればと願います。筆者の浅学非才のため，内容の不備，誤りもあるかと思われますが，ご指摘いただければ幸いです。

　最後に，東京理科大学永野研究室の学生の皆さんには，原稿をチェックしていただきました。コロナ社の諸氏には，出版に際し大変ご尽力いただきました。ここに記して御礼申し上げます。

　2015年1月

永野正行

目　　　次

1章　力と釣合い ………………………………………………………………………… 1
　　1.1　力とモーメント ……………………………………………………………… 2
　　1.2　力の分解と合成 ……………………………………………………………… 9
　　1.3　力の釣合い …………………………………………………………………… 17
2章　荷重と反力，応力 ………………………………………………………………… 22
　　2.1　荷重の種類 …………………………………………………………………… 23
　　2.2　構造の種類 …………………………………………………………………… 24
　　2.3　支点の反力 …………………………………………………………………… 25
　　2.4　部材の応力 …………………………………………………………………… 28
3章　トラスの応力 ……………………………………………………………………… 33
　　3.1　トラスの特徴と種類 ………………………………………………………… 34
　　3.2　応力算定の基本 ……………………………………………………………… 35
　　3.3　節点法による静定トラスの応力 …………………………………………… 36
　　3.4　力の釣合いからわかる部材の軸力 ………………………………………… 40
　　3.5　切断法による静定トラスの応力 …………………………………………… 42
　　3.6　各種静定トラスの応力 ……………………………………………………… 45
4章　梁の応力 …………………………………………………………………………… 47
　　4.1　梁の応力算定の基本 ………………………………………………………… 48
　　4.2　梁の応力算定のコツ ………………………………………………………… 51
　　4.3　梁の応力分布と応力図 ……………………………………………………… 56
　　4.4　種々の荷重と梁の応力分布 ………………………………………………… 60
　　4.5　応力と荷重間の関係 ………………………………………………………… 67
5章　ラーメンの応力 …………………………………………………………………… 71
　　5.1　ラーメンの応力算定 ………………………………………………………… 72
　　5.2　ラーメンの応力算定のコツ ………………………………………………… 74
　　5.3　片持ちラーメンの応力 ……………………………………………………… 76
　　5.4　斜材のあるラーメンの応力 ………………………………………………… 77
　　5.5　ラーメンの応力分布と応力図 ……………………………………………… 80
　　5.6　3ヒンジラーメン …………………………………………………………… 87
　　5.7　各種静定構造物の応力 ……………………………………………………… 90

6章　断面性能 ··· 95
6.1　図心と断面一次モーメント ··· 96
6.2　断面二次モーメント ··· 101
6.3　断面係数 ··· 107
6.4　断面極二次モーメント ··· 108

7章　材の応力度 ··· 111
7.1　応力度とは ··· 112
7.2　梁の曲げ応力度 ··· 113
7.3　軸力と曲げによる柱の応力度 ··· 116
7.4　せん断応力度 ··· 121
7.5　材の強度と許容応力度 ··· 126

8章　材の変形・たわみ ··· 130
8.1　応力度とひずみ度，変形 ··· 131
8.2　梁のたわみ ··· 137
8.3　モールの定理を用いた梁のたわみ ··· 147
8.4　柱の座屈 ··· 151

9章　不静定梁の応力 ··· 158
9.1　構造物の分類と静定，不静定 ··· 159
9.2　たわみ角法の基本式 ··· 163
9.3　不静定梁の応力計算 ··· 172

10章　不静定ラーメンの応力と変形 ··· 179
10.1　節点移動のないラーメンの応力 ··· 180
10.2　固定モーメント法 ··· 185
10.3　節点移動のあるラーメン ··· 193
10.4　水平荷重を受ける門形ラーメンの層剛性と層間変位 ··· 203

11章　構造力学から振動学へ ··· 209
11.1　静的問題から動的問題へ ··· 210
11.2　建物の運動方程式 ··· 214
11.3　建物の地震応答 ··· 218

参　考　文　献 ··· 225
演習問題の解答 ··· 226
記　号　一　覧 ··· 251
索　　　引 ··· 254

1章 力と釣合い

コージー

さあ，これから構造力学の勉強を始めよう。

よろしくお願いします！

構造力学をしっかり理解するためには，まずは力と抵抗について知っておくことが重要だよ。例えば，図1.1に示すように定規の片側を手で握って反対側の先端を引っ張ると，握った手で抜けないようにしっかりと押さえるよね。つぎに，定規の先端で直交方向に力を入れると，定規は回転しようとするけど，手のひら全体を使って何とか押さえるようにするよね。

確かにそうですね！　でも，これと建物となにか関係があるんですか!?

りっちゃん

じつは，建物全体や柱，梁などの部材でもまったく同じことが起こっているんだよ。建物に力が働くと，建物が移動しないようにそれを支える力が働くことになるんだ。最初は力と力の釣合いや，力のモーメントに関する基礎を学んでいこう。

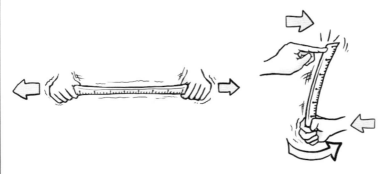

図1.1　定規にかけた力とそれを支える力

1.1 力とモーメント

1.1.1 力とモーメントとは

力を表現するときには，**図1.2**に示すように大きさ・方向・作用点が必要となる。これを**力の3要素**と呼ぶ。大きさの単位は，N（ニュートン）やkN（キロ・ニュートン）である。単位は大変重要なので，必ず正しく表現してほしい。力の記号は，FやPで表現する。

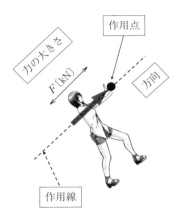

図1.2 力の3要素

力のモーメント（以降は，単に**モーメント**という。）は，**図1.3**に示すように物体に回転を生じさせる力である。先ほどの力に**アーム長**（もしくは**モーメントアーム**，腕の長さ）を掛けて表現する。アーム長は適当に取るのではなく，注目する点から力の作用線に垂線を下ろしたときの長さを

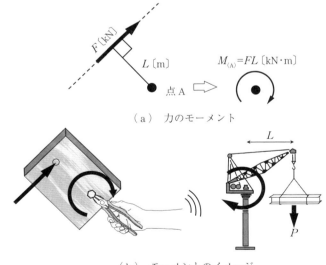

図1.3 力のモーメント

とる。**図1.4**に示すように，力の作用点が違っても，アーム長が同じであればモーメントは同じである。単位は，N·m，kN·m，N·mmのように力に長さを掛けたものになる。後で，「曲げモーメント」というものが出てくるが，親戚みたいなもので同じ単位となる。モーメントの記号はMで表現する。点A周りのモーメントは$M_{(A)}$と表記する。しばらくは，kNとmを使って，力とモーメントを表現する。

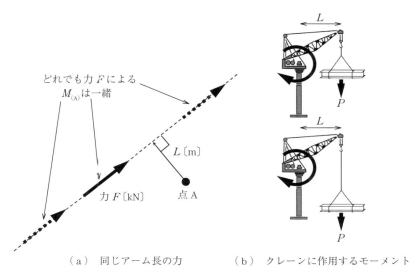

（a）同じアーム長の力　　　（b）クレーンに作用するモーメント

図1.4　力とモーメントとアーム長

1.1.2　本書での方向，正負の定義

本書では，**表1.1**にあるように，力やモーメントを図で描くときは原則，正となる方向で描く。

表1.1　本書での力とモーメントの表記ルール

図：方向，大きさ（数値）を記入			
4 kN → ······→ x	6 kN ← ······→ x	9 kN·m ↻ A	5 kN·m ↺ A
数式：正負で方向を表現			
$F_x = 4$ kN	$F_x = -6$ kN	$M_{(A)} = 9$ kN·m	$M_{(A)} = -5$ kN·m

4　　1. 力 と 釣 合 い

　これらを式で表現する場合には，**図 1.5** に示すように紙面上で右側と上側を力の正方向，時計回りをモーメントの正方向と定義した座標系で，正負を考慮して表現する。正負も重要なので，慣れるまでは必ず正しく表現すること。

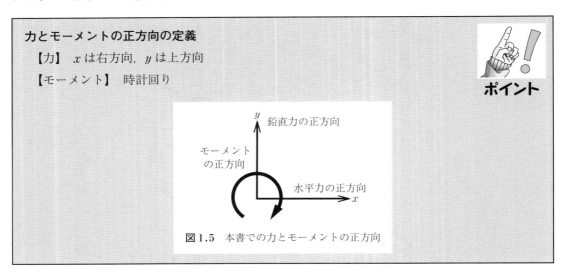

力とモーメントの正方向の定義
　【力】　x は右方向，y は上方向
　【モーメント】　時計回り

図 1.5　本書での力とモーメントの正方向

例題 1.1　**図 1.6**（a），（b）に示す力の大きさ F，アーム長 L，点 A に作用するモーメント $M_{(A)}$ を式と図で示しなさい。マス目一つにつき長さは 1 m，力は 1 kN とする。

（a）　$F = 4$ 〔kN〕，　$L = 2$ 〔m〕，　$M_{(A)} = -4 \times 2 = -8$ 〔kN·m〕

（b）　直角三角形の 3：4：5 の辺長比を利用すると
　　　$F = 5$ 〔kN〕，　$L = 4$ 〔m〕，　$M_{(A)} = 5 \times 4 = 20$ 〔kN·m〕

モーメントの方向は図（c），（d）に示すとおりである。

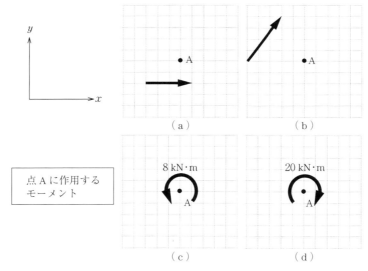

図 1.6　力のモーメントの例題

例題 1.2 図 1.7（a）に示す点 A に作用するモーメント $M_{(A)}$ を式と図で示しなさい。マス目一つにつき長さは 1 m，力は 1 kN とする。

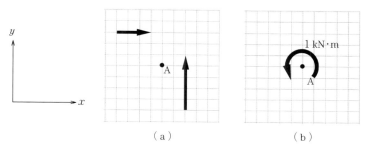

図 1.7　二つの力のモーメントの例題

$$M_{(A)} = 3 \times 3 - 5 \times 2 = -1 \ [\mathrm{kN \cdot m}]$$

モーメントの方向は図（b）に示すとおりである。

演習問題 1.1　図 1.8 に示す矢印で示したそれぞれの力の大きさ F と，アーム長 L，点 A に作用するモーメント $M_{(A)}$ を式で示しなさい。マス目一つにつき長さは 1 m，力は 1 kN とする。

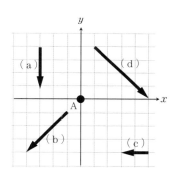

図 1.8　点 A に作用するモーメント

演習問題 1.2　図 1.9 に示す壁に固定された部材に作用する力により点 A に作用するモーメントを示しなさい。外力を受けた部材は壁に力を伝えるものとする。

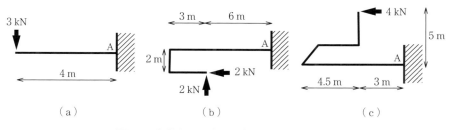

図 1.9　部材を通じ点 A に作用するモーメント

6   1. 力 と 釣 合 い

1.1.3 質量と力

質量と力の関係を整理する。図 1.10（a）に示すように体重計に乗って 50 kg と表示されれば，それは体の質量が 50 kg ということである。50 kg の人間が地面に対して作用する荷重は，質量に重力加速度 $g = 9.80665 \text{ m/s}^2$ を掛けたもの，すなわち $50 \times 9.80665 \fallingdotseq 490 \text{ N} = 0.490 \text{ kN}$ となる。図（b）の天秤(びん)を利用すれば月のように重力加速度が変化するところでも，正確な質量を知ることができる。

（a） 体重計とはかり

（b） 天　秤

図 1.10　質量と力の関係

例題 1.3　図 1.11 に示すように，質量 3 t の鉄骨がクレーンタワーに作用するモーメントを求めなさい。

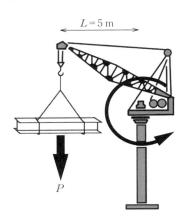

図 1.11　クレーンタワーに作用するモーメント

$$M_{(A)} = -3 \times 9.80665 \times 5 \fallingdotseq -147.1 \text{ [kN·m]}$$

モーメントの正負に注意すること。

1.1.4 等価な力とモーメント

ある点からアーム長分だけ離れて力が作用する場合，モーメントが作用することは述べたが，同時に力も作用している点を忘れてはいけない。「等価な力とモーメントはなにか」を問われたときは，図1.12のように力 P も必ず加える必要がある。

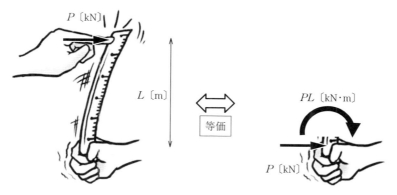

図1.12 等価な力とモーメント

例題 1.4 図1.13（a）に示す状態で，点Aに作用する等価な力とモーメントを求めなさい。

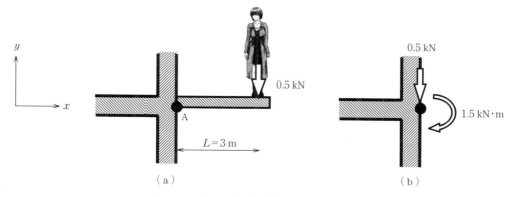

図1.13 壁に作用する等価な力とモーメント

等価な力は下向きが負となるので，$F_y = -0.5$ kN，$M_{(A)} = 0.5 \times 3 = 1.5$ kN·m となる。図（b）にこれらの力を図示する。

1.1.5 偶力と偶力モーメント

たがいに平行で，かつ同じ大きさで，逆方向を向いている力の組みを**偶力**と呼ぶ。この偶力が作用した場合にどのように等価な力とモーメントが働いているか見てみる。

図1.14(a)の点Aに作用している力F_yとモーメント$M_{(A)}$はつぎのようになる。

$F_y = P - P = 0$

$M_{(A)} = P(e+L) - PL = Pe$ 〔kN・m〕

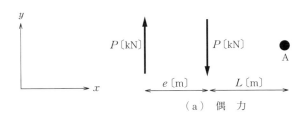

（a）偶力

（b）偶力モーメント

図1.14　偶力と偶力モーメント

すなわち，等価な力は0となり，モーメントだけ残る。このモーメントを**偶力モーメント**と呼ぶ。距離L〔m〕は無関係となり，偶力間の距離e〔m〕だけが関わってくることになる。**図1.15**に示すように，どこの場所で偶力が発生していても，偶力モーメントは同じとなる。ただし，図1.14（b）に示すように正負には注意すること。

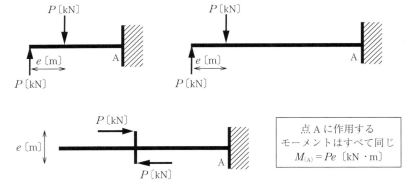

図1.15　偶力モーメントは位置によらず一定

例題 1.5 図 1.16 に示す偶力モーメントを求めなさい。

$$M_{(A)} = -Pe \ [\text{kN·m}]$$

どの方向に力が向いていても同じである。正負に注意すること。

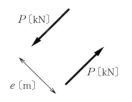

図 1.16 偶力モーメントの計算例

1.2 力の分解と合成

1.2.1 力の分解

図 1.17 に示すように，大きさ F の力を x, y 方向の成分に分解すると，つぎのようになる。

$$F_x = F\cos\theta \ [\text{kN}], \quad F_y = F\sin\theta \ [\text{kN}]$$

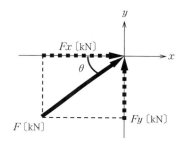

図 1.17 力の分解

例題 1.6 図 1.18 に示す力を x, y 方向に分解しなさい。

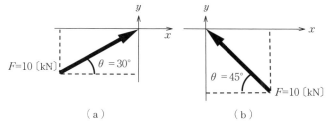

図 1.18 力の分解の例題

（a） $F_x = 10 \times \cos 30° \fallingdotseq 8.66 \ [\text{kN}], \quad F_y = 10 \times \sin 30° = 5 \ [\text{kN}]$

（b） $F_x = -10 \times \cos 45° \fallingdotseq -7.07 \ [\text{kN}], \quad F_y = 10 \times \sin 45° \fallingdotseq 7.07 \ [\text{kN}]$

力の正負に注意すること。

例題 1.7 図 1.6（b）に示す力を x, y 方向に分解し，点 A に作用するモーメントを求めなさい。

10　　1. 力と釣合い

力を作用点で x, y 方向に分解すると，**図 1.19** に示すように，$F_x = 3\,\text{kN}$, $F_y = 4\,\text{kN}$ となる。ただし，図 1.19 のマス目一つにつき長さは 1 m，力は 1 kN である。F_x のアーム長が 4 m，F_y のアーム長は 2 m であり，それぞれ時計回りの方向に作用することから

$$M_{(A)} = 4 \times 2 + 3 \times 4 = 20\,\text{[kN·m]}$$

となり，図 1.6（d）と同じ答えになる。

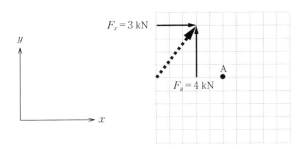

図 1.19　力の分解とモーメント

1.2.2　1点に交わる力の合成

力の分解とは逆に，複数の力を一つの力で表現することができる。例えば，**図 1.20** に示すように，原点で交わる F_x と F_y を合成した力は R となる。合成された力を**合力**と呼ぶ。合力の大きさは次式で示される。

$$R = \sqrt{F_x^2 + F_y^2}\,\text{[kN]}$$

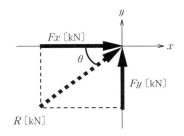

図 1.20　力の合成

例題 1.8　図 1.21 に示す力の合力 R の大きさを求めなさい。

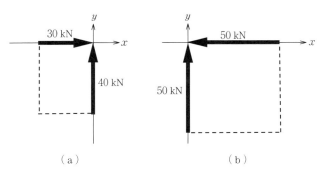

図 1.21　力の合成の例題

(a)　$R = \sqrt{30^2 + 40^2} = 50\,\text{[kN]}$

(b)　$R = \sqrt{(-50)^2 + 50^2} \fallingdotseq 70.7\,\text{[kN]}$

1.2.3 複数の力が平行に作用する場合

図 1.22（a）に示すように，複数の力が平行に作用する場合を考える。

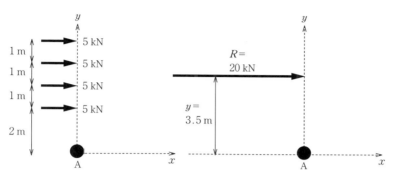

（a） 複数の力が平行に作用する状態　　（b） 合力と作用位置

図 1.22 複数の力が平行な場合の合力と作用位置

このとき，点 A に作用するモーメントと等しくなる合力の大きさとその作用位置を求める。まず，複数の力による合力 R〔kN〕は以下のようになる。

$$R = 5 \times 4 = 20 \text{〔kN〕}$$

つぎに，複数の力による点 A に作用するモーメント $M_{(A)}$ はつぎのようになる。

$$\sum M_{(A)} = 5 \times 5 + 5 \times 4 + 5 \times 3 + 5 \times 2 = 70 \text{〔kN·m〕}$$

最後に，合力の作用位置は，合力 R によるモーメントが複数の力のモーメントの和と一致するように求める。

$$M_{(A)} = R \times y = 20y = 70 \text{〔kN·m〕}$$
$$\therefore \quad y = 3.5 \text{〔m〕}$$

図（b）に合力とその作用位置を示す。複数の力が作用している場合，個々の力のモーメントの総和は合力のモーメントに等しくなっている。これを**バリニオンの定理**という。

例題 1.9 図 1.23（a）に示すように，片持ち梁に三つの荷重が作用している。バリニオンの定理を用い，点 A に作用するモーメントと等しくなる合力の大きさとその作用位置を求め，図示しなさい。

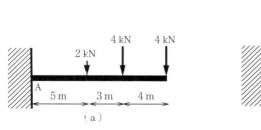
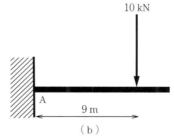

図 1.23 片持ち梁に作用する力の合力と作用位置

12   1. 力 と 釣 合 い

合力 R と複数の力による点 A に作用するモーメント $M_{(A)}$ はつぎのようになる。

$R = 10$ 〔kN〕

$\sum M_{(A)} = 2 \times 5 + 4 \times 8 + 4 \times 12 = 90$ 〔kN・m〕

バリニオンの定理により合力の作用位置を求める。

$M_{(A)} = 10 \times x = 90$ 〔kN・m〕

∴ $x = 9$ 〔m〕

図 (b) に合力とその作用位置を示す。

1.2.4 等分布荷重

いままでの力は点に集中して作用していた。これを**集中荷重**という。これに対し，**図 1.24** に示すような梁や床の自重は 1 点に作用するのではなく，分布して作用する。これを**分布荷重**という。特に線材の上に均等に分布荷重が作用する場合，単位長さ当りの荷重が均等に与えられる**等分布荷重**と呼ばれる。記号は w が用いられる場合が多く，単位は長さ当りの荷重なので kN/m となる。モーメントの kN・m と間違えないように注意すること。

例題 1.10 図 1.24 に示す RC 梁と床の単位長さ当りの自重である等分布荷重を求めなさい。

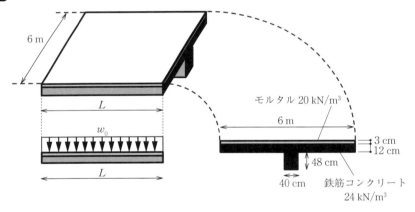

図 1.24 RC 梁と床の自重による等分布荷重

鉄筋コンクリート，モルタルの**単位体積重量**をそれぞれ 24 kN/m³，20 kN/m³ とする。単位体積重量は，1 m³ 当りの重量となる。RC の床，梁，モルタル床に分けて計算する。すべて，kN，m に変換している点に注意すること。

RC 床：$24\text{ kN/m}^3 \times 6\text{ m} \times 0.12\text{ m} = 17.28$ 〔kN/m〕

RC 梁：$24\text{ kN/m}^3 \times 0.4\text{ m} \times 0.48\text{ m} = 4.608$ 〔kN/m〕

モルタル床：$20\text{ kN/m}^3 \times 6\text{ m} \times 0.03\text{ m} = 3.6$ 〔kN/m〕

∴ $w = 17.28 + 4.608 + 3.6 \fallingdotseq 25.5$ 〔kN/m〕

この等分布荷重と等価な合力と作用位置がわかれば，後々の計算に大変便利である。どのように合成することができるかを，**図 1.25**（a）の片持ち梁の自重によるモーメントで調べる。

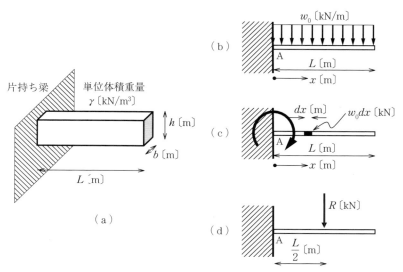

図 1.25 壁に支えられる片持ち梁の自重の等価な合力と作用位置

片持ち梁の単位体積重量を γ〔kN/m^3〕，梁断面の幅 b〔m〕，高さ h〔m〕とすると，等分布荷重 w〔kN/m〕は以下の式で得られる。

$$w = \gamma b h \ 〔kN/m〕$$

定数なので，以降はこれを w_0〔kN/m〕とすると，図（b）の状態となる。このときの合力 R〔kN〕は，等分布荷重 w_0〔kN/m〕に梁の長さ L〔m〕を掛けることにより得られる。

$$R = w_0 L \ 〔kN〕$$

図（c）のように固定端 A から x〔m〕だけ離れた梁で，微小な長さ dx〔m〕を取り出して考える。この部分だけの合力は $w_0 dx$〔kN〕となる。また，この部分が支持点 A に作用するモーメントはアーム長が x〔m〕なので，$w_0 dx \cdot x$〔kN·m〕となる。梁全体を考えた場合，これを $x = 0 \sim L$〔m〕まで積分することにより，点 A に作用する全体のモーメントを求めることができる。

$$M_{(A)} = \int_0^L w_0 dx \times x = w_0 \int_0^L x dx = \frac{w_0 L^2}{2} \ 〔kN \cdot m〕$$

先に説明したバリニオンの定理を利用すると，合力 R の作用位置は，つぎのとおりになる。

$$M_{(A)} = w_0 L \times x = \frac{w_0 L^2}{2} \ 〔kN \cdot m〕$$

$$x = \frac{L}{2} \ 〔m〕$$

なんのことはない。図（d）に示すように，合力が等分布荷重の中心に作用するというごく当たり前のことを理屈っぽく示しただけである。

1.2.5 等変分布荷重

つぎに，図1.26（a）に示すように，断面が先端に向かって細くなる片持ち梁を考える。

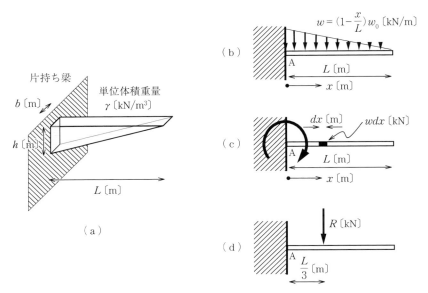

図1.26 壁に支えられる偏断面の片持ち梁

先端が尖った状態は極端ではあるが，断面が変化するケースはよく見られる。この場合，自重が位置により変化し，先端部で小さく，支持部で大きくなる。このように分布荷重の大きさが直線的に変化する荷重を**等変分布荷重**という。図（b）のときの等変分布荷重はつぎの式で表すことができる。

$$w = \left(1 - \frac{x}{L}\right)w_0 \ [\mathrm{kN/m}]$$

ここで $w_0 = \gamma b h \ [\mathrm{kN/m}]$ である。先端部，すなわち $x = L \ [\mathrm{m}]$ では0となり，固定端，すなわち $x = 0$ では w_0 となる。

等分布荷重のケースと同様に，合力 R と作用位置を求める。合力 R は等分布荷重のケースの半分となる。

$$R = \frac{w_0 L}{2} \ [\mathrm{kN}]$$

図（c）のように固定端Aから $x \ [\mathrm{m}]$ だけ離れた梁で，微小な部分 $dx \ [\mathrm{m}]$ を取り出して考えてみる。この部分の合力は $wdx \ [\mathrm{kN}]$ になる。等分布荷重と同様に梁全体を考えた場合，これを $x = 0 \sim L \ [\mathrm{m}]$ まで積分することにより，点Aに作用する全体のモーメントを求めることができる。

$$M_{(\mathrm{A})} = \int_0^L wdx \times x = \int_0^L \left(1 - \frac{x}{L}\right)w_0 x dx = \frac{w_0 L^2}{6} \ [\mathrm{kN \cdot m}]$$

バリニオンの定理から，合力 R の作用位置は，つぎのとおりとなる。

$$M_{(A)} = \frac{w_0 L}{2} \times x = \frac{w_0 L^2}{6} \text{ [kN·m]}$$

$$x = \frac{L}{3} \text{ [m]}$$

図（d）に示すように等変分布荷重のときには，全体を 1：2 に分割した位置が合力の作用位置となる。

　等分布荷重および等変分布荷重の合力と作用位置を以下にまとめる。

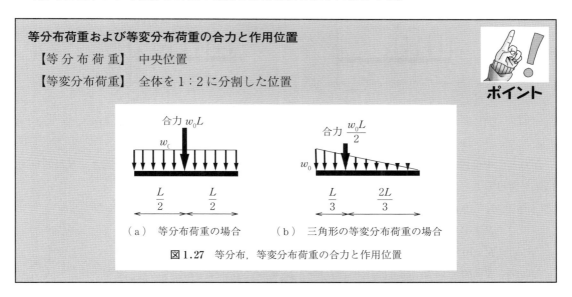

等分布荷重および等変分布荷重の合力と作用位置

【等分布荷重】　中央位置

【等変分布荷重】　全体を 1：2 に分割した位置

（a）等分布荷重の場合　　（b）三角形の等変分布荷重の場合

図1.27　等分布，等変分布荷重の合力と作用位置

　このようなケースは，**図1.28** で示すように，床版を支える梁に作用するスラブの自重として，しばしば現れる。この場合，等分布荷重だけではなく，等変分布荷重，またその組合せというように，非常に複雑な分布荷重となるケースもある。

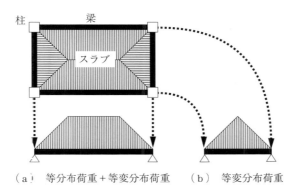

（a）等分布荷重＋等変分布荷重　　（b）等変分布荷重

図1.28　床版を支える梁に作用するスラブの自重

16　1.　力と釣合い

例題 1.11　図 1.29 に示す等分布荷重，等変分布荷重により点 A に作用するモーメントを求めなさい。

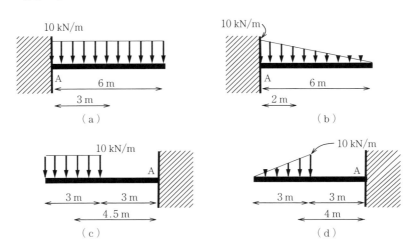

図 1.29　等分布荷重，等変分布荷重を受ける梁

合力と作用位置さえわかってしまえば簡単である。モーメント計算時には時計回り，反時計回りに気を付けること。

（a）　$R = 10\,\text{kN/m} \times 6\,\text{m} = 60\,[\text{kN}]$,　$M_{(A)} = 60\,\text{kN} \times 3\,\text{m} = 180\,[\text{kN·m}]$

（b）　$R = 10 \times 6 \div 2 = 30\,[\text{kN}]$,　$M_{(A)} = 30\,\text{kN} \times 2\,\text{m} = 60\,[\text{kN·m}]$

（c）　$R = 10 \times 3 = 30\,[\text{kN}]$,　$M_{(A)} = -30 \times 4.5 = -135\,[\text{kN·m}]$

（d）　$R = 10 \times 3 \div 2 = 15\,[\text{kN}]$,　$M_{(A)} = -15 \times 4 = -60\,[\text{kN·m}]$

例題 1.12　図 1.30 に示す等分布荷重，等変分布荷重により点 A に作用するモーメントを求めなさい。

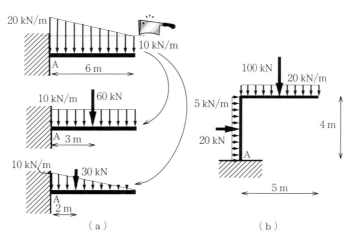

図 1.30　複雑な等分布荷重，等変分布荷重によるモーメント

（a） 等分布荷重，等変分布荷重の応用編である。このような場合は，等分布荷重と等変分布荷重の部分を分けて考え，それを合成する。等分布荷重および等変分布荷重の部分の合力と作用位置は図のとおりになるので，以下の答えが得られる。

$$M_{(A)} = 60 \times 3 + 30 \times 2 = 240 \, [kN \cdot m]$$

（b） 等分布荷重の合力と作用位置は図のとおりとなる。

$$M_{(A)} = 100 \times 2.5 + 20 \times 2 = 290 \, [kN \cdot m]$$

演習問題 1.3　図 1.31 に示すような棒に集中荷重，等分布荷重，等変分布荷重が作用しているとき，点 A に作用するモーメントを求めなさい。

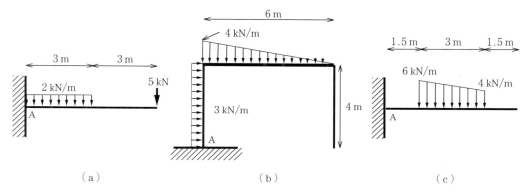

図 1.31　集中荷重，等分布荷重，等変分布荷重によるモーメント

1.3　力の釣合い

建物の自重や地震荷重などの力により，建物がローラーボードのようにどこかに移動したり，風車のようにくるくる回転しては困る。このときには，これらの力をどこかで受け止め，力の釣合いをとる必要がある。ここでは二つのパターンで力の釣合いを確認する。

1.3.1　1 点に交わる力の釣合い

図 1.32 では，3 角形状の吊材の先端に荷重が下向きに 12 kN 作用している。このときの力の釣合いは，同図に示す矢印のようになっている。このときの材に作用している力を求めたい。

18   1. 力と釣合い

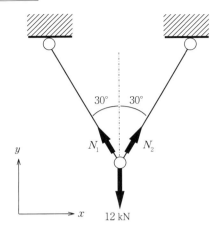

図1.32 1点に交わる力の釣合いの利用例

このときの力の釣合いは，以下の二つの**釣合い条件式**を満足することになる。

1点に交わる力の釣合い条件式

$\sum X = 0$ (1.1a)

$\sum Y = 0$ (1.1b)

ポイント

すなわち，x方向とy方向の力が釣り合うことになる。式が二つであるので，二つの未知数を求めることができる。

例題 1.13 図1.32に示す荷重と釣り合うN_1，N_2を求めなさい。

1点に交わる力の釣合い条件式より，つぎの式が得られる。

$\sum X = -N_1 \sin 30° + N_2 \sin 30° = 0$

$\sum Y = N_1 \cos 30° + N_2 \cos 30° - 12 = 0$

上式より

$N_1 = N_2 = \dfrac{12}{2\cos 30°} = 4\sqrt{3} \fallingdotseq 6.93 \ [\mathrm{kN}]$

が得られる。この釣合い条件式は，おもに**トラス**の軸力を算定する際に利用される。

演習問題 1.4 図1.33に示す点Aにおいて力が1点で交わっている。このときのF_1，F_2を求めなさい。

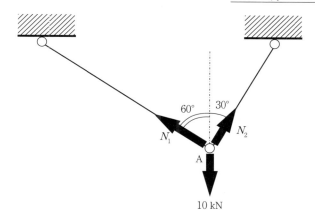

図1.33 1点に交わる力の釣合いの問題

1.3.2 1点に交わらない力の釣合い

では，**図1.34**のように複数の力が1点に交わらない場合はどうするか。

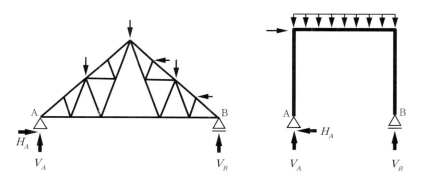

図1.34 1点に交わらない場合の例

このときは，つぎの1点に交わらない力の釣合い条件式を利用することができる。

1点に交わらない力の釣合い条件式

$$\sum X = 0 \tag{1.2a}$$

$$\sum Y = 0 \tag{1.2b}$$

$$\sum M_{(A)} = 0 \tag{1.2c}$$

ポイント

式 (1.2) は式 (1.1) の釣合い条件式に，モーメントの総和に関する釣合いの式が加わった三つの式である。よって，これらの条件により，三つの未知数を求めることができる。式 (1.2c) では点 A でのモーメントの総和をとっているが，これはどこの点でも構わない。しかし，なるべく計算が楽になるような位置をとるのがよい。これはおもに外力をうける静定構造物の反力を算定する際に用いられる。

20   1. 力 と 釣 合 い

例題1.14　図1.35に示す棒に作用する荷重と釣り合う力 V_A, H_A, V_B を求めなさい。

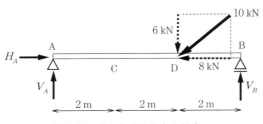

図1.35　梁に作用する力の釣合い

斜めに作用する集中荷重を x, y 方向に分解した後，1点に交わらない力の釣合い条件式よりつぎの式が得られる。モーメントの釣合いは点Aでとる。

⇨ **1.2.1参照**

$$\sum X = H_A - 8 = 0$$
$$\sum Y = V_A + V_B - 6 = 0$$
$$\sum M_{(A)} = 6 \times 4 - V_B \times 6 = 0$$

これらより，$H_A = 8$ kN，$V_A = 2$ kN，$V_B = 4$ kN が得られる。

このとき，モーメントの釣合いを点Cで取ることもできる。

$$\sum M_{(C)} = V_A \times 2 + 6 \times 2 - V_B \times 4 = 0$$

答えは同じになるが，連立方程式を解かなければならないので，計算が少し面倒である。このようにモーメントの釣合い式を考える位置によって，同じ答えは出るものの計算効率が変わってくる。

例題1.15　図1.36（a）に示すフレームに作用する荷重と釣り合う力 V_A, H_A, V_B を求めなさい。

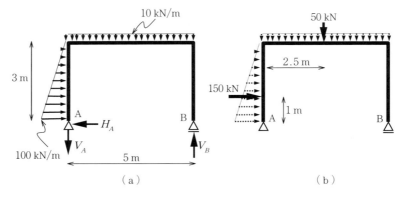

図1.36　フレームに作用する力の釣合い

例題 1.14 と同様に求めることができる。図（b）に示すように等分布荷重，等変分布荷重の合力とその作用位置を設定し，1 点に交わらない力の釣合い条件式を立てる。

$$\sum X = 150 - H_A = 0$$
$$\sum Y = -V_A + V_B - 50 = 0$$
$$\sum M_{(A)} = 150 \times 1 + 50 \times 2.5 - 5 V_B = 0$$

これらより，$H_A = 150$ kN，$V_A = 5$ kN，$V_B = 55$ kN が得られる。

演習問題 1.5　図 1.37 に示す梁に作用する荷重と釣り合う力 V_A, H_A, V_B を求めなさい。

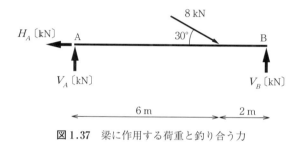

図 1.37　梁に作用する荷重と釣り合う力

1 章のポイント

「モーメントの計算では，時計回りを正とすることやアーム長の取り方を間違えないことが大事だね。」

「等分布荷重と等変分布荷重の合力と作用位置を覚えておくことも大切ですよね！」

「そうだね。それから，力の釣合いはこの後の反力や応力の計算にも使われる構造力学の基礎になるものだから，しっかりマスターしておこう。」

「わかりました！」

2章 荷重と反力，応力

建物や部材に力が働く原因になっているのが荷重だ。図2.1に示すように，荷重を受けた建物や部材は，建物を支える地盤にその荷重を伝え，そこの反力で受け止めるんだ。

じゃあもし，建物を支える点がなかったら，力を受けた建物はどこかに飛んで行ってしまいますね！

そうだね。荷重による力を地盤に伝える際に，部材内部にはなんらかの力が働くことになるよね。この力に耐えられるように建物を設計する必要があるんだ。

それが構造設計の目的ということですね！

そうだよ。本章では，建物や部材に働く荷重の種類を解説しよう。さらに，反力の計算や，力を伝えるときに部材内部に発生する応力の考え方を学んでいこう。

図 2.1　建物に作用する荷重とそれを支える地盤

2.1 荷重の種類

建物にさまざまな荷重が作用する様子を**図2.2**に示す。物体には**質量**がある。地球上では下向きに重力加速度が働いているので，私たちが立っているだけで地面になんらかの力をかけていることになる。建物は木やコンクリート，鋼材でできているので，作った時点で**自重**が下向きに作用していることになる。床の上で人間が生活し，そのための物が置かれれば，それは**積載荷重**となる。雪が降って屋根の上に積もれば，それが雪荷重となる。

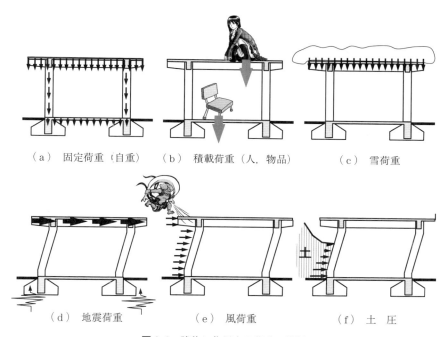

図2.2 建物に作用する荷重の種類

日本は地震大国である。地震が発生すると，地面が左右上下に揺れる。これが建物に作用すると，建物が水平方向に大きく揺れ，加速度が発生する。加速度が発生すると建物の質量との掛け算により建物の水平方向に**慣性力**が発生し，建物に作用する。これは**地震力**もしくは**地震荷重**と呼ばれる。詳細は11章で説明する。台風などのときは**風荷重**が発生する。地下室がある場合には地盤からの力として**土圧**が作用する。実際の荷重のかかり方は非常に複雑であるが，構造計算ではこれを単純化して，**図2.3**に示す**集中荷重**や**等分布荷重**，**等変分布荷重**，さらにこれらを組み合わせた形に置き換えて検討する。

24   2. 荷重と反力, 応力

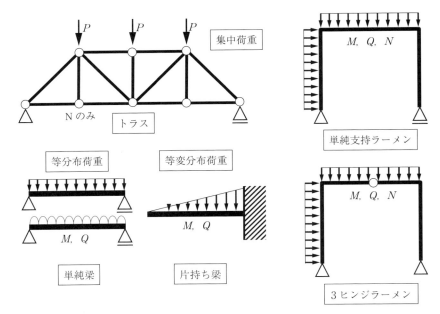

図 2.3 静定構造物に作用する荷重と部材内部に発生する応力

2.2 構造の種類

　本書の前半でおもに取り扱う構造形式を図 2.3 に示した。ピンとローラーで支持されたトラスや梁, ラーメンあるいは片持ち梁が中心となる。これらは, 力の釣合いだけで応力を算定することができる**静定構造物**と呼ばれる。本書の後半では, 力の釣合いだけでは解くことのできない**不静定構造物**を取り扱い, 建築で多く使われる固定端で支持されたラーメンの応力や変形の算定を目標とする。

　梁や柱の一本一本を部材と呼び, 部材が結ばれる点を**節点**と呼ぶ。節点の種類として, 図 2.4 に示すように節点が自由に回転する**ピン接合**, 部材同士が剛に接合されてつながっている**剛接合**があるほか, 部材先端が自由に動く**自由端**, 構造物を支持する**支点**がある。

　構造物の支点の種類として, 図 2.4 に示すように, **ローラー**（もしくは**移動端**）, **ピン**（もしくは**回転端**）, **固定端**がある。図 2.5 に示すように, ローラーは文字どおりローラースケートのように動き, 水平もしくは上下方向のうち, 1 方向は固定される。ピンは水平, 上下方向ともに固定されるが, ピン接合と同様に自由に回転する。固定端はさらに回転も拘束された, まったく動けない状態である。

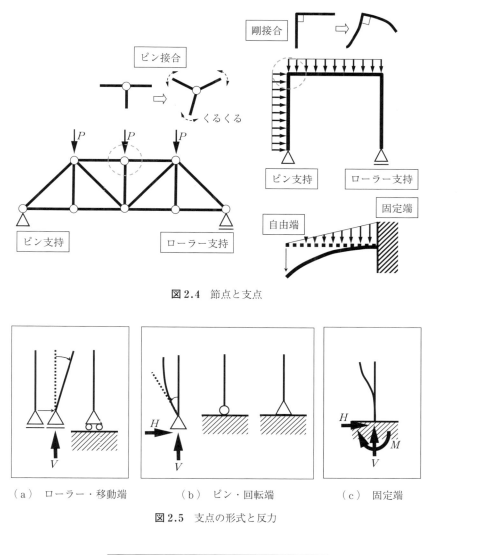

図2.4 節点と支点

（a）ローラー・移動端　　（b）ピン・回転端　　（c）固定端

図2.5 支点の形式と反力

2.3 支点の反力

　荷重が作用した建物が移動しないように，支点で力を受け止める。このとき支点に作用する力を**反力**と呼ぶ。図2.5に支点の種類と反力の一例を示した。ローラーの場合はそれに直交する方向に一つの反力が，ピンに支持された支点では水平と鉛直の二つの反力が，固定端の場合は水平，鉛直の反力のほかに，モーメント反力の三つの反力が発生しうる。記号として，鉛直反力 V，水平反力 H，モーメント反力 M が利用される。

26   2. 荷重と反力，応力

荷重を受ける静定構造物の反力の計算は，前半の応力計算の基礎となる。反力計算を間違えると，以降の計算がすべて間違いとなるので，十分に注意してほしい。

反力の計算手順は以下のとおりである。

反力の計算手順

【手順①】 支点に矢印を記入し，反力を設定する。
【手順②】 1点に交わらない力の釣合い条件式（三つ）を立て，反力を求める。

ポイント

【手順①】に従い図に矢印を記入し，反力を設定する。矢印の方向は，反力の数値が正の値となるように設定する。反力の方向がわからない場合は，座標系の正の向きに設定しておき，あとで反力の数字が負になったら，矢印の向きを反対にして，正の数値を入れればよい。

【手順②】の反力の計算には，1点に交わらない力の釣合い条件式を利用する。

$$\sum X = 0 \tag{2.1a}$$
$$\sum Y = 0 \tag{2.1b}$$
$$\sum M_{(A)} = 0 \tag{2.1c}$$

具体的な手順を例題で見ていこう。

例題 2.1　図 2.6 に示す単純支持トラスに集中荷重が作用するときの反力を求めなさい。

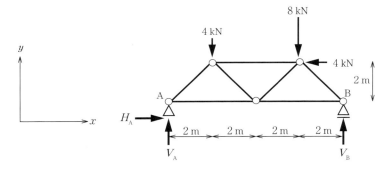

図 2.6　トラスの反力計算

【手順①】に従い図に矢印を記入し，反力を設定する。支点 A はピンであるので，水平反力 H_A，鉛直反力 V_A を，支点 B はローラーであるので，鉛直反力 V_B のみを考慮する。

【手順②】に従い，1点に交わらない場合の力の釣合い条件式を立てる。

$$\sum X = H_A - 4 = 0$$
$$\sum Y = V_A + V_B - 12 = 0$$
$$\sum M_{(A)} = 4 \times 2 + 8 \times 6 - 4 \times 2 - V_B \times 8 = 0$$

よって，$H_A = 4\,\mathrm{kN}$，$V_A = 6\,\mathrm{kN}$，$V_B = 6\,\mathrm{kN}$ となる。

例題 2.2 図 2.7 に示す片持ちの変形梁に集中荷重が作用するときの反力を求めなさい。

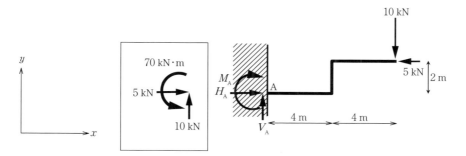

図 2.7 片持ちラーメンの反力計算

図に矢印を入れ，反力を設定する。支点 A は固定端であるので，水平反力 H_A，鉛直反力 V_A，モーメント反力 M_A を設定する。

1 点に交わらない力の釣合い条件式を立てる。

$$\sum X = H_A - 5 = 0$$
$$\sum Y = V_A - 10 = 0$$
$$\sum M_{(A)} = M_A + 10 \times 8 - 5 \times 2 = 0$$

よって，$H_A = 5$ kN，$V_A = 10$ kN，$M_A = -70$ kN·m となる。ここで，M_A が負となったので，図 2.7 に示すように矢印を逆転させ正の数値を入れる。

直感で反力がわかるものについては，特に計算をする必要はない。例えば，図 2.8 に示すような単純支持条件で，構造，鉛直荷重が対称の場合は，各支点の鉛直反力は全体の荷重の半分ずつとなる。図 2.9 に示すように，等変分布荷重の場合は，1 : 2 の比で分配される。この場合，ピンでは水平反力は発生しないので，なにも書かなくてよい。

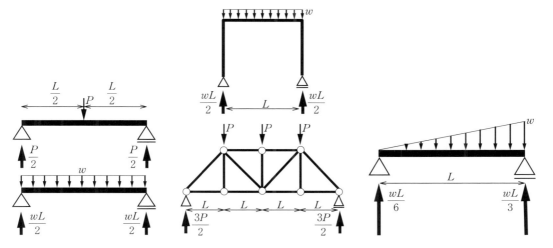

図 2.8 簡単な反力のパターン　　　　　**図 2.9** 等変分布荷重の反力のパターン

演習問題 2.1 図 2.10 に示す外力を受ける構造物に発生する反力を設定し,その値を求めなさい。

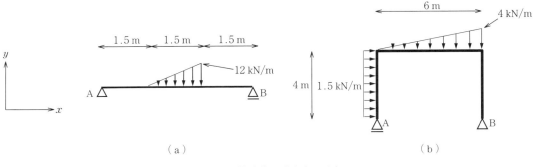

図 2.10 構造物に発生する反力

2.4 部材の応力

荷重による力を受けた建物や部材は,その力を支点に伝える。この過程で部材内部に生じる力を**応力**と呼ぶ。応力の種類を図 2.11 に示す。材の軸方向に引張や圧縮の作用をする**軸力**(または軸方向力),材に直交する方向に力が作用する**せん断力**(またはせん断応力),材の断面にモーメントが発生して作用する**曲げモーメント**があり,それぞれ N, Q, M の記号が用いられる。モーメントと曲げモーメントは記号も同じであり似ているが,意味が少し違うので注意が必要である。図 2.3 には各構造物におもに発生する応力を示している。

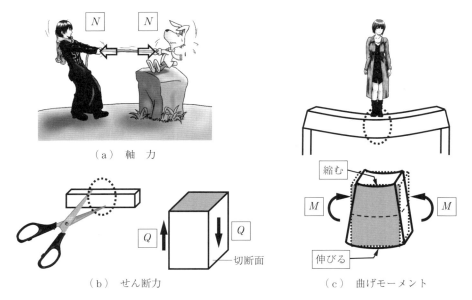

図 2.11 応力の種類

2.4 部材の応力

部材の応力は構造設計の際に必要となる重要な値である。図2.3に示した矢印のペアが正の応力となる。反力は正の値となるように矢印の方向を示したが，応力は正負の定義が決まっているので勝手に矢印の向きを変えてはいけない。実際に応力の正負が問題になるのは軸力に関連するものだけであるが，これを曖昧にすると読者が迷ってしまうため，本書では応力の正負の方向を明確に定義している。

基本的な応力計算の手順はつぎの①〜④となる。

基本的な応力計算の流れ
- 【手順①】 反力を求める（必要ない場合もある）。
- 【手順②】 応力を求めたい点で部材を切断する。
- 【手順③】 切断面に応力の矢印を記入する。
- 【手順④】 力の釣合いにより応力を求める。

以下に簡単な例題で，応力の計算方法を示す。

例題2.3 図2.12（a）に示す部材の先端で下方に集中荷重を与えたときの応力を求めなさい。ただし，自重は無視する。

【手順①】 図（b）で $V_B = 50$ kN となる。わざわざ計算する必要はない。

【手順②】 図（b）のようにAB間で部材を切断する。

【手順③】 部材内部に生じる応力は軸力 N のみである。図（c）のように軸力はホースから水が出るように，切断面に対して外向きに矢印を描く。ここではそれぞれ N_1，N_2 とする。これが正方向で定義される。

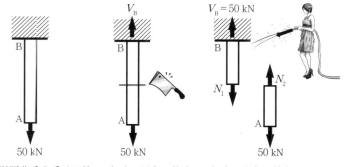

（a）引張荷重を受ける棒　（b）反力の算定　（c）応力の算定

図2.12 引張荷重を受ける部材の軸力計算

【手順④】切断後の上側の部材について力の釣合いをとる。

$$\sum Y = -N_1 + 50 = 0 \quad \therefore N_1 = 50 \,[\text{kN}]$$

切断後の下側の部材について力の釣合いをとる。

$$\sum Y = N_2 - 50 = 0 \quad \therefore N_2 = 50 \,[\text{kN}]$$

どちらで計算しても同じ結果となる。よって軸力 N は

$$N = N_1 = N_2 = 50 \,[\text{kN}]$$

となる。部材はあきらかに引っ張られているので，軸力が正の場合，**引張**となる。また AB 間のどこで切断しても，軸力は同じである。

例題 2.4 図 2.13（a）に示す部材の上端で下方に集中荷重を与えたときの応力を求めなさい。ただし自重は無視する。

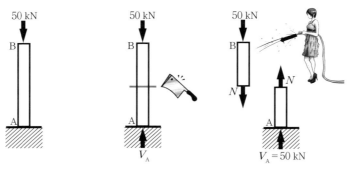

（a） 圧縮荷重を受ける棒　（b） 反力の算定　（c） 応力の算定

図 2.13 圧縮荷重を受ける棒の軸力計算

【手順①】図（b）で $V_A = 50 \,\text{kN}$ となる。上向きの矢印となる。

【手順②】図（b）のように AB 間で部材を切断する。

【手順③】例題 2.3 と同じである。図（c）のように切断面に対して外向きに矢印を描く。どちらの切断面でも軸力は同じとなるため N とする。

【手順④】切断後の上側の力の釣合いより

$$\sum Y = -N - 50 = 0 \quad \text{よって } N = -50 \,[\text{kN}]$$

この場合，部材は押されているので，軸力は負となって**圧縮**となる。

引張，圧縮と軸力の正負の関係

引張の場合　：　＋

圧縮の場合　：　－

ポイント

例題2.3では部材が引っ張られ，例題2.4では押されていることは図を見ればすぐわかる。ここではかなりまわりくどいやり方で説明したが，基本的な応力の計算方法はこのような感じであり，以降も考え方はまったく同じである。また，出てきた結果が正しいかどうかはある程度直感も利用したほうがよい。例えば，例題2.3で軸力が負となったら，どこかで計算を間違えたと気づいたほうがよいだろう。

例題2.5 図2.14（a）に示す部材内部に生じる応力を求めなさい。ただし，自重は無視する。

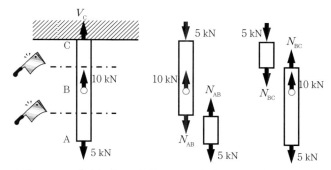

（a）二つの荷重を受ける部材　　（b）応力の算定

図2.14　二つの荷重を受ける部材の軸力計算

反力 V_C を求める。Y 方向の力の釣合いより

$$\sum Y = V_C + 10 - 5 = 0 \quad \therefore V_C = -5 \text{[kN]}$$

図（b）に示すように反力は下向きに5 kNとなる。

つぎに，節点AB間，BC間を切断し，切断面に対して外向きに軸力を定義する。それぞれ N_{AB}，N_{BC} とする。切断後の上の部材について力の釣合いをとると

$$\sum Y = -5 + 10 - N_{AB} = 0 \quad \therefore N_{AB} = 5 \text{[kN]} \text{（引張）}$$

$$\sum Y = -5 - N_{BC} = 0 \quad \therefore N_{BC} = -5 \text{[kN]} \text{（圧縮）}$$

となり，軸力が求められる。

軸力の引張，圧縮の判定は，図2.15に示すように，切断面に指や手のひらをおいて，引っ張られていると感じたら「引張」，押されていると感じたら「圧縮」と考えると良いだろう。

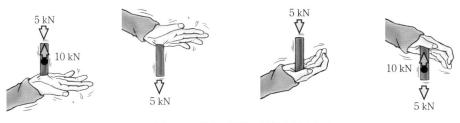

図2.15　軸力の引張，圧縮を判定するコツ

演習問題 2.2 図 2.16 に示す柱の自重による点 D の反力 V と点 B,C の軸力 N_B, N_C を求めなさい。柱の断面は 20 cm×20 cm で,単位体積重量を 24 kN/m³ とする。なお,引張,圧縮を明記すること。

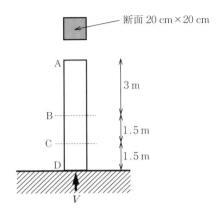

図 2.16 自重により発生する軸力

2 章のポイント

「支点の種類によって反力の数が違うんですね!」

「そうだね。まずは正しい反力計算をマスターすることが重要だね。」

「これを間違えると,後が大変そうですね!」

「うん。それから応力には,軸力,せん断力,曲げモーメントの 3 種類があるんだ。ここでは軸力だけを紹介したけど,計算の考え方はしっかり理解してほしい。」

「はい!」

3章 トラスの応力

本章ではトラス構造について学ぼう。突然だけど，つまようじを割りたいときには，図3.1に示すように両端を持って曲げて折るのが普通だよね。でも，両端を引っ張って壊そうとするとどうかな。

うーん，……ちょ，ちょっと無理ですね……！

うん。よほどの力持ちでないと難しいよね。つまり，部材は引っ張りの力には強いんだよ。軸方向の抵抗を最大限に利用すれば，部材の性能を十分に生かすことができるんだ。トラスは，部材を組み合わせて軸力だけで力を伝える構造なんだ。力の流れがわかりやすいし，小さい断面ですむから軽量で，橋梁や屋根などの大スパン架構にも向いているんだよ。

なるほど！　頭いいですね！

……そうだね……。本章では外力を受けるトラスの軸力の算定方法とともに，トラス内部の力の流れ方を学んでいこう。

 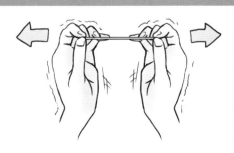

図3.1　つまようじをどのように壊すか

3.1 トラスの特徴と種類

トラスは**図3.2**に示すように三角形を構成する部材の集まりである。部材の両端部はピン接合であり，部材の応力として軸力Nのみが生じる。また，荷重は節点のみに作用するものと仮定する。

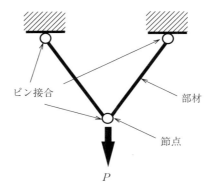

図3.2 トラスの基本構造

トラスで構成される架構形式を**図3.3**に示す。上弦材，下弦材を斜材，垂直材もしくは束材で結んだ形式を**平行弦トラス**と呼び，橋梁などで一般的に用いられる。三角形のキングポストトラスやフィンクトラスは体育館や工場などの大空間となる場所に用いられる。

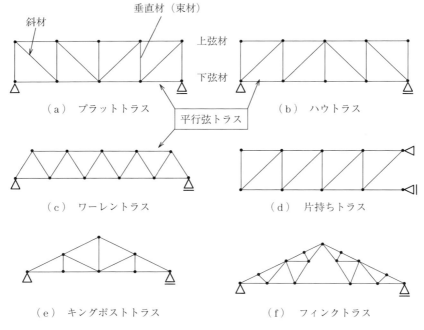

図3.3 トラスの種類

3.2 応力算定の基本

トラスの軸力を算定する際には1章で示した1点に交わる力の釣合いを用いる。 ⇨1.3.1参照

例題 3.1 図3.4（a）に示すトラスの軸力を求めなさい。ただし、荷重 P〔kN〕は正とし、$0<\theta<\pi/2$ とする。

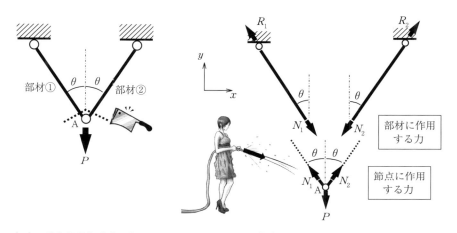

（a）鉛直荷重を受けるトラス　　（b）点A周りの力の釣合い

図3.4 トラスの応力算定

図（b）に示すように点A周りを切断する。ホースから水が飛び出すイメージで、部材の切断面の外向きに軸力を矢印で描く。これを N_1, N_2 とする。点Aで1点に交わる力の釣合いを利用する。

$$\sum X_{(A)} = -N_1\sin\theta + N_2\sin\theta = 0 \quad \therefore \quad N_1 = N_2$$
$$\sum Y_{(A)} = N_1\cos\theta + N_2\cos\theta - P = 0$$

よって、軸力は $N_1 = N_2 = P/(2\cos\theta)$〔kN〕となり、引張となる。なお、この場合の反力は、トラス支点近くの力の釣合いを考えると部材の方向に作用する R_1, R_2 となり、部材軸力 $P/(2\cos\theta)$〔kN〕と一致する。

例題 3.2 図3.5（a）に示すトラスの軸力を求めなさい。ただし、P〔kN〕は正とする。

点A周りを切断する。図（b）に示すように部材の切断面の外向きに軸力を矢印で描く。これらを N_1, N_2 とし、点Aで1点に交わる力の釣合いを利用する。

$$\sum X_{(A)} = -N_1 - N_2\cos 30° + P = 0$$
$$\sum Y_{(A)} = -N_2\sin 30° + P = 0$$

36   3. トラスの応力

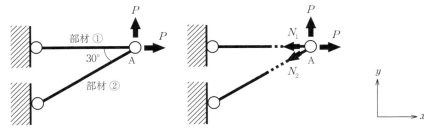

(a) 二つの集中荷重を受けるトラス　　(b) 点A周りの力の釣合い

図3.5　二つの力によるトラスの応力算定

これより，以下の軸力が得られる．

$$N_1 = -\frac{\sqrt{3}}{2}N_2 + P = (1-\sqrt{3})P \fallingdotseq -0.732P \text{ [kN]} \quad (圧縮)$$

$$N_2 = 2P \text{ [kN]} \quad (引張)$$

部材の設計方法が異なること，また力の流れ方を見る目を養うことからも，圧縮，引張の区別は重要である．

演習問題3.1　図3.6に示すトラス構造の応力を1点に交わる力の釣合いを利用して求めなさい．圧縮，引張を明示すること．

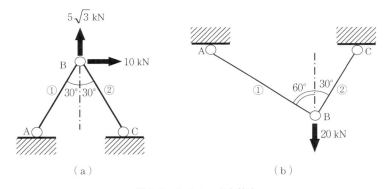

図3.6　トラスの応力算定

3.3　節点法による静定トラスの応力

静定トラスとは，ピンとローラーで支持された単純支持のトラス構造で，力の釣合い条件だけで応力を求めることができる．静定トラスの応力を算定する方法として，**数式解法**と**図式解法**があるが，本書では前者を取り扱う．ここでは，数式解法のうち**節点法**について説明する．

静定トラスの軸力の計算方法は，2章での考え方とほぼ同じである．

3.3 節点法による静定トラスの応力

節点法による静定トラスの軸力の計算方法
【手順①】 反力を求める（必要ない場合もある）。
【手順②】 ある節点の周りに取りつく部材をすべて切断する。
【手順③】 部材の切断面の外向きに軸力（節点に作用する力）を矢印で描く。
【手順④】 1点に交わる力の釣合いにより軸力を求める。

例題 3.3 図3.7（a）に示す静定トラスの部材の軸力を求めなさい。

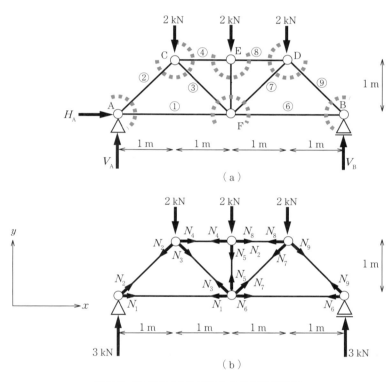

図3.7 節点法による静定トラスの応力算定

【手順①】 $V_A = V_B = 3\,\text{kN}$，$H_A = 0$ となる。対称性を利用すれば直ちに求まる。

【手順②】 図（a）に示すように各節点周りで部材を切断する。

【手順③】 図（b）に示すように切断面に対して外向きに矢印を描く。①～⑨の部材に対し，$N_1 \sim N_9$ とする。

【手順④】 切断後の節点周りで力の釣合いをとる。このとき，力の釣合いをとる節点の順番に注意する。表3.1に示す順番で，トラスの軸力を算定するとよい。1点に交わる力の釣合いを利用するので，1回につき二つの未知数（軸力）を求めることができるからである。最初から，節点Cで力の釣合いをとらないこと。

38   3. トラスの応力

表 3.1 トラスの軸力算定の順番

解く順番	求まる軸力
① 反　力	－
② 節点 A	N_1, N_2
③ 節点 C	N_3, N_4
④ 節点 E	N_5

N_6, N_7, N_8, N_9 は対称条件より求められる

点 A の 1 点に交わる力の釣合いから，x, y 方向の力の釣合いをとる。

$$\sum X_{(A)} = N_1 + \frac{1}{\sqrt{2}} N_2 = 0$$

$$\sum Y_{(A)} = \frac{1}{\sqrt{2}} N_2 + 3 = 0$$

これより $N_1 = 3$ kN（引張），$N_2 = -3\sqrt{2} \fallingdotseq -4.24$ kN（圧縮）が得られる。

点 C の 1 点に交わる力の釣合い式は以下となる。

$$\sum X_{(C)} = -\frac{1}{\sqrt{2}} N_2 + \frac{1}{\sqrt{2}} N_3 + N_4 = 0$$

$$\sum Y_{(C)} = -\frac{1}{\sqrt{2}} N_2 - \frac{1}{\sqrt{2}} N_3 - 2 = 0$$

これより $N_3 = \sqrt{2} \fallingdotseq 1.4$ kN（引張），$N_4 = -4$ kN（圧縮）が得られる。

点 E の y 方向の力の釣合いより次式となる。

$$\sum Y_{(E)} = -N_5 - 2 = 0$$

これより $N_5 = -2$ kN（圧縮）が得られる。

残りの部材の軸力は左右対称条件より得られ，最終的には**図 3.8**に示す結果となる。

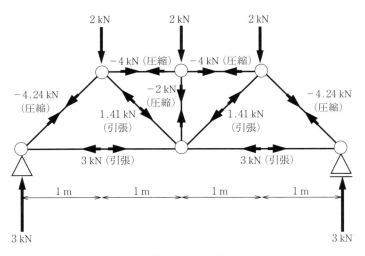

図 3.8 静定トラスの軸力一覧

例題 3.4 図 3.9 に示す静定トラスの部材 ①, ②, ③ の軸力を求めなさい。

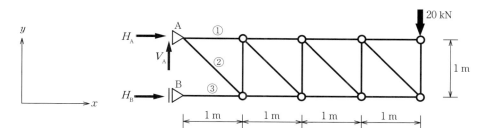

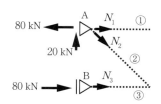

図 3.9 節点法による静定トラスの応力算定

最初に反力計算をする。点 A はピンであるので V_A, H_A を，点 B では上下に移動可能なローラーに沿う方向の反力は生じないことから，水平方向の反力 H_B のみを設定する。

$$\sum X = H_A + H_B = 0$$
$$\sum Y = V_A - 20 = 0$$
$$\sum M_{(A)} = -H_B \times 1 + 20 \times 4 = 0$$

⇨ 2.3 参照

これより，$V_A = 20$ kN，$H_A = -80$ kN，$H_B = 80$ kN が得られる。H_A が負となったので，図 3.9 の下の図に示すように矢印の方向を逆転させ ← とし，80 kN と記入する。

最初に節点 B の x 方向に着目すると

$$\sum X_{(B)} = 80 + N_3 = 0$$

より部材 ③ の軸力 $N_3 = -80$ kN（圧縮）が得られる。また節点 A での力の釣合いより

$$\sum X_{(A)} = -80 + N_1 + \frac{1}{\sqrt{2}} N_2 = 0$$
$$\sum Y_{(A)} = 20 - \frac{1}{\sqrt{2}} N_2 = 0$$

となり，$N_1 = 60$ kN（引張），$N_2 = 20\sqrt{2} \fallingdotseq 28.3$ kN（引張）が得られる。

演習問題3.2 図3.10に示す静定トラス構造の部材①〜⑤の応力について、節点法を用いて解きなさい。圧縮、引張を明示すること。

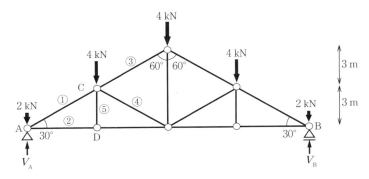

図3.10 節点法によるキングポストトラスの軸力算定

3.4 力の釣合いからわかる部材の軸力

例題3.3の中央部の束材⑤の軸力は$N_5 = -2$ kN（圧縮）であり、これは$\sum Y_{(E)}$からただちに求めることができた。トラス部材の中には、わざわざ計算しなくてもすぐに軸力がわかる材がある。これを知っておくと、力が流れていない材などが一目でわかり便利である。

例えば、図3.11に示すように力が作用している状態では、1点に交わる力の釣合いから力の関係がすぐにわかる。

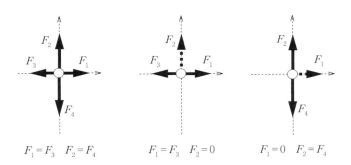

図3.11 1点に交わる力の釣合いの関係

例題 3.5
図 3.12 に示す力の関係を示しなさい。

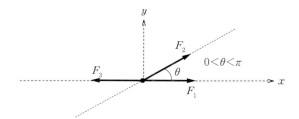

図 3.12　1 点に交わる複数の力の関係

1 点に交わる力の釣合いより

$$\sum X = F_1 + F_2\cos\theta - F_3 = 0$$

$$\sum Y = F_2\sin\theta = 0$$

$\sum Y = 0$ より，$F_2 = 0$ となる。また，$\sum X = 0$ の条件式より，$F_1 = F_3$ となる。

例題 3.6
図 3.13 に示す力の関係を示しなさい。

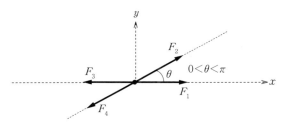

図 3.13　1 点に交わる複数の力の関係

1 点に交わる力の釣合いより

$$\sum X = F_1 + F_2\cos\theta - F_3 - F_4\cos\theta = 0$$

$$\sum Y = F_2\sin\theta - F_4\sin\theta = 0$$

$\sum Y = 0$ より，$F_2 = F_4$ がただちに求められる。また，$\sum X = 0$ の式より，$F_1 = F_3$ となる。これらの関係は，力が作用する角度 θ（ただし，$0 < \theta < \pi$）が変わっても同じである。このような考え方は，トラス部材の軸力算定に応用することができ，式を解かなくても軸力が一目でわかる場合がある。

例題 3.7 図 3.14 の静的トラスのうち，式を解かずにわかる反力，部材の軸力を示しなさい。

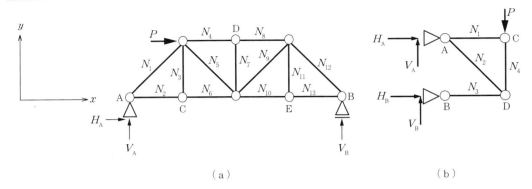

図 3.14 式を解かずにわかる反力と部材の軸力

（a） 点 C，D，E での y 方向の力の釣合いより，束材である N_3，N_7，N_{11} の軸力がすべて 0 となることがわかる。

（b） V_B は点 B での力の釣合いより 0 となる。点 C での x 方向の力の釣合いより $N_1 = 0$，y 方向の力の釣合いより $N_4 = -P$（圧縮）であることがわかる。

演習問題 3.3 図 3.15 に示すトラスの軸力や反力のうち 0 となる部分を，その理由とともに示しなさい。

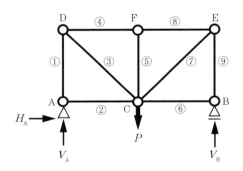

図 3.15 式を解かずにわかるトラスの軸力や反力

3.5 切断法による静定トラスの応力

節点法では，基本的に端部の部材から軸力を算定してきた。しかし場合によっては，静定トラスのある部材の軸力だけを求めたい場合もある。このようなときに，節点法のように端から解いていると大変時間がかかる。ここで利用できる方法が**切断法**であり，**リッター法**とも呼ばれる。基本的

3.5 切断法による静定トラスの応力　43

な応力の算定方法はいままでとほとんど同じであるが，切断したときにできる**部分構造**を利用し，1点に交わらない力の釣合いにより軸力を算定する。このとき力の釣合いを上手に利用すれば，計算が大変簡単になる。

切断法による静定トラスの軸力の計算方法

【手順①】　反力を求める（必要ない場合もある）。
【手順②】　ある位置でトラス構造全体を切断する。
【手順③】　部材の切断面の外向きに軸力を矢印で描く。
【手順④】　部分構造を対象に1点に交わらない力の釣合い条件式により軸力を求める。

ポイント

例題 3.8　図 3.16（a）に示す静定トラスの部材①，②，③の軸力 N_1, N_2, N_3 を切断法により求めなさい。

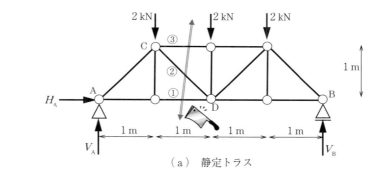

（a）静定トラス

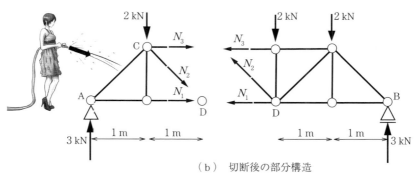

（b）切断後の部分構造

図 3.16　切断法による静定トラスの応力算定

反力は $V_A = V_B = 3\,\text{kN}$, $H_A = 0$ となる。

つぎに，図（b）に示すように，部材①，②，③をすべて通るように静定トラスを切断し，軸力 N_1, N_2, N_3 を切断部の外向きに記入する。このとき切断してできた左側の部分を，**左側の部分構造**と呼ぶ。これを利用して，1点に交わらない力の釣合いにより軸力を算定する。

44　3. トラスの応力

このときに，力の釣合いを上手に利用すると，軸力を簡単に求めることができる。特に，<u>モーメントの釣合いを取る位置が重要となる</u>。例えば，**図 3.17**（a）に示すように，節点 C でモーメントの釣合いをとると，N_2, N_3 のアーム長は 0 となり，残った未知数は N_1 だけになる。すなわち

$$\sum M_{(C)} = 3 \times 1 - N_1 \times 1 = 0 \quad \therefore N_1 = 3 \text{(kN)} \quad \text{（引張）}$$

一発で N_1 を求めることができた。

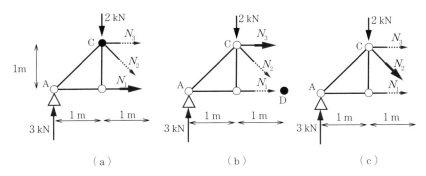

図 3.17　切断法による軸力の算定法のコツ

つぎに，図（b）に示すように，節点 D でモーメントの釣合いをとると，N_1, N_2 のアーム長は 0 となり，残った未知数は N_3 だけになる。モーメントの釣合いをとる位置はどこに置いても良く，部分構造の内部から外れても構わない。

$$\sum M_{(D)} = 3 \times 2 - 2 \times 1 + N_3 \times 1 = 0 \quad \therefore N_3 = -4 \text{(kN)} \quad \text{（圧縮）}$$

残る N_2 は Y 方向の力の釣合いを取ると良い。図（c）に示すように N_1, N_3 の寄与は 0 となるため

$$\sum Y = 3 - 2 - \frac{1}{\sqrt{2}} N_2 = 0 \quad N_2 = \sqrt{2} \fallingdotseq 1.41 \text{(kN)} \quad \text{（引張）}$$

が得られる。

なお，これらの結果は，2 本の束材のない例題 3.3 の結果とまったく同じである。これは 2 本の束材の軸力が 0 となるため，束材があってもなくても変わらないためである。

例題 3.9　**図 3.18** に示す静定トラスの上弦材，下弦材，束材の軸力 N_1, N_2, N_3 を切断法により求めなさい。

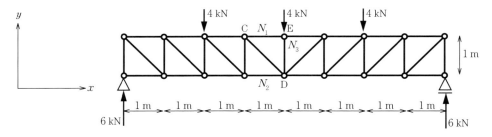

図 3.18　切断法によるプラットトラスの応力算定

反力は図示したようになる。つぎに，**図3.19**に示すように全体を切断し，軸力 N_1, N_2 を切断部の外向きに記入する。

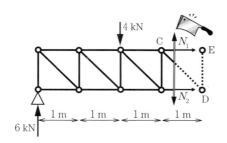

図3.19 切断位置と応力の記入

まずは，節点Dでモーメントの釣合いをとると，以下のように N_1〔kN〕だけが残る。

$$\sum M_{(D)} = 6 \times 4 - 4 \times 2 + N_1 \times 1 = 0 \quad \therefore \quad N_1 = -16 \text{〔kN〕} \quad （圧縮）$$

つぎに，節点Cでモーメントの釣合いをとると，以下のように N_2〔kN〕だけが残る。

$$\sum M_{(C)} = 6 \times 3 - 4 \times 1 - N_2 \times 1 = 0 \quad \therefore \quad N_2 = 14 \text{〔kN〕} \quad （引張）$$

束材の軸力は，図3.18の節点Eでの y 方向の力の釣合いより $N_3 = -4$ kN（圧縮）であることが計算しなくてもわかる。

⇨例題3.7参照

演習問題3.4 図3.20に示すトラス部材に生じる応力 N_1, N_2, N_3 を切断法により求めなさい。

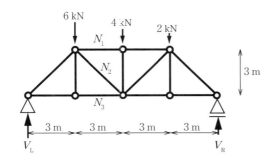

図3.20 切断法によるトラスの応力

3.6　各種静定トラスの応力

図3.3に示した各種トラスに鉛直荷重を与えたときの応力と変形を**図3.21**に示す。片持ちトラスを除き，下に凸となるような変形状態となっている。プラットトラス，ハウトラス，ワーレントラスの平行弦トラスでは，上弦材が圧縮，下弦材が引張となっていることがわかる。このイメージは梁の曲げモーメントを考えるときにも応用できる。また，斜材の軸力について，吊構造のようになるプラットトラスでは引張，**アーチ**構造のようになるハウトラスでは圧縮となる。

46   3. トラスの応力

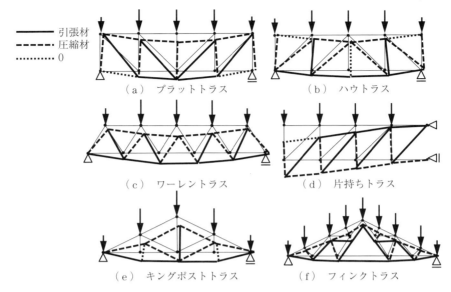

図3.21　各種トラスの応力と変形

3章のポイント

「トラス部材には軸力が発生するんだ。トラス軸力の2パターンの計算方法である節点法，切断法をマスターして正しく軸力を計算しよう。」

「はい！……でも，部材が多いから計算が大変です！」

「そうだね。節点法では，釣合い式を利用せずに軸力がわかる部材もあるから，このことを上手に活用して計算しよう。」

「なるほど！」

「切断法ではモーメントの釣合いをとる位置を上手に見つけると，簡単に計算できるんだ。トラスのような部材の多い構造では，節点法と切断法をうまく活用して計算を簡単にすることが大事だね。」

「わかりました！」

4章 梁の応力

梁は図4.1に示すように水平方向に架けられ，柱で支持される部材だ。梁は床から伝わるさまざまな荷重を受けて柱に伝えるとともに，柱と一体となって地震などによる荷重に対して抵抗するんだ。

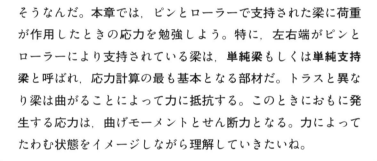

柱と梁にも，それぞれ役割があるんですね！

そうなんだ。本章では，ピンとローラーで支持された梁に荷重が作用したときの応力を勉強しよう。特に，左右端がピンとローラーにより支持されている梁は，**単純梁**もしくは**単純支持梁**と呼ばれ，応力計算の最も基本となる部材だ。トラスと異なり梁は曲がることによって力に抵抗する。このときにおもに発生する応力は，**曲げモーメント**と**せん断力**となる。力によってたわむ状態をイメージしながら理解していきたいね。

がんばります！

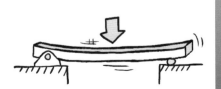

図4.1　梁の役割

48　4. 梁 の 応 力

4.1　梁の応力算定の基本

梁に生じる応力は，図 4.2 に示す曲げモーメント M 〔kN・m〕，せん断力 Q 〔kN〕，軸力 N 〔kN〕である。軸力でも示したように，応力には正負がある。図 4.2 に図示する方向を正とする。この正負の定義は教科書によって異なるが，本書ではこのルールに従ってほしい。

梁に生じる応力と正方向の定義
【せん断力 Q】　時計回りとなる力の組合せが正
【曲げモーメント M】　下側が引張となるモーメントの組合せが正
【軸力 N】　引張となる力の組合せが正

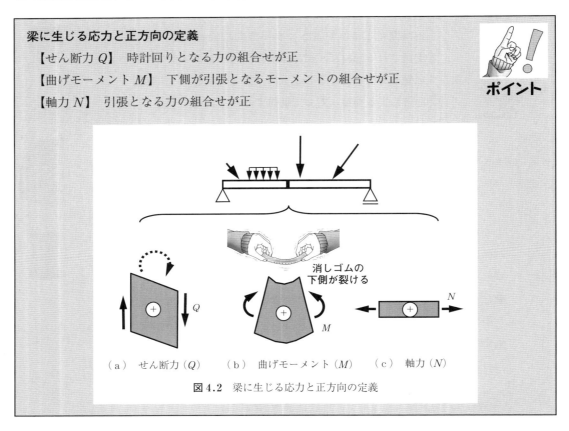

図 4.2　梁に生じる応力と正方向の定義

梁で検討対象となるのは，おもに曲げモーメント M，せん断力 Q となる。梁の応力算定の手順はつぎのようになる。

梁の応力算定の手順
【手順①】　反力を求める。
【手順②】　応力を求めたい点で部材を切断する。
【手順③】　切断面に応力を記入する。
【手順④】　部分構造の力の釣合い条件により応力を求める。

例題 4.1 図 4.3 に示す単純梁の中央部に集中荷重が与えられたときの，点 C における応力を求めなさい。

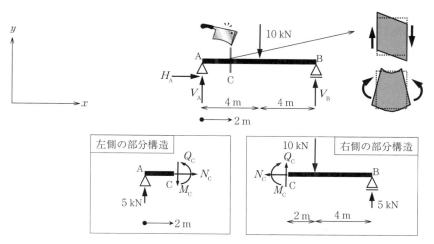

図 4.3 集中荷重を受ける単純梁の応力

【手順①】2 章で述べた方法で求めるが，ここでは明らかに，$H_A = 0$，$V_A = V_B = 5$ kN である。反力が明らかなときには，わざわざ式を使って計算する必要はない。

【手順②】図 4.3 に示すように，応力を求めたい点 C で部材を切断する。

【手順③】切断面に応力を記入する。**左側の部分構造**を利用したときの応力表示のルールを**図 4.4** に示す。曲げモーメント M，せん断力 Q，軸力 N を生じさせる二つの組合せの力のうち，右側の力を利用して記入する。この場合，M は反時計回り，Q は下向き，N は右向きが正となる。

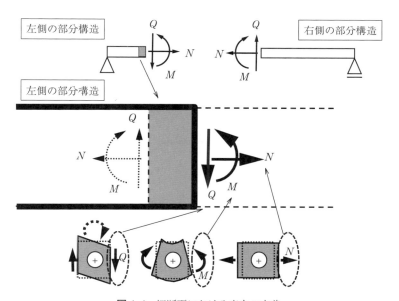

図 4.4 切断面における応力の定義

50　4. 梁 の 応 力

右側の部分構造を利用する場合は，矢印の向きは逆になる。左右，どちらの部分構造でもよいが，解きやすいほうを選ぶこと。まずは，ここでは左側の部分構造を利用する。このときのM, Q, NをそれぞれM_C, Q_C, N_Cとする。

【手順 ④】左側の部分構造で力の釣合い条件式を立てる。モーメントの釣合いはどこでとってもよいが，切断面である点 C でとるのがよい。

$$\sum X = N_C = 0$$
$$\sum Y = 5 - Q_C = 0$$
$$\sum M_{(C)} = 5 \times 2 - M_C = 0$$

これより，$N_C = 0$, $Q_C = 5$ kN, $M_C = 10$ kN·m が得られる。これが，点 C の応力である。

例題 4.2 図4.3の点 C における応力を右側の部分構造を利用して求めなさい。

右側の部分構造では応力を表現する二つの力のうち，断面の左側の力を利用して記入する。この場合，Mは時計回り，Qは上向き，Nは左向きが正となる。

右側の部分構造で力の釣合い条件式を立てる。

$$\sum X = -N_C = 0$$
$$\sum Y = Q_C - 10 + 5 = 0$$
$$\sum M_{(C)} = M_C + 10 \times 2 - 5 \times 6 = 0$$

これより，$N_C = 0$, $Q_C = 5$ kN, $M_C = 10$ kN·m となり，例題4.1と同じ答えになる。ただし扱う力の数が多くなるので，この問題では左側の部分構造を利用したほうがよい。

例題 4.3 図4.5のように斜め方向に作用する集中荷重を受ける梁の，点 C における応力を求めなさい。

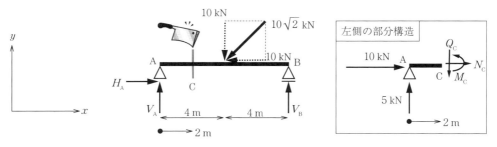

図4.5　斜めに集中荷重が作用する単純梁の応力

最初に支点の反力を求める。力の分解と1点に交わらない場合の三つの力の釣合い条件を利用する。

$$\sum X = H_A - 10 = 0$$
$$\sum Y = V_A + V_B - 10 = 0$$
$$\sum M_{(A)} = 10 \times 4 - V_A \times 8 = 0$$

これより，$H_A = 10$ kN，$V_A = V_B = 5$ kN，となる。点Cで切断し，切断面に応力を記入する。そして左側の部分構造で力の釣合い条件式を立てる。

$$\sum X = 10 + N_C = 0$$
$$\sum Y = 5 - Q_C = 0$$
$$\sum M_{(C)} = 5 \times 2 - M_C = 0$$

これより，$N_C = -10$ kN，$Q_C = 5$ kN，$M_C = 10$ kN·m となる。このようなケースでは，梁にも軸力が作用する。しかし，以降では曲げモーメント M とせん断力 Q のみが発生する場合を対象とする。

4.2 梁の応力算定のコツ

梁の応力を算定する際に，部材を切断し，部分構造を設定し，応力を記入し，力の釣合いにより応力を算定した。しかし，少し慣れてくると，この手順は少しまどろっこしく感じる。ここで，図 4.6 に示す状況で応力の算定を考えてみる。

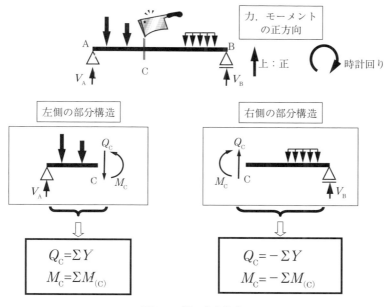

図 4.6　梁の応力算定のコツ

52   4. 梁 の 応 力

左側の部分構造に着目すると，Y方向の力の釣合いと，点Cにおけるモーメントの釣合い条件式が以下のように得られる。

$\sum Y$ ＝ Y方向の荷重と反力の総和 $- Q_C = 0$

$\sum M_{(C)}$ ＝ 点Cにおける荷重と反力によるモーメントの総和 $- M_C = 0$

これより，つぎの式が成り立つ。

梁の応力算定のコツ

Q_C ＝ 左側の部分構造の荷重と反力の総和

M_C ＝ 左側の部分構造で点Cに作用するモーメントの総和

ポイント

となる。左側の部分構造では，力とモーメントの総和を計算すれば，それがそのまま応力となることがわかる。

右側の部分構造では，次式のように正負を逆転させる必要がある。

Q_C ＝ 右側の部分構造の荷重と反力の総和 $\times (-1)$

M_C ＝ 右側の部分構造で点Cに作用するモーメントの総和 $\times (-1)$

つぎの例題で確かめてみる。

例題4.4　図4.7(a)の点C，Dにおける応力を求めなさい。

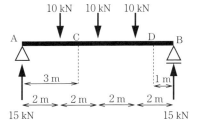
(a)　三つの集中荷重を受ける単純梁

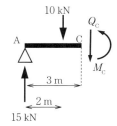
(b)　左側の部分構造

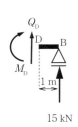
(c)　右側の部分構造

図4.7　複数の集中荷重を受ける単純梁の応力

点Cは図(b)に示す左側の部分構造を利用する。軸力Nはないので，Q，Mのみを求める。せん断力は力の総和，曲げモーメントは点Cに作用するモーメントの総和であるので

$Q_C = 15 - 10 = 5$ 〔kN〕

$M_C = 15 \times 3 - 10 \times 1 = 35$ 〔kN·m〕

とただちに求められる。

点Dは図4.7(c)に示す右側の部分構造のほうが早く求められる。この場合，(-1)を掛ける。

$Q_D = 15 \times (-1) = -15$ 〔kN〕

$M_D = -15 \times 1 \times (-1) = 15$ 〔kN·m〕

梁の片側が自由端で，もう片側が固定端の場合，**片持ち梁**と呼ばれる。片持ち梁の場合は，反力を計算しなくても応力を求めることができる。

例題 4.5 図 4.8 に示す片持ち梁の点 C における応力を求めなさい。

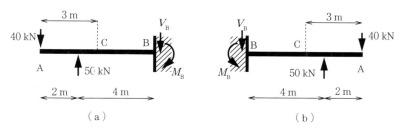

図 4.8 集中荷重を受ける片持ち梁の応力

（a）では左側の部分構造を利用する。

$Q_C = -40 + 50 = 10$ 〔kN〕

$M_C = -40 \times 3 + 50 \times 1 = -70$ 〔kN·m〕

（b）では逆に右側の部分構造を利用する。

$Q_C = (50 - 40) \times (-1) = -10$ 〔kN〕

$M_C = (-50 \times 1 + 40 \times 3) \times (-1) = -70$ 〔kN·m〕

等分布荷重，等変分布荷重が単純梁に作用するときの応力算定には，合力を上手に利用する。

例題 4.6 図 4.9（a）に示す等分布荷重を受ける単純梁の点 C における応力を求めなさい。

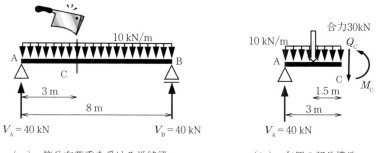

（a）等分布荷重を受ける単純梁　　（b）左側の部分構造

図 4.9 等分布荷重を受ける単純梁の応力

図4.9(b)に示す左側の部分構造を利用する。このときの等分布荷重による合力は

$$R = 10 \times 3 = 30 \text{ [kN]}$$

で，その作用位置はACの中点である．よって

$$Q_C = 40 - 30 = 10 \text{ [kN]}$$
$$M_C = 40 \times 3 - 30 \times 1.5 = 75 \text{ [kN·m]}$$

⇨図1.27参照

例題4.7 図4.10(a)に示す等変分布荷重を受ける単純梁の点Cにおける応力を求めなさい。

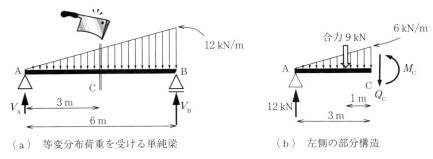

(a) 等変分布荷重を受ける単純梁　　(b) 左側の部分構造

図4.10 等変分布荷重を受ける単純梁の応力

最初に支点の反力を求める。等変分布荷重の全体の合力は

$$R = 12 \times 6 \div 2 = 36 \text{ [kN]}$$

⇨図1.27参照

であり，これが分布荷重の重心位置である点Aから4mの位置に作用することから

$$\sum Y = V_A + V_B - 36 = 0$$
$$\sum M_{(A)} = 36 \times 4 - V_B \times 6 = 0$$

これより，$V_A = 12$ kN，$V_B = 24$ kN となる。

点Cで切断し，図(b)に示す左側の部分構造を利用して応力を求める。ここで，点Cでの分布荷重の大きさが6 kN/mとなる点に注意する必要がある。$0 \leq x \leq 3$ mの等変分布荷重の合力は

$$R = 6 \times 3 \div 2 = 9 \text{ [kN]}$$

で，その作用位置は点Cから1m離れた位置である。よって

$$Q_C = 12 - 9 = 3 \text{ [kN]}$$
$$M_C = 12 \times 3 - 9 \times 1 = 27 \text{ [kN·m]}$$

右側の部分構造でも解けないことはないが，少し面倒である。

4.2 梁の応力算定のコツ

演習問題 4.1 図4.11に示す集中荷重を受ける単純梁の反力を計算し，その大きさと方向を図示しなさい。また，点Aと点Bのせん断力と曲げモーメントを計算しなさい。

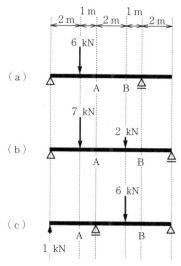

図4.11 集中荷重を受ける静定梁の反力と応力

演習問題 4.2 図4.12に示す等分布，等変分布荷重を受ける単純梁の反力を計算し，その大きさと方向を図示しなさい。また，点Aと点Bのせん断力と曲げモーメントを計算しなさい。

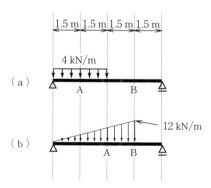

図4.12 等分布，等変分布荷重を受ける単純梁の反力と応力

4.3 梁の応力分布と応力図

ここまでで梁の各点の応力を求めることができた。梁の材軸方向での応力分布を求め，それを図示することは，最大応力を求めるうえで，また梁のたわみ状態をイメージするうえでもきわめて重要である。ここでは応力分布を求め，それを図化した**応力図**の描き方を示す。検討対象は，曲げモーメントM，せん断力Qの応力図とする。

4.3.1 応力分布

図4.13に示す集中荷重を受ける単純梁の応力分布を求める。まずは，図（a）のように梁をAC間の位置x〔m〕で切断する。このときの切断面における曲げモーメントとせん断力をM_x，Q_xとする。ただし，$0 \leq x \leq 4 \, \mathrm{m}$である。図（a）下に示す左側の部分構造より，これらは以下のように求められる。

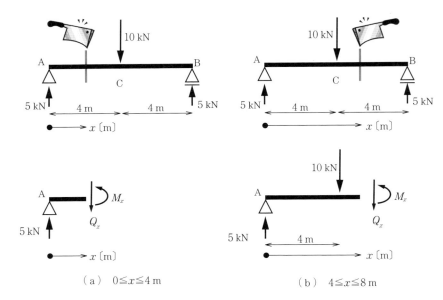

図4.13　単純梁の応力分布の算定

$Q_x = 5$ 〔kN〕

$M_x = 5x$ 〔kN·m〕

点Cでは，$M_x(x=4) = 20 \, \mathrm{kN \cdot m}$となる。

同様に図 4.13（b）のように CB 間の位置 x〔m〕で切断した場合は，つぎのようになる。ただし，$4 \leq x \leq 8$ m である。

$$Q_x = 5 - 10 = -5 \text{〔kN〕}$$
$$M_x = 5 \times x - 10 \times (x-4) = -5x + 40 \text{〔kN·m〕}$$

Q_x は AC 間，CB 間で一定となり，M_x は距離 x〔m〕の一次関数となる。両支点はピンとローラーであるので M_x は 0 となる。

4.3.2　応力図の描き方

せん断力，曲げモーメントの分布を図にしたものが，**せん断力図**，**曲げモーメント図**，もしくは **Q 図**，**M 図**である。これらを総称して**応力図**と呼ぶ。

本書では梁の応力図を以下のルールで描く。

梁の応力図の作成ルール
① 梁に縦縞を描く。縞の一本ごとの線の長さは，その点の応力の大きさを表す。
② Q 図は矢印の左側の向きに描く。上側が正となる。
③ M 図は引張側となる側に描く。下側が正となる。
④ 主要位置で値を記入する。

このルールで作成した図 4.13 の応力図を**図 4.14** に示す。Q_x や M_x の分布が一目でわかる。

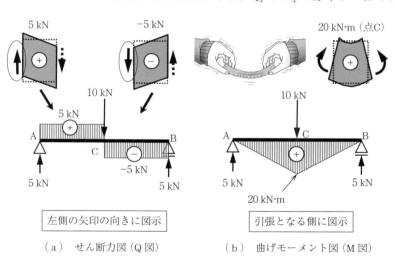

（a）せん断力図（Q 図）　　（b）曲げモーメント図（M 図）

図 4.14　応力を図示する方向と応力図

58   4. 梁 の 応 力

例題 4.8　図 4.15 (a) に示す片持ち梁の応力図を描きなさい。

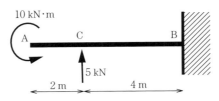

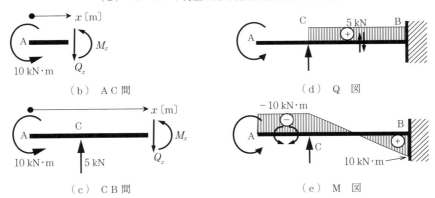

（a） モーメント荷重と集中荷重を受ける片持ち梁

（b） AC間

（c） CB間

（d） Q 図

（e） M 図

図 4.15　片持ち梁の応力図

片持ち梁の応力を求める際に，反力を求める必要はない。点 AC 間では図 (b) より

$$Q_x = 0, \quad M_x = -10 \ [\text{kN·m}]$$

点 CB 間では図 (c) より

$$Q_x = 5 \ [\text{kN}], \quad M_x = -10 + 5 \times (x-2) = 5x - 20 \ [\text{kN·m}]$$

固定端の点 B では，$M_x(x=6) = 10 \ \text{kN·m}$ となる。Q 図を図 (d) に，M 図を図 (e) に示す。

4.3.3　応力図作成のコツ

図 4.14，図 4.15 より，集中荷重，**モーメント荷重**を受ける梁の応力には，以下の特徴が見られる。

① 荷重が作用する点，支点間では，せん断力 Q は一定値である。

② 荷重が作用する点，支点間では，曲げモーメント M は一次関数，すなわち傾きを持つ直線となる。よって，応力図を作成する際には，つぎの考え方に従うとよい。

集中荷重，モーメント荷重を受ける梁の応力図作成のコツ

① Q 図は集中荷重の作用点と支点間では一定値として描く。

② M 図は荷重作用点と支点での M を求め，その間を直線で結ぶ。

ポイント

図 4.15 (a) の例題を利用する。点 AC 間のせん断力を Q_{AC}，点 A の曲げモーメントを M_A とし，ほかも同様とする。応力は以下のとおりとなる。

$Q_{AC} = 0$, $Q_{CB} = 5$ 〔kN〕

$M_A = -10$ 〔kN·m〕, $M_C = -10$ 〔kN·m〕, $M_B = -10 + 5 \times 4 = 10$ 〔kN·m〕

図 4.16 に示すように，Q 図は支点を含む荷重作用点間を一定値とし，M 図はこれらの点を直線で結ぶことにより応力図を作成することができる。

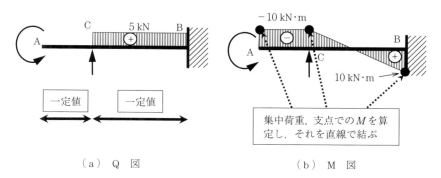

図 4.16 集中荷重，モーメント荷重を受ける応力図の描き方

例題 4.9 図 4.17（a）に示す複数の集中荷重を受ける単純梁の応力図を描きなさい。

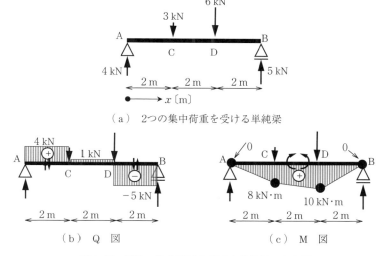

図 4.17 複数の集中荷重を受ける単純梁の応力図

Q は支点と荷重作用点間の，M は荷重作用点の値を求める。

$Q_{AC} = 4$ 〔kN〕, $Q_{CD} = 4 - 3 = 1$ 〔kN〕, $Q_{DB} = 4 - 3 - 6 = -5$ 〔kN〕

$M_A = 0$, $M_C = 4 \times 2 = 8$ 〔kN·m〕, $M_D = 4 \times 4 - 3 \times 2 = 10$ 〔kN·m〕, $M_B = 0$

図 4.17（b），（c）に示すように，Q 図は各点間を一定値とし，M 図は上記の点を直線で結び応力図を作成するピンとローラーである両支点の M は 0 となる。

4.4 種々の荷重と梁の応力分布

ここでは，集中荷重のほかに，モーメント荷重，等分布荷重，等変分布荷重を受ける梁の応力分布，応力図の求め方を学ぶ。

4.4.1 モーメント荷重

図4.18(a)に示すように，単純梁の端部にモーメント荷重が作用する場合を想定する。このような外力は直感的にはイメージしにくいが，後で出てくる不静定構造物などの応力計算で大変重要な役割を果たす。

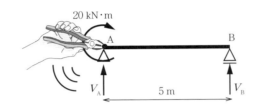

(a) 梁端部にモーメント荷重が作用する単純梁

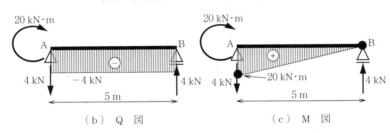

(b) Q図   (c) M図

図4.18 梁端部にモーメント荷重が作用する単純梁の応力図

例題 4.10 図4.18(a)に示す端部にモーメント荷重が作用する単純梁の応力図を描きなさい。

最初に反力を求める。1点に交わらない力の釣合いを利用する。

$$\sum Y = V_A + V_B = 0$$

$$\sum M_{(A)} = 20 - V_B \times 5 = 0$$

$\sum M_{(A)}$の式で，モーメント荷重の 20 kN·m を入れ忘れないように注意する。これより，$V_A = -V_B = -4$ kN が得られる。

応力はつぎのように得られる。

$Q_x = -4$ 〔kN〕

$M_x(x=0) = 20$ 〔kN·m〕

$M_x(x=5) = 0$

図4.18(b), (c)に示すように, Q図は部材内で一定値, M図はモーメント荷重の作用する支点で曲げモーメントが発生し, ローラー支持であるもう一つの支点では0となる。

例題 4.11 図4.19(a)に示すように, 中央部にモーメント荷重が作用する単純梁の応力図を描きなさい。

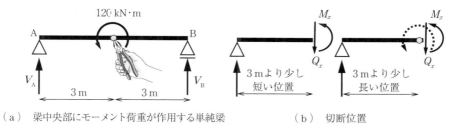

(a) 梁中央部にモーメント荷重が作用する単純梁   (b) 切断位置

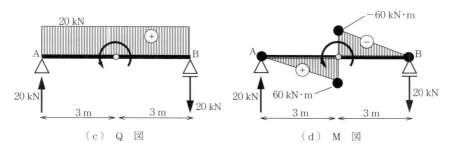

(c) Q 図   (d) M 図

図 4.19 梁中央部にモーメント荷重が作用する単純梁の応力図

反力計算では1点に交わらない力の釣合いを利用する。

$\sum Y = V_A + V_B = 0$

$\sum M_{(A)} = -120 - V_B \times 6 = 0$

これより, $V_A = -V_B = 20$ kN が得られる。

せん断力と両端の曲げモーメントはつぎのように得られる。

$Q_x = 20$ 〔kN〕

$M_x(x=0) = M_x(x=6) = 0$

中央部の M については図(b)に示すように, $x=3$ m の手前と直後の点で分けて考える。$x=3$ m の手前の点では

$M_x(x=3) = 20 \times 3 = 60$ 〔kN·m〕

$x=3$ m の直後の点では

$M_x(x=3) = 20 \times 3 - 120 = -60$ 〔kN·m〕

となる。図4.19（c），（d）にQ図，M図を示す。モーメント荷重が作用している点 $x = 3$ m で曲げモーメント図はモーメント荷重の分だけ不連続となる。

4.4.2 等分布荷重

ここでは，単純梁に等分布荷重が作用する場合を想定する。自重や均等に掛かる床荷重が梁に作用する場合がこれに相当する。

例題4.12 図4.20（a）に示す等分布荷重が作用する単純梁の応力図を描きなさい。

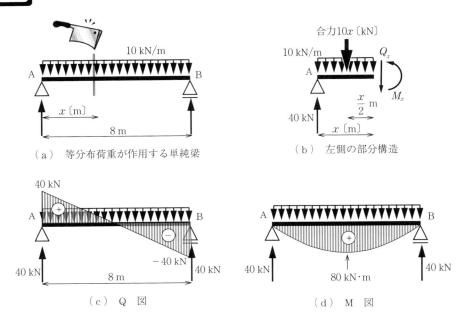

図4.20 等分布荷重が作用する単純梁の応力図

図（b）を参照して，梁左端部からの距離 x〔m〕における応力を式で表現する。せん断力 Q_x，曲げモーメント M_x は

$$Q_x = 40 - 10x = -10x + 40 \text{〔kN〕}$$

$$M_x = 40x - 10x \times \frac{x}{2} = -5x^2 + 40x \text{〔kN・m〕}$$

のように得られ，いずれも距離 x〔m〕の関数となる。

等分布荷重を受ける梁の応力には，以下のルールがある。
① Q は一次関数となる。
② M は二次関数となる。

これらの応力分布を図にすると図（c），図（d）のようになる。主要な点で Q や M を計算し，それを上記のルールに従って線で結ぶとよい。Q については，$Q_x(x=0) = 40$ kN，$Q_x(x=4) = 0$ kN，$Q_x(x=8) = -40$ kN となる。最大となる M はその傾きが0となる条件から見つけることができる。

$$\frac{dM_x}{dx} = \underline{\underline{-10x+40}} = 0 \quad \rightarrow \quad x = 4 \,[\text{m}] \quad \rightarrow \quad M_x(x=4) = 80 \,[\text{kN}\cdot\text{m}]$$

上式の二重下線部が Q_x と同じとなる点は重要である。その理由は 4.5.1 項で説明する。両支点のピンとローラーでの M は 0 となり，梁の中央部で M が最大となる。応力の最大値と最大となる位置を求めることは重要となる。

4.4.3 等変分布荷重

ここでは，単純梁に等変分布荷重が作用する場合を想定する。これは 1 章の図 1.28 で示したように，床の支配エリアが三角形分布になった場合に見られる。

例題 4.13 図 4.21（a）に示す等変分布荷重が作用する単純梁の応力図を描きなさい。

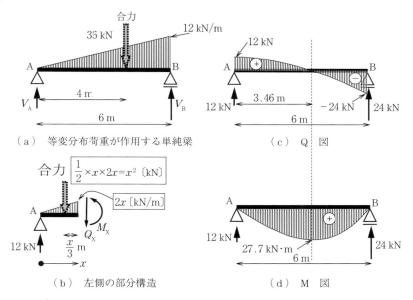

図 4.21 等変分布荷重が作用する単純梁の応力図

反力は例題 4.7 で求めたとおりである。梁左端部からの距離を $x\,[\text{m}]$ とすると，等変分布荷重は x の関数としてつぎのように表現される。

$$w_x = 2x \,[\text{kN/m}]$$

図（b）を参照して，位置 $x\,[\text{m}]$ での応力を求める。合力が $R = 2x \times x \div 2 = x^2\,[\text{kN}]$ となり，その作用位置が $2x/3\,[\text{m}]$ となる点に注意すると，せん断力と曲げモーメントは以下の式で表現される。

$$Q_x = 12 - x^2 \,[\text{kN}]$$

$$M_x = 12x - x^2 \times \frac{x}{3} = 12x - \frac{x^3}{3} \,[\text{kN}\cdot\text{m}]$$

64   4. 梁 の 応 力

等変分布荷重を受ける梁の応力には，以下のルールがある。

① Q は二次関数となる。
② M は三次関数となる。

つぎに，M が最大となる点を，傾きが0となる条件から見つける。

$$\frac{dM_x}{dx} = \underline{\underline{12 - x^2}} = 0 \rightarrow x = 2\sqrt{3} \fallingdotseq 3.46 \text{ [m]}$$
$$\rightarrow M_x(x = 2\sqrt{3}) = 16\sqrt{3} \fallingdotseq 27.7 \text{ [kN·m]}$$

上式の二重下線部はやはり Q_x と同じとなる。これらの応力図を図 4.21（c），（d）に示す。

例題 4.14　図 4.22（a）に示す単純梁の半分にだけ等分布荷重が作用する単純梁の応力図を描きなさい。

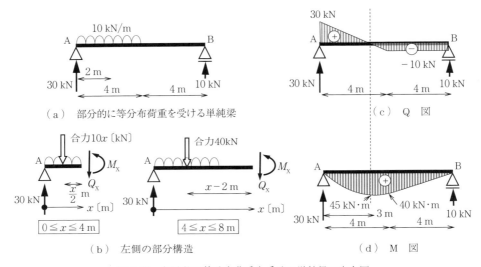

(a)　部分的に等分布荷重を受ける単純梁
(b)　左側の部分構造
(c)　Q 図
(d)　M 図

図 4.22　部分的に等分布荷重を受ける単純梁の応力図

反力は図（a）に図示するとおりである。梁の応力を求める際には，梁の全区間を図（b）のように二つに分けて考える。等分布荷重が作用する $0 \leq x \leq 4$ m では以下のとおりとなる。

$$Q_x = -10x + 30 \text{ [kN]}$$
$$M_x = 30 \times x - 10x \times \frac{x}{2} = -5x^2 + 30x \text{ [kN·m]}$$

Q は一次関数，M は二次関数となっている。また $4 \leq x \leq 8$ m では以下のとおりとなる。

$$Q_x = 30 - 40 = -10 \text{ [kN]}$$
$$M_x = 30 \times x - 40 \times (x - 2) = -10x + 80 \text{ [kN·m]}$$

$M_x(x=4) = 40$ kN·m，$M_x(x=8) = 0$ の間は直線となる。ここで，$0 \leq x \leq 4$ m で M_x の極値（最大値）を調べる。

$$\frac{dM_x}{dx} = -10x + 30 = 0 \quad \rightarrow \quad x = 3 \,[\mathrm{m}] \quad \rightarrow \quad M_x(x=3) = 45 \,[\mathrm{kN \cdot m}]$$

となり，$x=3\,\mathrm{m}$ で M_x が最大となる．応力図を図 4.22（c），（d）に示す．

演習問題 4.3 図 4.23 に示すモーメント荷重と集中荷重を受ける片持ち梁，単純梁の応力図（曲げモーメント図，せん断力図）を描きなさい．

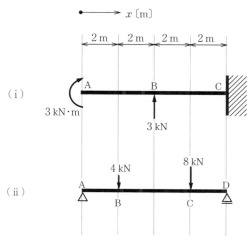

図 4.23　片持ち梁，単純梁の応力図作成

演習問題 4.4 図 4.24 に示すモーメント荷重と等分布荷重を同時に受ける単純梁の応力図（曲げモーメント図，せん断力図）を描きなさい．

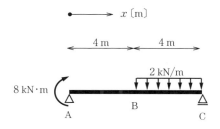

図 4.24　モーメント荷重と等分布荷重を同時に受ける単純梁

4.4.4　梁の応力パターンと重ね合わせの原理

集中荷重などを受ける単純梁の応力図のパターンを**表 4.1** に示す．複数の外力が作用するケースでは，それぞれのケースの応力を足し合わせることによって応力図を求めることができる．これを**重ね合わせの原理**と呼ぶ．

表4.1 単純梁の応力図のパターン

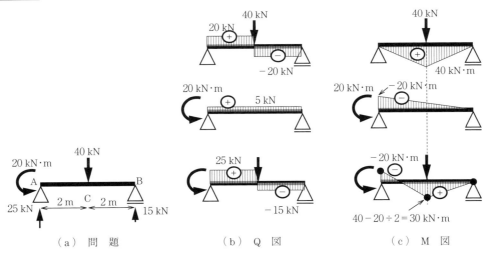

例題 4.15 図4.25(a)に示す単純梁の応力図を描きなさい。

図4.25 重ね合わせの原理による応力図の作成

同図(b),(c)上段に集中荷重による応力状態を,中段にモーメント荷重による応力状態を示す。重ね合わせの原理より,上段と中段の応力を重ね合わせ,全体の応力図が図(b),(c)下段のように求められる。例えば,梁中央部の曲げモーメントは,集中荷重時で40 kN·m,モーメン

ト荷重時で $-20 \div 2 = -10\,\mathrm{kN \cdot m}$ となることから

$$M_\mathrm{C} = 40 - 10 = 30\,[\mathrm{kN \cdot m}]$$

となる。

4.5 応力と荷重間の関係

4.5.1 曲げモーメント，せん断力，荷重の関係

いままで荷重が作用する梁に生じる曲げモーメントとせん断力を求めてきたが，じつはこれらは互いに無関係ではなく，あるルールで結びつけられている。

⇨例題 **4.12** 参照

分布荷重が作用する単純梁の一部を取り出し，力の釣合いを調べる。**図 4.26** に示す幅 dx の切断面に，図示する曲げモーメントとせん断力が作用する状態を考える。ここで，dx, dQx, dMx はいずれも非常に小さい量（微小量）を示す。

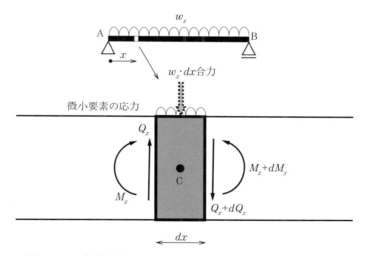

図 4.26 分布荷重が作用する単純梁における微小要素の力の釣合い

微小要素の中心 C でのモーメントの釣合いをとると，以下の式が得られる。

$$\sum M_{(\mathrm{C})} = Q_x \times \frac{dx}{2} + (Q_x + dQ_x) \times \frac{dx}{2} + M_x - (M_x + dM_x) = 0$$

$$\rightarrow\quad dM_x = Q_x dx + \underline{\underline{\frac{1}{2} dx dQ_x}}$$

二重下線部は微小量を掛け合わせたものなので，極めて小さな量となるため無視して 0 とすることができる。これより以下の関係が成立する。

$$\frac{dM_x}{dx} = Q_x \tag{4.1}$$

すなわち，曲げモーメントの勾配＝せん断力となることがわかる。

つぎに，微小要素の鉛直方向の力の釣合いをとると，以下の式が得られる。

$$\sum Y = Q_x - (Q_x + dQ_x) - w_x dx = 0$$

これより以下の関係がわかる。

$$\frac{dQ_x}{dx} = -w_x \tag{4.2}$$

すなわち，せん断力の勾配＝(-1)×荷重となることがわかる。式 (4.1)，(4.2) を組み合わせると，以下の曲げモーメントと荷重の関係が得られる。

$$\frac{d^2 M_x}{dx^2} = \frac{dQ_x}{dx} = -w_x \tag{4.3}$$

これは，8章で説明するモールの定理で利用されることになる。以上をまとめるとつぎのようになる。

曲げモーメントとせん断力，荷重の関係
① 曲げモーメントの勾配がせん断力となる。
② せん断力の勾配に (-1) を掛けたものが荷重となる。

4.5.2 曲げモーメント図に基づくせん断力，荷重の推定

上記の2点の関係を利用すると，曲げモーメント図からせん断力や荷重，支点反力を求めることができる。

例題 4.16 図 4.27 (a) に示す単純梁の M 図から Q 図，荷重，反力を示しなさい。

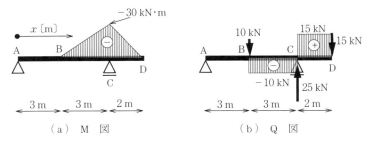

(a) M 図　　　　(b) Q 図

図 4.27 M 図から Q 図，荷重，反力の算定

せん断力＝曲げモーメントの勾配より，Q 図が得られる。

Q_{AB} ＝ AB 間の M の勾配＝0

Q_{BC} ＝ BC 間の M の勾配＝$(-30-0) \div 3 = -10$〔kN〕

Q_{CD} ＝ CD 間の M の勾配＝$\{0-(-30)\} \div 2 = 15$〔kN〕

不連続な Q の差は，集中荷重もしくは支点反力となる。よって，Q 図，荷重，反力は図 (b) のようになる。M 図がわかっていれば，ほかの応力状態もわかることになる。

例題 4.17 図 4.28（a）に示す単純梁の M 図から Q 図，荷重，反力を示しなさい。

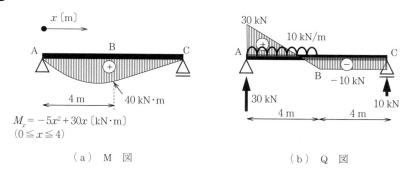

(a) M 図   (b) Q 図

図 4.28 M 図から Q 図，等分布荷重，反力の算定

AB 間では $M_{AB} = -5x^2 + 30x$ [kN・m] であるので

$$Q_{AB} = \frac{dM_{AB}}{dx} = -10x + 30 \text{ [kN]}, \quad w_x = -\frac{dQ_{AB}}{dx} = 10 \text{ [kN/m]}$$

となる。BC 間では

$$Q_{BC} = \frac{0-40}{4} = -10 \text{ [kN]}$$

となる。不連続な Q の差は，集中荷重もしくは支点反力となる。よって，Q 図，荷重，反力は図（b）のようになる。

演習問題 4.5 図 4.29 に示す M 図から，Q 図を求め，梁に作用する集中荷重，集中モーメントと反力を求め，図に記入しなさい。

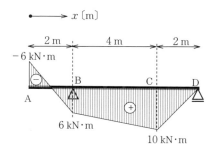

図 4.29 M 図から Q 図，荷重，反力の算定

70　　4. 梁 の 応 力

演習問題 4.6　図 4.30 に示す等分布荷重とモーメント荷重が作用する単純梁について，（a）点 x の曲げモーメント M_x とせん断力 Q_x の式を求めなさい。（b）M_x，Q_x，w_x 間に式 (4.1) および (4.2) の関係が成り立つことを示しなさい。（c）M_x が最大となる位置 x を求め，その値を計算しなさい。（d）Q 図，M 図を描きなさい。

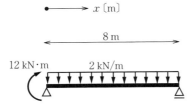

図 4.30　モーメント荷重と等分布荷重を同時に受ける単純梁

4 章のポイント

「梁は，曲げモーメントとせん断力の算定が大切だよ。」

「わかりました！　勉強になります！」

「いまのうちに応力計算や応力図の作成方法に慣れておこう。」

「曲げモーメントやせん断力，それに外力は無関係ではなく，たがいに関係しているなんて面白いですね！」

「そうだね。これは今後も重要になるから，しっかり覚えておこう。」

「はい！」

5章 ラーメンの応力

ラーメンとは，柱と梁で形成される架構のことで，建物の中では最も一般的な構造だね。大都市に多数建設されている超高層建物も，このラーメンが基本となっているんだよ。

トラスとなにが違うんですか!?

トラスと異なる点は，柱と梁が剛接合されてしっかり一体となっている点だね。柱と梁の一体効果により，地震時の水平荷重等に抵抗することができる。水平荷重を受けるラーメンのイメージを図5.1に示そう。図（a）に示した構造では材はたわむけど，柱と梁の取り付け角度は直角を保ったままなんだ。一方，図（b）の構造は柱と梁が自由に回転することができ，そのため柱と梁が直角を保てず，水平力に対して抵抗できないんだ。本章では外力を受けるラーメンの応力を求める方法を学んでいくよ。

基本的には梁の応力の考え方を応用すればいいんですか!?

そうだね。でも，曲げモーメントやせん断力だけではなく，軸力も発生するから気を付けてね。

わかりました！

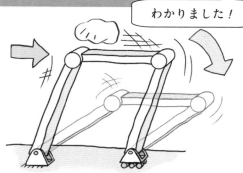

（a） 単純支持ラーメン　　　　　（b） 単純支持でピン接合の不安定な架構

図5.1　水平力に対して抵抗するラーメン

5.1 ラーメンの応力算定

2本の柱と水平な梁で構成されるラーメンを**門形ラーメン**と呼ぶ。本章では，図5.1（a）に示すピンとローラーで支持された**単純支持**ラーメンや，後に述べる3ヒンジラーメンを含む**静定ラーメン**を扱う。一般的に，建築物は柱が基礎に固定された**不静定ラーメン**である場合が多く，単純支持ラーメンはまず見られない。しかし，静定ラーメンからはじめないと不静定ラーメンも理解できないので，少し我慢していただきたい。

ラーメンに生じる応力は，曲げモーメントM，せん断力Q，軸力Nである。手順は梁の場合と同様に，つぎのようになる。

ラーメンの応力算定の流れ
【手順①】 反力を求める。
【手順②】 応力を求めたい点で部材を切断する。
【手順③】 部分構造の切断面に応力M, Q, Nを表示する。
【手順④】 部分構造の力の釣合いにより応力を求める。

【手順②】で部材を切断し部分構造を利用する。梁のときは「左側の部分構造」「右側の部分構造」と表現したが，ラーメンの場合は上も下もあるのでなんとも表現しにくい。しかし，ここでは割り切って，図5.2に示すように左側の支点を含む場合は「**左側の部分構造**」，右側の支点を含む場合は「**右側の部分構造**」と呼ぶこととする。

【手順③】での応力表示について，ラーメンの梁は3章で学んだ応力表示と同じである。柱については，図5.2に示すように，左柱では90°反時計回りに，右柱では90°時計回りに梁を回転した状況をイメージして，応力の正負を定義する。

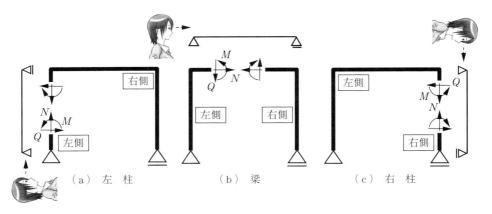

図5.2 部材切断後の部分構造と応力表示

例題5.1 図5.3(a)に示す単純支持ラーメンに水平荷重が作用したときの，点E，F，Gにおける応力を求めなさい。

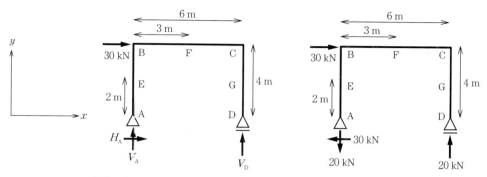

(a) 水平荷重を受ける単純支持ラーメン　　(b) 反力表示

図5.3 水平荷重を受ける単純支持ラーメンの応力

【手順①】　反力の計算には，1点に交わらない力の釣合い条件式 $\sum X = 0$，$\sum Y = 0$，$\sum M_{(A)} = 0$ を利用する。このとき，矢印の方向は，反力の数値が正の値となるように設定する。反力の方向がわからない場合は，例えば，座標系の正の向きに設定しておき，後で反力の数字が負になったら，矢印の向きを反対にして，正の反力の値を入れればよい。図(a)で説明すると，力の釣合い条件式は次式となる。

⇨ 2.3 参照

$$\sum X = H_A + 30 = 0$$
$$\sum Y = V_A + V_D = 0$$
$$\sum M_{(A)} = 30 \times 4 - V_D \times 6 = 0$$

これより，$H_A = -30$ kN，$V_A = -20$ kN，$V_D = 20$ kN が得られる。H_A と V_A は負となった。よって，図(b)に示すように矢印の向きを反対にして，正の反力の値を記入する。

【手順②】　各点で部材を切断する。

【手順③】　図5.2のルールに従い，**図5.4**に示すように各点で応力 M，Q，N を表示する。

【手順④】　切断した後の部分構造で力の釣合いをとる。点Eについては，図(a)を参照し左側の部分構造で力の釣合いを考える。

$$\sum X = Q_E - 30 = 0$$
$$\sum Y = N_E - 20 = 0$$
$$\sum M_{(E)} = -M_E + 30 \times 2 = 0$$

これより，$M_E = 60$ kN·m，$Q_E = 30$ kN，$N_E = 20$ kN となる。

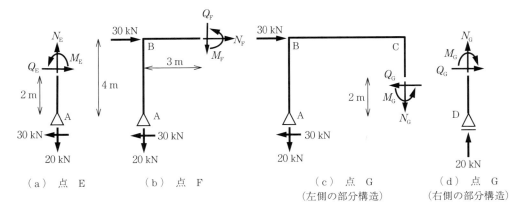

図5.4 各点で切断した後の部分構造と応力表示

点Fについても，図（b）を参照し左側の部分構造で力の釣合いを考える。

$$\sum X = N_F - 30 + 30 = 0$$

$$\sum Y = -Q_F - 20 = 0$$

$$\sum M_{(F)} = -M_F + 30 \times 4 - 20 \times 3 = 0$$

これより，$M_F = 60$ kN·m，$Q_F = -20$ kN，$N_F = 0$ となる。

点Gについては，図（c）に示す左側の部分構造よりは図（d）に示す右側の部分構造を利用したほうが計算が楽である。

$$\sum X = Q_G = 0$$

$$\sum Y = N_G + 20 = 0$$

$$\sum M_{(G)} = M_G = 0$$

これより，$M_G = 0$，$Q_G = 0$，$N_G = -20$ kN となる。

5.2 ラーメンの応力算定のコツ

梁の応力算定のコツを4.2節で示したが，ラーメンもまったく同じように考えることができる。**図5.5**に示す状況を考えてみる。

左側の部分構造に着目すると，y方向の力の釣合いと，点Cにおけるモーメントの釣合い条件式が以下のように得られる。

$$\sum Y = y方向の荷重と反力の総和 - Q_C = 0$$

$$\sum M_{(C)} = 点Cにおける荷重と反力によるモーメントの総和 - M_C = 0$$

これより，梁の場合と同様につぎの式が成り立つ。

ラーメンの応力算定のコツ

Q_C ＝　左側の部分構造の荷重と反力の総和

M_C ＝　左側の部分構造で点Cに作用するモーメントの総和

となる。右側の部分構造では，次式のように正負を逆転させる必要がある。

Q_C ＝　右側の部分構造の荷重と反力の総和　×(−1)

M_C ＝　右側の部分構造で点Cに作用するモーメントの総和　×(−1)

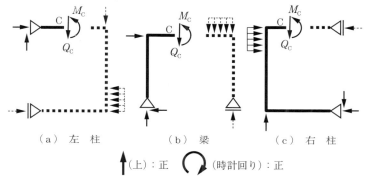

図 5.5　ラーメンの M, Q 算定のコツ

軸力の場合も同じであるが，その正負がわかりづらい場合には，図 5.6 に示すように，点Cに指をおいて「引っ張られる」と感じる方向ではプラス，「押される」と感じる方向ではマイナスにすればよい。プラスのときは材が引張，マイナスのときは圧縮となる。

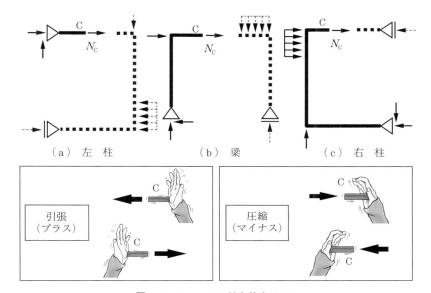

図 5.6　ラーメンの軸力算定のコツ

例えば例題 5.1 の点 F では，図 5.4（b）を参照すると，せん断力は点 A での鉛直反力が下向きとなっているので，$Q_F = -20$ kN となる。また，曲げモーメントは点 F に作用するモーメントの総和をとるので，$M_F = -20 \times 3 + 30 \times 4 = 60$ kN·m となる。軸力は，$N_F = 30 - 30 = 0$ となる。

例題 5.2 図 5.7（a）に示す単純支持ラーメンで，点 F における応力を求めなさい。

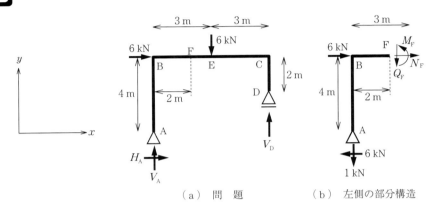

（a） 問 題　　　（b） 左側の部分構造

図 5.7 静定ラーメンの応力算定

最初に反力を計算する。力の釣合い条件式は次式となる。

$\sum X = H_A + 6 = 0$

$\sum Y = V_A + V_D - 6 = 0$

$\sum M_{(A)} = 6 \times 4 + 6 \times 3 - V_D \times 6 = 0$

これより，$H_A = -6$ kN，$V_A = -1$ kN，$V_D = 7$ kN が得られる。H_A，V_A は負となったので，矢印の向きを反対にして，図（b）に示すように正の数値にして反力を記入する。

図（b）に示すように，点 F で部材を切断し左側の部分構造を考える。せん断力は点 A での下向きの鉛直反力より，$Q_F = -1$ kN となる。また，曲げモーメントは点 F に作用するモーメントの総和より $M_F = -1 \times 2 + 6 \times 4 = 22$ kN·m となる。軸力は $N_F = 6 - 6 = 0$ となる。

5.3 片持ちラーメンの応力

固定端で支えられている片持ちラーメンの応力算定もいままでとほぼ同じ手順となるが，片持ち梁と同様に基本的には反力計算が不要である。

例題5.3 図5.8（a）に示す片持ちラーメンの，点Bにおける応力を求めなさい。

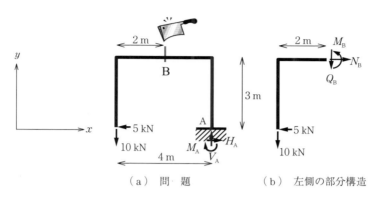

（a）問　題　　　（b）左側の部分構造

図5.8 片持ちラーメンの応力

図（b）のように点Bで切断し左側の部分構造を考えると，応力を計算することができる。

$$Q_B = -10 \ [\mathrm{kN}], \quad M_B = -10 \times 2 + 5 \times 3 = -5 \ [\mathrm{kN \cdot m}], \quad N_B = 5 \ [\mathrm{kN}]$$

反力 H_A，V_A，M_A を求めて，右側の部分構造で求めることもできるが，余計な計算を伴う。

例題5.4 図5.9に示す片持ちラーメンで，点Bの曲げモーメントが0となるように集中荷重 V，H の比を求めなさい。

切断して右側の部分構造で曲げモーメントを計算すると

$$M_B = (-H \times 4 + V \times 2) \times (-1) = 0 \quad \therefore \quad H : V = 1 : 2$$

となる。このとき，H と V の合力は点Bを通る。

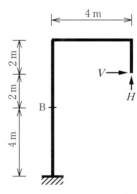

図5.9 二つの集中荷重が作用する片持ちラーメン

5.4　斜材のあるラーメンの応力

　一部の材が斜めについている**斜材**のあるラーメン（**異形ラーメン**）の応力を求める。通常の門形ラーメンと手順は同じであるが，応力算定時に注意が必要である。

78   5．ラーメンの応力

例題5.5　図5.10（a）に示す斜材のあるラーメンについて，点Cの応力を求めなさい。

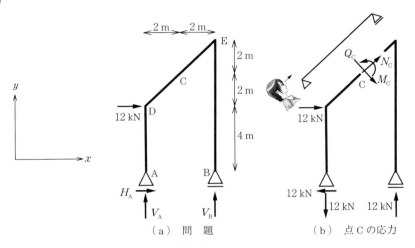

（a）問題　　　　　　　（b）点Cの応力

図5.10　斜材のあるラーメンの応力

反力を求める。図示するように座標正方向に反力 H_A, V_A, V_B を定義する。1点に交わらない力の釣合い条件式を立てる。

$$\sum X = H_A + 12 = 0$$
$$\sum Y = V_A + V_B = 0$$
$$\sum M_{(A)} = 12 \times 4 - V_B \times 4 = 0$$

これより，$H_A = -12$ kN，$V_A = -12$ kN，$V_B = 12$ kN が得られる。H_A と V_A は負となった。よって，図（b）に示すように矢印の向きを反対にして，正の反力の値を記入する。

点Cは斜め梁の中央にある。斜材の応力を求める場合は，図（b）に示すように材軸に沿って応力を定義する。この場合，図5.11のように全体を時計回りに45°傾け，斜材が水平の梁となるようなイメージで考えるとよい。

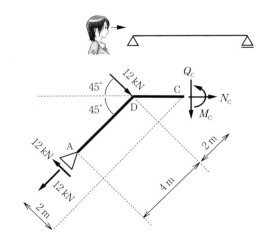

図5.11　斜材の応力算定

左側の部分構造で点Cの応力を求める。この際に，それぞれの力を鉛直，水平に分解する点に注意する。

$$Q_C = -12 \times \frac{1}{\sqrt{2}} + 12 \times \frac{1}{\sqrt{2}} - 12 \times \frac{1}{\sqrt{2}} = -6\sqrt{2} \fallingdotseq -8.49 \text{ (kN)}$$

$$M_C = -12 \times 2 + 12 \times 6 - 12 \times 2 = 24 \text{ (kN·m)}$$

$$N_C = 12 \times \frac{1}{\sqrt{2}} + 12 \times \frac{1}{\sqrt{2}} - 12 \times \frac{1}{\sqrt{2}} = 6\sqrt{2} \fallingdotseq 8.49 \text{ (kN)}$$

演習問題 5.1 図5.12に示すモーメント荷重と等変分布荷重を受ける単純支持ラーメンの断面の点E，F，Gにおける応力を求めなさい。

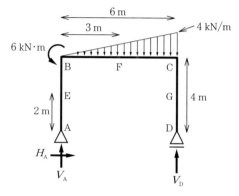

図 5.12 モーメント荷重と等変分布荷重を受けるラーメン

演習問題 5.2 図5.13に示す鉛直荷重を受ける単純支持アーチの点Cにおける応力を求めなさい。

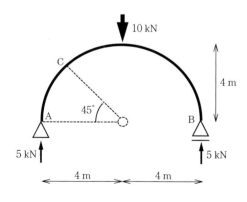

図 5.13 単純支持アーチの応力算定

5.5 ラーメンの応力分布と応力図

ラーメン全体の応力分布を求め，それを図化した応力図の描き方を示す。求める応力は，曲げモーメント M，せん断力 Q，軸力 N とする。

5.5.1 応力分布

図 5.14（a）に示す水平荷重を受ける単純支持ラーメンについて，応力分布の求め方を示す。

図（b）に示すように，柱を AB 間の位置 y〔m〕で切断する。ただし，$0 \leq y \leq 3\,\text{m}$ である。このときの切断面における応力を M_{AB}，Q_{AB}，N_{AB} とし，それぞれ材 AB 間の曲げモーメント，せん断力，軸力とする。左側の部分構造より，これらの応力を y の関数などで表現する。

$$M_{AB} = 20y \,\text{〔kN·m〕}, \quad Q_{AB} = 20 \,\text{〔kN〕}, \quad N_{AB} = 15 \,\text{〔kN〕}$$

図（c）に示すように，BC 間の位置 x〔m〕で切断する。左側の部分構造より，切断面における応力 M_{BC}，Q_{BC}，N_{BC} を x の関数で表現する。

$$M_{BC} = 20 \times 3 - 15 \times x = -15x + 60 \,\text{〔kN·m〕}, \quad Q_{BC} = -15 \,\text{〔kN〕}, \quad N_{BC} = 20 - 20 = 0$$

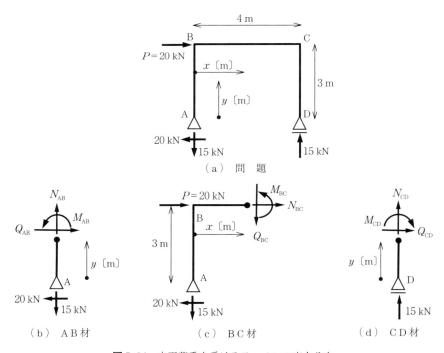

図 5.14 水平荷重を受けるラーメンの応力分布

図（d）に示すように，右柱の CD 材については右側の部分構造を利用する。

$M_{CD} = 0$,　　$Q_{CD} = 0$,　　$N_{CD} = -15$〔kN〕

点 B，C の曲げモーメント M_B，M_C を求めると，つぎのようになる。

$M_B = 60$〔kN·m〕,　　$M_C = 0$

5.5.2　応力図の描き方

せん断力，曲げモーメント，軸力の材軸に沿った分布を図にしたものが，**曲げモーメント図（M図）**，**せん断図（Q図）**，**軸力図（N図）**である。本書では門形ラーメンの応力図を**図 5.15**を参考に次に示すルールで作成する。

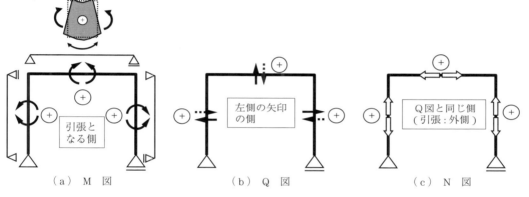

図 5.15　門形ラーメンの応力図のルール

ラーメンの応力図の作成ルール

① 部材に直交する縞で表現し，梁は縦縞，柱は横縞とする。縞の一本ごとの線の長さは，その点の応力の大きさを表す。
② M 図は引張側となる側に描く。
③ Q 図は↑↓矢印の左側の向きの側に描く。
④ N 図の正方向は Q 図と同じ側とする。
⑤ 主要位置で値を記入する。

このルールで作成した図 5.14（a）の応力図を**図 5.16**に示す。これより，門形ラーメンの応力について以下の特徴がわかる。

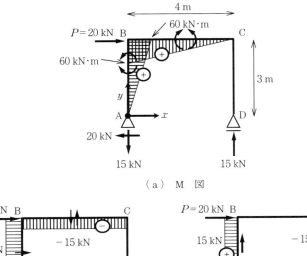

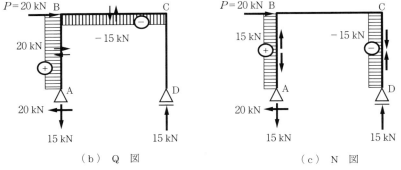

図 5.16　門形ラーメンの応力図

① M は剛節点で連続となる。点 B では 60 kN·m となる。
② Q, N は剛節点で連続とはならない。
③ ローラー側の柱に Q, M は生じない（外力が作用しない場合）。

5.5.3　応力図作成のコツ

図 5.16 より，集中荷重を受ける門形ラーメンの応力には，以下の特徴が見られる。
① 集中荷重，支点および節点間では，Q, N は一定値である。
② 集中荷重，支点および節点間では，M は一次関数となる。
よって，<u>Q 図，N 図は集中荷重，節点，支点および節点間を一定値，M 図は荷重作用点，節点，支点での M を求め，それを直線で結ぶ</u>と描くことができる。

5.5 ラーメンの応力分布と応力図

例題 5.6 図 5.17 に示す門形ラーメンについて,応力図を求めなさい。

荷重作用点,節点,支点に相当する点 A, E, B, F, C, D における曲げモーメントを求める。

$M_A = 0$, $\quad M_E = 3 \times 2 = 6$ 〔kN·m〕,

$M_B = 3 \times 4 - 3 \times 2 = 6$ 〔kN·m〕

$M_F = 3 \times 4 - 3 \times 2 + 3 \times 3 = 15$ 〔kN·m〕,

$M_C = M_D = 0$

荷重作用点,節点,支点間のせん断力を Q_{AE}, Q_{EB}, ……とすると,以下のように得られる。

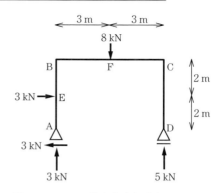

図 5.17 二つの集中荷重を受けるラーメン

$Q_{AE} = 3$ 〔kN〕, $\quad Q_{EB} = 3 - 3 = 0$, $\quad Q_{BF} = 3$ 〔kN〕, $\quad Q_{FC} = 3 - 8 = -5$ 〔kN〕, $\quad Q_{CD} = 0$

軸力 N_{AE}, N_{EB}, N_{CD} についても同様に求める。

$N_{AE} = N_{EB} = -3$ 〔kN〕, $\quad N_{BF} = N_{FC} = 0$, $\quad N_{CD} = -5$ 〔kN〕

基本的に左側の部分構造を利用するが,M_C, Q_{CD}, N_{CD} 等は右側の部分構造を見たほうが早い。

これらの結果を図化すると,**図 5.18** のようになる。Q 図,N 図を見ると,外力,反力と応力の関係がイメージできよう。

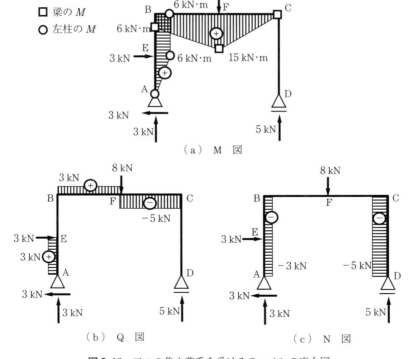

図 5.18 二つの集中荷重を受けるラーメンの応力図

例題 5.7 図 5.19 に示すラーメンについて，応力図を求めなさい。

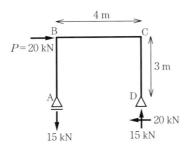

図 5.19 水平荷重を受けるラーメン

図 5.14 とはピンとローラーが逆になっている。反力は図に示すとおりとなる。つぎに，先の例題と同様に点 A, B, C, D の曲げモーメントを求める。

$$M_A = 0, \quad M_B = 0, \quad M_C = -15 \times 4 = -60 \text{ [kN·m]}, \quad M_D = 0$$

せん断力，軸力はつぎのようになる。

$$Q_{AB} = 0, \quad Q_{BC} = -15 \text{ [kN]}, \quad Q_{CD} = 20 \text{ [kN]}$$
$$N_{AB} = 15 \text{ [kN]}, \quad N_{BC} = -20 \text{ [kN]}, \quad N_{CD} = -15 \text{ [kN]}$$

これらの応力図を図 5.20 に示す。ローラー側の柱の曲げモーメントとせん断力が 0 となる。支持条件が変わると，図 5.16 の応力図とは様子が異なる。

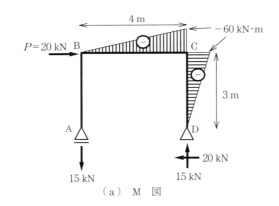

（a） M 図

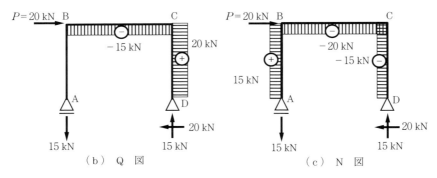

（b） Q 図　　　（c） N 図

図 5.20 水平荷重を受けるラーメンの応力図

演習問題 5.3 図 5.21 に示す二つの単純支持ラーメンの応力図を描きなさい。

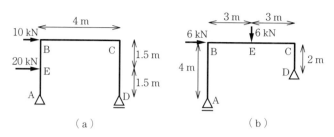

図 5.21　各種静定ラーメンの応力

5.5.4　モーメント荷重，等分布荷重を受けるラーメンの応力図

例題 5.8　図 5.22 に示すモーメント荷重を受けるラーメンについて，応力図を求めなさい。

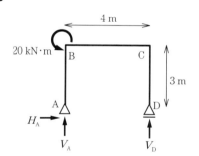

図 5.22　モーメント荷重を受けるラーメン

この問題は反力から求める。図示するように座標正方向に反力 H_A，V_A，V_D を記入する。1 点に交わらない力の釣合い条件式を立てる。

$$\sum X = H_A = 0$$
$$\sum Y = V_A + V_D = 0$$
$$\sum M_{(A)} = -20 - V_D \times 4 = 0$$

これより，$H_A = 0$，$V_A = 5$ kN，$V_D = -5$ kN が得られる。V_D は負となったので，図 5.23 に示すように，矢印の向きを反対にして，正の反力の値を記入する。

梁材 BC の曲げモーメント M_{BC} を，点 B を原点とする x〔m〕で表現するとつぎのようになる。

$$M_{BC} = 5x - 20 \ \text{〔kN·m〕}$$

左側柱頭の点 B の曲げモーメントは 0 であるので，点 B では曲げモーメント M が不連続となる。このときの応力図を図 5.23 に示す。

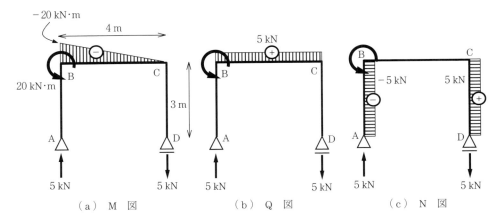

(a) M 図　　　(b) Q 図　　　(c) N 図

図 5.23 モーメント荷重を受けるラーメンの応力図

例題 5.9 図 5.24（a）に示すように等分布荷重が梁に作用するラーメンについて，応力図を求めなさい。

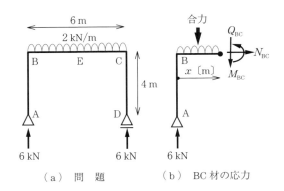

(a) 問　題　　　（b）BC 材の応力

図 5.24 等分布鉛直荷重を受けるラーメン

梁材 BC の曲げモーメント M_{BC} を，点 B を起点とする x [m] で表現すると図（b）より

$$M_{BC} = 6x - 2x \times \frac{x}{2} = -x^2 + 6x \text{ [kN·m]}$$

となり，せん断力 Q_{BC} はつぎのようになる。

$$Q_{BC} = -2x + 6 \text{ [kN]}$$

等分布荷重の区間では，M は二次関数，Q は一次関数となる。点 B，C と梁の中心点 E における M と Q は次式で示される。

$$M_B = M_C = 0, \quad M_E = M_{BC}(x=3) = -3^2 + 6 \times 3 = 9 \text{ [kN·m]}$$

$$Q_B = 6 \text{ [kN]}, \quad Q_E = 0, \quad Q_C = -6 \text{ [kN]}$$

応力図を**図 5.25** に示す。この図からもわかるように，構造と荷重，反力が左右対称となる場合，M 図，N 図は左右対称，Q 図は左右逆対称となる。

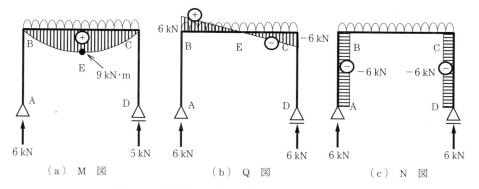

(a) M 図　　　(b) Q 図　　　(c) N 図

図 5.25 等分布鉛直荷重を受けるラーメンの応力図

5.6　3 ヒンジラーメン

　図 5.26 (a) に示す 3 ヒンジラーメンは，図 (b) の単純支持ラーメンと同じ静定構造物である。単純支持ラーメンとの違いは，① 二つの支点が両方ともピンであること，② 架構内部に一つのピン接合があること，である。つまり，構造物に三つのピン（ヒンジともいう）を含むラーメン架構である。① より支点反力が四つとなり，反力計算で 1 点に交わらない力の釣合い条件式のほかにもう一つ条件が必要となる。そこで，ピン接合の点で構造物を切断し，その左側もしくは右側の部分構造について，ピン接合での曲げモーメントが 0 となる条件式 $M_\mathrm{C} = 0$ を利用する。

　反力が求められれば，応力計算，応力図の作成は，いままでとまったく同じである。

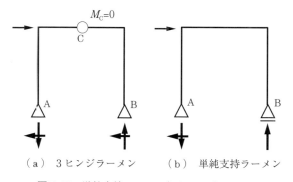

(a) 3 ヒンジラーメン　　　(b) 単純支持ラーメン

図 5.26 単純支持ラーメンと 3 ヒンジラーメン

例題 5.10 図 5.27 に示す集中荷重を受ける 3 ヒンジラーメンについて,応力図を求めなさい。

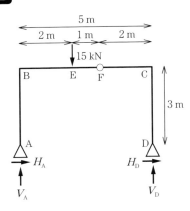

図 5.27 集中荷重を受ける 3 ヒンジラーメン

3 ヒンジラーメンでは四つの反力を設定する。以下の力の釣合い条件式

$$\sum X = H_A + H_D = 0$$

$$\sum Y = V_A + V_D - 15 = 0$$

$$\sum M_{(A)} = 15 \times 2 - V_D \times 5 = 0$$

に加え,点 F で切断し部分構造を利用して,$M_F=0$ の式を立てる。左側の部分構造より

$$M_F = 3V_A - 3H_A - 15 \times 1 = 0$$

となる。四つの式から,$V_A=9\,\text{kN}$,$H_A=4\,\text{kN}$,$V_D=6\,\text{kN}$,$H_D=-4\,\text{kN}$ が得られる。H_D は負となったので,図 5.28(a)に示すように矢印の向きを反対にして,数値を正として反力の値を記入する。

反力算定後は,通常の応力算定と同じである。集中荷重のみが作用する問題であるので,荷重作用点,節点,支点に相当する点 A,B,E,C,D における曲げモーメントを求める。このときピン接合の存在は気にする必要はない。

$M_A = 0$, $\quad M_B = -4 \times 3 = -12\,[\text{kN·m}] \quad M_E = -4 \times 3 + 9 \times 2 = 6\,[\text{kN·m}]$

$M_C = -4 \times 3 = -12\,[\text{kN·m}], \quad M_D = 0 \quad$ (右側の部分構造より)

念のため,ピン接合部での曲げモーメントを計算すると

$$M_F = -4 \times 3 + 9 \times 3 - 15 \times 1 = 0$$

となる。0 となるように反力を計算しているので,当然の結果となる。

せん断力,軸力については,つぎのようになる。

$Q_{AB} = -4\,[\text{kN}], \quad Q_{BE} = 9\,[\text{kN}], \quad Q_{EC} = 9 - 15 = -6\,[\text{kN}], \quad Q_{CD} = 4\,[\text{kN}]$

$N_{AB} = -9\,[\text{kN}], \quad N_{BE} = N_{EC} = -4\,[\text{kN}], \quad N_{CD} = -6\,[\text{kN}]$

ピン接合の存在で,せん断力,軸力が変化することはない。応力図を図 5.28 にまとめる。

5.6 3ヒンジラーメン

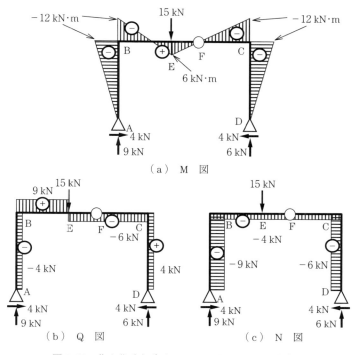

(a) M 図

(b) Q 図   (c) N 図

図 5.28 集中荷重を受ける 3 ヒンジラーメンの応力図

水平荷重を受ける単純支持ラーメンと 3 ヒンジラーメンの応力図，変形の違いを**図 5.29** にまとめる。3 ヒンジラーメンでは，左右柱に曲げモーメントとせん断力が発生する。また，単純支持

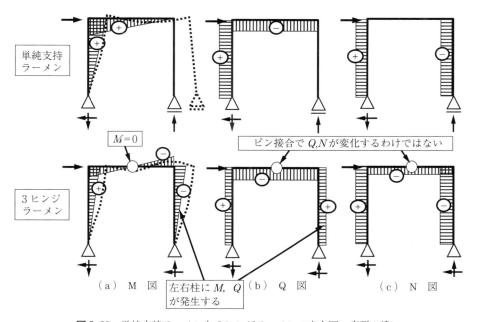

(a) M 図   (b) Q 図   (c) N 図

図 5.29 単純支持ラーメンと 3 ヒンジラーメンの応力図，変形の違い

90   5. ラーメンの応力

ラーメンではローラーで支点が水平に移動するが，3ヒンジラーメンでは支点での移動が拘束され，基礎固定ラーメンに近い変形となる。

演習問題 5.4　図 5.30 に示す 3 ヒンジラーメンの応力図を求めなさい。

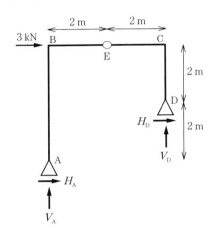

図 5.30　柱の長さが異なる 3 ヒンジラーメン

5.7　各種静定構造物の応力

例題 5.11　図 5.31（a）に示す 3 ヒンジ異形ラーメンの応力図を求めなさい。

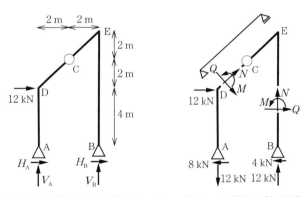

（a）水平荷重を受ける 3 ヒンジ異形ラーメン　　（b）DE 材と BE 材の応力

図 5.31　水平荷重を受ける 3 ヒンジ異形ラーメンの応力算定

四つの反力を設定する。構造物全体についての以下の力の釣合い条件式

$$\sum X = H_A + H_B + 12 = 0$$

$$\sum Y = V_A + V_B = 0$$

$$\sum M_{(A)} = 12 \times 4 - V_B \times 4 = 0$$

に加え，点Cで切断し左側の部分構造について，$M_C=0$ の式を立てれば

$$M_C = 2V_A - 6H_A - 12 \times 2 = 0$$

となる．四つの式から，$V_B = -V_A = 12$ kN，$H_A = -8$ kN，$H_B = -4$ kN が得られる．V_A，H_A，H_D は負となったので，図（b）のように矢印の向きを反対にして，正の反力の値を記入する．

曲げモーメント図を描く際には，点A，D，E，Bでの曲げモーメントを求め，それらの間を直線で結べばよい．

$$M_A = M_B = 0, \qquad M_D = 8 \times 4 = 32 \text{ (kN·m)}$$

$$M_E = -4 \times 8 = -32 \text{ (kN·m)} \quad \text{（右側の部分構造より）}$$

柱の Q，N は，以下のとおり得られる．

$$Q_{AD} = 8 \text{ (kN)}, \qquad Q_{EB} = 4 \text{ (kN)}, \qquad N_{AD} = 12 \text{ (kN)}, \qquad N_{EB} = -12 \text{ (kN)}$$

斜材の Q，N は，図 5.32 に示すように材軸に沿って角度変換に注意して算定する．

$$Q_{DE} = (-12 + 8 - 12) \times \frac{1}{\sqrt{2}} = -8\sqrt{2} \fallingdotseq -11.3 \text{ (kN)}$$

$$N_{DE} = (12 + 8 - 12) \times \frac{1}{\sqrt{2}} = 4\sqrt{2} \fallingdotseq 5.66 \text{ (kN)}$$

全体の応力図を図 5.33 に示す．

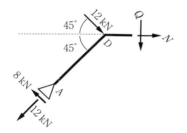

図 5.32 斜材の Q，N の算定

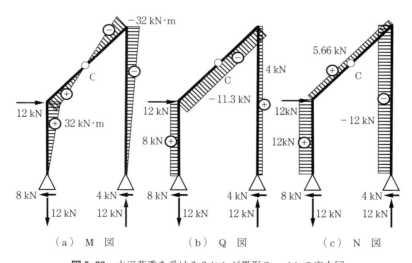

（a） M 図 　　　（b） Q 図 　　　（c） N 図

図 5.33 水平荷重を受ける 3 ヒンジ異形ラーメンの応力図

例題5.12 図5.34(a)に示すゲルバー梁の応力図を求めなさい。

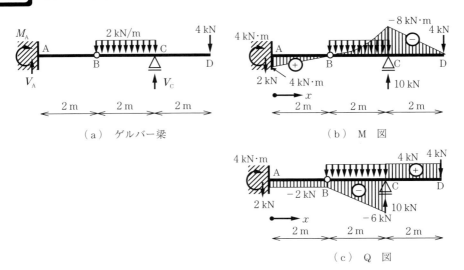

図5.34 ゲルバー梁と応力図

ゲルバー梁はおもに橋梁で用いられる構造形式であり，せん断力のみを伝えるピン接合が内部に存在する。反力として固定端AにM_A，V_Aを，ローラーCにV_Cを設定し，つぎのように力の釣合い条件式を立てる。

$$\sum Y = V_A + V_C - 2 \times 2 - 4 = 0$$

$$\sum M_{(A)} = M_A + 4 \times 3 - 4 V_C + 4 \times 6 = 0$$

このほかにピン接合となっている点Bで曲げモーメントが0となる条件を考える。点Bで切断し，左側の部分構造についてモーメントの釣合いを考える。

$$M_B = M_A + 2 V_A = 0$$

これより，$V_A = -2$ kN，$V_C = 10$ kN，$M_A = 4$ kN·m となる。

曲げモーメントとせん断力は次式で表現される。

$$M_{AB} = -2x + 4 \ [\text{kN·m}]$$

$$Q_{AB} = -2 \ [\text{kN}]$$

$$M_{BC} = 4 - 2x - 2(x-2) \times \frac{(x-2)}{2} = -x^2 + 2x \ [\text{kN·m}]$$

$$Q_{BC} = \frac{dM_{BC}}{dx} = -2x + 2 \ [\text{kN}]$$

$$M_C = -8 \ [\text{kN·m}]$$

これらを図(b)，図(c)に図示する。

例題 5.13 図 5.35（a）に示す3ヒンジ構造の半円形アーチの応力図を求めなさい。

解き方は3ヒンジ門形ラーメンと同じである。半円形アーチの高さを**ライズ**，幅を**スパン**と呼ぶ。ピン支持 A，B には水平反力 $H_A = H_B = 5$ kN が生じるが，これを**スラスト**と呼びアーチが拡がるのを抑える力となる。ライズが小さいほどスラストが大きくなる。

図（b）を参照して，$0 \leq \theta \leq \pi/2$ の区間の応力はつぎのように表現される。

$M_{AC} = 5 \times 4(1 - \cos\theta) - 5 \times 4\sin\theta = 20(1 - \cos\theta - \sin\theta)$ 〔kN・m〕

$Q_{AC} = 5(\sin\theta - \cos\theta)$ 〔kN〕

$N_{AC} = -5(\cos\theta + \sin\theta)$ 〔kN〕

M_{AC} が最大となる位置と大きさを求める。

$$\frac{dM_{AC}}{d\theta} = 20(\sin\theta - \cos\theta) = 0$$

より，$\tan\theta = 1$ となるので，$0 < \theta < \pi/2$ の範囲では $\theta = \pi/4$ となる。このときの曲げモーメントは次式となる。

$$M_{AC}\left(\theta = \frac{\pi}{4}\right) = 20(1 - \sqrt{2}) \fallingdotseq -8.28 \text{〔kN・m〕}$$

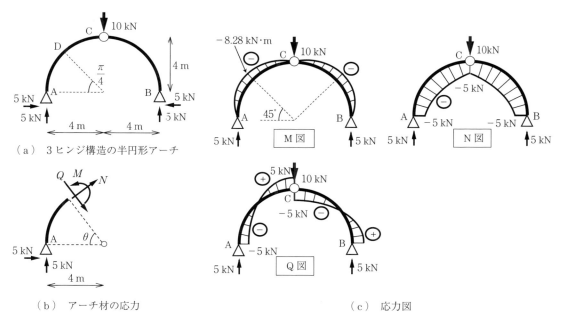

図 5.35 3ヒンジ構造の半円形アーチと応力図

θ が 0, $\pi/4$, $\pi/2$ のときの各点の応力はつぎのようになる。

$\theta = 0$ のとき, $M_A = 0$, $Q_A = -5$ 〔kN〕, $N_A = -5$ 〔kN〕

$\theta = \dfrac{\pi}{4}$ のとき, $M_D \fallingdotseq -8.28$ 〔kN·m〕, $Q_D = 0$, $N_D \fallingdotseq -7.07$ 〔kN〕

$\theta = \dfrac{\pi}{2}$ のとき, $M_C = 0$, $Q_C = 5$ 〔kN〕, $N_C = -5$ 〔kN〕

左右対称条件であるので，頂点 C を中心に，M, N は左右対称，Q は逆対称となる。応力図は図（c）に示すとおりである。

5章のポイント

「ラーメンには曲げモーメント，せん断力，軸力の3種類の応力が発生することがわかったね。」

「計算して応力図を描くのが難しいですね！」

「応力計算と応力図を描くコツをつかむことが重要だね。」

「はい……！　でも，斜材のあるラーメンやアーチは少し難しそうですね！」

「複雑な形の問題も一見難しそうに見えるけど，反力計算は普通の単純支持ラーメンと同じようにできるし，材の切断面に沿って考えると応力計算も単純梁の問題と同じようにできるよ。」

「そっか！　よくわかりました！」

6章 断面性能

いままでは，構造物に荷重が作用したときの応力を求める問題を扱ってきたね。例えば，単純梁の長さや支持条件，荷重が同じなら，発生する曲げモーメントは同じになるよね。じゃあ，図 6.1 に示すように，コンクリートでできた梁と鋼材，木材の場合では，たわみはどうなるかな。

固い材料のほうが、たわみは小さい気がします！

そうだね。今度は，同じ材料でも梁が細かったり太かったりしたらどうかな。

細いほうが大きくたわむと思います！

うん。つまり，部材の形や材料によって，たわみは異なるんだよ。このうち，断面の形状による違いを断面性能と呼ぶんだ。本章では，材の太さ，細さの違い，四角や円，I 型などの断面性能の違いについて学ぼう。断面性能の種類は次頁の表 6.1 のようになる。材のたわみにくさ，たわみやすさなどを具体的な数字で表現できるようにしよう。

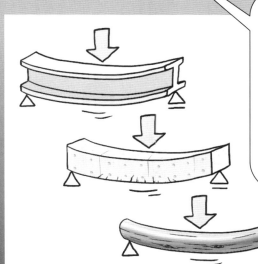

図 6.1　さまざまな材と断面

6. 断面性能

表6.1 断面性能の種類

種　類	記　号	単位の例	関係する性能
断面積	A	cm^2	材の伸びにくさ
断面一次モーメント	$S_x,\ S_y$	cm^3	図心
断面二次モーメント	$I_x,\ I_y$	cm^4	材のたわみにくさ
断面係数	$Z_x,\ Z_y$	cm^3	材の曲げ強さ
断面極二次モーメント	I_p	cm^4	ねじれにくさ

6.1　図心と断面一次モーメント

6.1.1　図心

図心は断面の中心を示すもので，**図6.2**（a）に示すように，バランスをとることができる重心位置Gに相当する。図心はx軸，y軸に対して定義され，それぞれy_G，x_Gと示される。

図（b）上に示すように，四角形や円形のような単純な断面であれば図心は容易に推定されるが，図（b）下に示すL字型のような断面では少し悩ましい。そこで利用するのが，断面一次モーメントである。

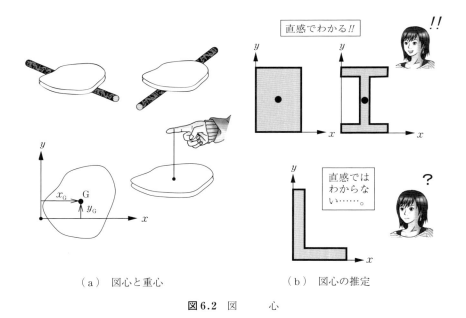

（a）図心と重心　　　　（b）図心の推定

図6.2　図　心

6.1.2　断面一次モーメント

断面一次モーメントの考え方を**図6.3**に示す。断面の領域S内の小さい面積dA要素を考える。これは微小要素と呼ばれる。パズルのブロックのようなものである。このdAを領域内で集めたも

6.1 図心と断面一次モーメント

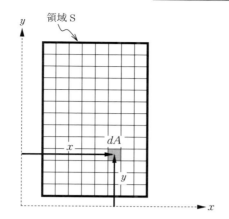

図 6.3 断面一次，二次モーメントの考え方

のが，断面積 A である。これを積分の式で書くと，つぎのようになる。

$$A = \int_S dA \tag{6.1}$$

パズルのブロック dA を領域 S 内で寄せ集めたものと考えてよい。もちろん，単位は cm^2 などであり，正の値となる。

微小要素 dA に x 軸からの距離 y を掛けて領域内で集めたものが，x 軸に関する断面一次モーメント S_x である。

$$S_x = \int_S y\, dA \tag{6.2}$$

同様に y 軸に関する断面一次モーメント S_y も以下の式で表現される。

$$S_y = \int_S x\, dA \tag{6.3}$$

S_x では y を掛け，S_y では x を掛けるので，方向に注意すること。単位は面積に距離を掛けるので，cm^3 などとなり，正負の区別がある。

例題 6.1 図 6.4 に示す長方形断面の断面一次モーメント S_x, S_y を求めなさい。

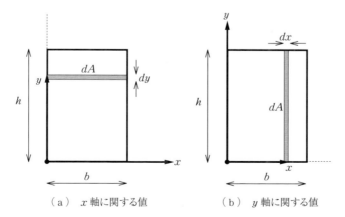

（a） x 軸に関する値　　（b） y 軸に関する値

図 6.4 長方形断面の断面一次，二次モーメントの計算

図6.4（a）に基づき S_x を求める。ここで，微小要素 dA を細長い $b \times dy$ とする。式（6.2）より

$$S_x = \int_S y\,dA = \int_S y(b\,dy) \tag{6.4}$$

ここで，定数 b を積分の外に外し，微小要素 dA に関する積分が y 軸の高さ $0 \sim h$ に関する積分になる点を考慮すると

$$S_x = b\int_S y\,dy = b\int_0^h y\,dy = b\left[\frac{1}{2}y^2\right]_0^h = \frac{bh^2}{2} \tag{6.5}$$

が得られる。

同様に図6.4（b）に基づき S_y を求める。ここで，微小要素 dA を縦に細長い $h \times dx$ とする。式（6.3）より

$$S_y = b\int_S x\,dA = h\int_0^b x\,dx = h\left[\frac{1}{2}x^2\right]_0^b = \frac{b^2h}{2} \tag{6.6}$$

が得られる。

6.1.3　断面一次モーメントと図心の関係

断面一次モーメントと図心，断面積の関係を調べる。例題6.1の長方形断面の図心は明らかに $x_G = b/2$，$y_G = h/2$ である。また断面積は $A = bh$ であるので，つぎの関係式が導かれる。

$$y_G = \frac{S_x}{A}, \quad x_G = \frac{S_y}{A} \quad \text{もしくは，} \quad S_x = y_G A, \quad S_y = x_G A \tag{6.7}$$

断面一次モーメントと図心との関係は以下のように整理される。

断面一次モーメントと図心の関係
① 断面一次モーメント＝図心までの距離×面積
② 図心を通る軸に関する断面一次モーメント＝0

例題6.2　図6.4に示す長方形断面の断面一次モーメント S_x，S_y を式（6.7）から求めなさい。

上記の①を利用して断面一次モーメントを求めると

$$S_x = y_G A = \frac{h}{2} \times bh = \frac{bh^2}{2}, \quad S_y = x_G A = \frac{b}{2} \times bh = \frac{b^2h}{2} \tag{6.8}$$

となり，例題6.1と同じ結果となる。

例題 6.3 図 6.5 に示す長方形断面の図心軸 X に対する断面一次モーメント S_X を求めなさい。

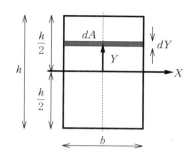

図 6.5 図心軸 X に対する断面一次, 二次モーメント

式 (6.4) とほぼ同じであるが, 図心軸 X からの距離 Y に関する積分範囲が $-h/2 \leqq Y \leqq h/2$ となるので

$$S_X = \int_S Y(bdY) = b\int_{-\frac{h}{2}}^{\frac{h}{2}} YdY = b\left[\frac{1}{2}Y^2\right]_{-\frac{h}{2}}^{\frac{h}{2}} = 0$$

となり, 前記の関係 ② が成り立つ。

例題 6.4 図 6.6 に示す断面の断面一次モーメント S_x, S_y を求めなさい。ただし, 1 マスを 10 cm とする。

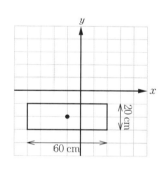

図 6.6 断面一次モーメントと図心位置の計算例

図心は $x_G = -10$ cm, $y_G = -20$ cm, 断面積は $A = 20 \times 60 = 1\,200$ cm^2 であるので

$S_x = y_G A = -20 \times 1\,200 = -2.4 \times 10^4$ 〔cm^3〕

$S_y = x_G A = -10 \times 1\,200 = -1.2 \times 10^4$ 〔cm^3〕

と容易に得られる。いずれも負の値となる。

6.1.4 複雑な形状の断面一次モーメントと図心

より複雑な断面を対象とする場合は, 断面を小さいパーツに分割しそれを総和する。断面積は

$$A = A_1 + A_2 + \cdots\cdots + A_n \tag{6.9}$$

となり, x 軸に関する断面一次モーメントは

$$S_x = S_{x1} + S_{x2} + \cdots\cdots + S_{xn} = A_1 y_{G1} + A_2 y_{G2} + \cdots\cdots + A_n y_{Gn} \tag{6.10}$$

となる。このときの図心は式 (6.7) を用いて求める。式 (6.9), 式 (6.10) は足すだけでなく, 引

くケースにも応用することができる。

なお，図 6.7 に示す三角形の図心は，x 軸に関し $y_G = h/3$ となり，一般的には次式となる。

$$x_G = \frac{x_1 + x_2 + x_3}{3}, \quad y_G = \frac{y_1 + y_2 + y_3}{3} \tag{6.11}$$

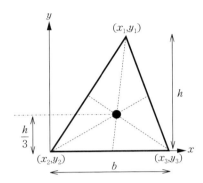

図 6.7 三角形の図心

例題 6.5 図 6.8 に示す L 字型断面の断面一次モーメントと図心を求めなさい。ただし，1 マスを 10 cm とする。

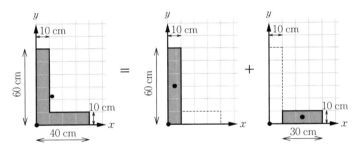

図 6.8 L 字型断面の断面一次モーメントと図心位置

L 字型断面を二つの長方形断面に分割する。断面積は

$$A = A_1 + A_2 = 600 + 300 = 900 \ [\text{cm}^2]$$

となる。x 軸に関する断面一次モーメント S_x は式 (6.10) より

$$S_x = S_{x1} + S_{x2} = A_1 y_{G1} + A_2 y_{G2} = 600 \times 30 + 300 \times 5 = 19\,500 \ [\text{cm}^3]$$

となる。よって，図心 y_G は，つぎのように求められる。

$$y_G = \frac{S_x}{A} = \frac{19\,500}{900} \fallingdotseq 21.7 \ [\text{cm}]$$

S_y，x_G についても同様に

$$S_y = 600 \times 5 + 300 \times 25 = 10\,500 \ [\text{cm}^3]$$

$$x_G = \frac{S_y}{A} = \frac{10\,500}{900} \fallingdotseq 11.7 \ [\text{cm}]$$

となる。図 6.8 に L 字型断面の図心位置を示す。

例題 6.6 図 6.9 に示すように，大きな長方形から小さい長方形を差し引く形で，L 字型断面の断面一次モーメントと図心を求めなさい。ただし，1 マスを 10 cm とする。

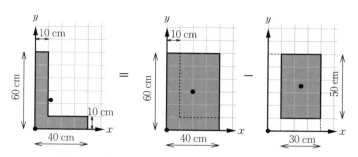

図 6.9　L 字型断面の図心位置に関する別の計算方法

x 軸に関する計算だけ示すと

$$A = A_1 - A_2 = 2\,400 - 1\,500 = 900 \ [\text{cm}^2]$$
$$S_x = S_1 - S_2 = 2\,400 \times 30 - 1\,500 \times 35 = 19\,500 \ [\text{cm}^3]$$
$$y_G = \frac{S_X}{A} \fallingdotseq 21.7 \ [\text{cm}]$$

のように得られ，例題 6.5 とまったく同じ答えが得られる。

演習問題 6.1 図 6.10 に示す断面の断面一次モーメントと図心を求めなさい。また，図心位置を図示しなさい。ただし，1 マスを 10 cm とする。

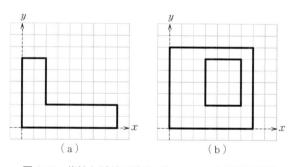

図 6.10　複雑な断面の断面一次モーメントと図心位置

6.2　断面二次モーメント

6.2.1　断面二次モーメントの定義

断面二次モーメントは，曲げによる材のたわみにくさの性能を表すものであり，これが大きいと材がたわみにくく，小さいとたわみやすい。

断面一次モーメントは，微小要素 dA に x 軸からの距離 y を掛けて領域内で集めたものであった。断面二次モーメントは，その距離を 2 乗したものを掛ける。

$$I_x = \int_S y^2 dA \tag{6.12a}$$

$$I_y = \int_S x^2 dA \tag{6.12b}$$

単位は面積に距離の 2 乗を掛けるので cm^4 などとなる。A も x^2，y^2 も正であるので，I_x，I_y も必ず正の値となる。

例題 6.7 例題 6.2 と同様に，図 6.4（a）に示す長方形断面の断面二次モーメント I_x を求めなさい。

微小要素 dA を細長い $b \times dy$ とする。式（6.12a）より I_x は

$$I_x = \int_S y^2 dA = \int_S y^2 (bdy) = b\int_0^h y^2 dy = b\left[\frac{1}{3}y^3\right]_0^h = \frac{bh^3}{3} \tag{6.13}$$

となる。

6.2.2 図心軸に関する断面二次モーメント

ここで，**図心軸**を X とし，X に関する断面二次モーメントを I_X とする。図 6.5 に示す長方形断面の I_X を調べる。式（6.13）とほぼ同じであるが，図心軸 X からの距離 Y に関する積分範囲が $-h/2 \leqq Y \leqq h/2$ となるので

$$I_X = \int_S Y^2 (bdy) = b\int_{-\frac{h}{2}}^{\frac{h}{2}} Y^2 dY = b\left[\frac{1}{3}Y^3\right]_{-\frac{h}{2}}^{\frac{h}{2}} = \frac{bh^3}{12} \tag{6.14}$$

となり，S_x と異なり 0 にはならない。代わりに断面二次モーメントに関するきわめて重要な公式が得られる。

長方形断面の断面二次モーメントの公式

$$I_X = \frac{bh^3}{12}$$

同様に，図心を通る Y 軸に関する断面二次モーメントは

$$I_Y = \int_S X^2 (hdx) = h\int_{-\frac{b}{2}}^{\frac{b}{2}} X^2 dX = h\left[\frac{1}{3}X^3\right]_{-\frac{b}{2}}^{\frac{b}{2}} = \frac{b^3 h}{12} \tag{6.15}$$

となる。

例題 6.8 図 6.11 に示す梁の図心軸 X に関する断面二次モーメントを求めなさい。

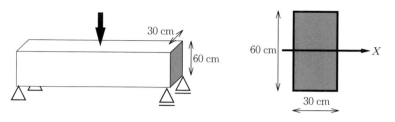

図 6.11 梁の断面二次モーメントの計算例

式 (6.14) の公式を利用して求める。

$$I_X = \frac{30 \times 60^3}{12} = 5.40 \times 10^5 \ [\mathrm{cm}^4] \tag{6.16}$$

図 6.4（a），図 6.5 に示す長方形断面の断面二次モーメント I_x と I_X の関係を調べる。x 軸から断面の図心までの距離を y_G とすれば，$y = Y + y_G$ となることから

$$\begin{aligned}
I_x &= \int_S y^2 dA \\
&= \int_S (Y + y_G)^2 dA \\
&= \int_S Y^2 dA + y_G^2 \int_S dA + 2 y_G \int_S Y dA
\end{aligned} \tag{6.17}$$

が得られる。ここで1項目は図心軸に関する断面二次モーメント I_X，2項目の積分は面積 A，3項目の積分は図心を通る軸に関する断面一次モーメントであるので 0 となる。結局，I_x と I_X の関係が次式で得られる。

$$I_x = I_X + A y_G^2 \tag{6.18}$$

これを**平行軸の定理**と呼ぶ。これを用いることにより，I_x から I_X を，もしくは I_X から I_x を求めることができる。また，$y_G = 0$ のときの $I_x = I_X$ が最小となる。通常，図心軸を通る値をその材の断面二次モーメントとする。以降，I_x を図心軸を通る断面二次モーメントとして表記する。

断面二次モーメントは材の曲げやすさ，曲げにくさに直結する。例えば，**図 6.12**（a）に示すように，断面のある位置に棒がしっかりと固定された板を置き，断面に単位の回転量 θ を生じさせることを考える。このときに棒にモーメント M を与える必要があるが，これが断面二次モーメントに比例する量となる。つぎに，図（b）に示す状況を考える。板付きの棒が断面の図心軸から離れており，断面に単位の回転量 θ を生じさせるためには，図（a）よりも大きなモーメントを与えなければならないことは容易に想像がつく。これが，式 (6.18) 中で $A y_G^2$ が足された理由である。図心軸から離れれば離れるほど，断面二次モーメントは大きくなることがわかる。

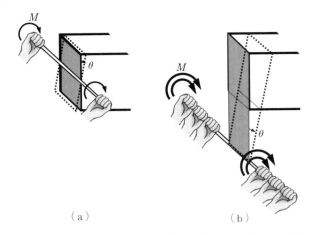

図 6.12 図心軸から離れた位置の断面二次モーメントの意味合い

6.2.3 断面二次モーメントを計算する際の注意事項

断面二次モーメントを算定する際は，b，h を用いるが，どちらを 3 乗にするかは注意する必要がある。図 6.13 に示すように，たわむ方向に沿った長さを 3 乗とする。梁の場合はあまり間違えることはないが，柱の場合は 2 方向あるので，3 乗にする方向をよく考える必要がある。

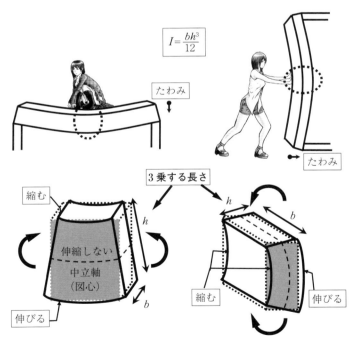

図 6.13 断面二次モーメントを算定する際に 3 乗とする方向

例題 6.9 柱に図 6.14 に示す方向に水平力を与えたとする。このときの変形する方向に関する断面二次モーメントを求めなさい。

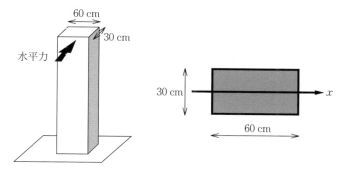

図 6.14 柱の断面二次モーメントの計算例

式 (6.14) の公式を利用するが，3 乗にする長さは 30 cm である。

$$I_x = \frac{60 \times 30^3}{12} = 1.35 \times 10^5 \; [\text{cm}^4]$$

6.2.4 複雑な形状の断面二次モーメント

より複雑な断面を対象とする場合は，断面一次モーメントと同様に，断面を小領域に分割しそれを総和する。小領域の図心軸がすべて同じ場合は，次式で示される。

$$I_x = I_{x1} + I_{x2} + \cdots\cdots + I_{xn} \tag{6.19}$$

足すだけではなく，引くこともできる。

例題 6.10　図 6.15 に示す I 型断面の断面二次モーメントを求めなさい。

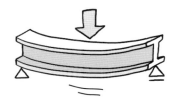

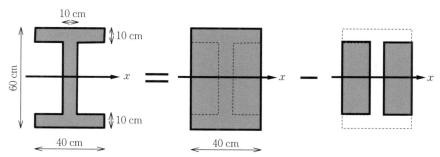

図 6.15 I 型断面を有する梁の断面二次モーメントの計算例

図示するように大きな長方形から，小さい二つの長方形を引いて求める。いずれも図心軸は同じであるので，式 (6.19) を利用する。

$$I_x = \frac{40 \times 60^3}{12} - 2 \times \frac{15 \times 40^3}{12} = 5.60 \times 10^5 \; [\text{cm}^4]$$

一方，小領域の図心軸が異なる場合は，最初に断面全体の図心軸 y_G を算定した後に，式 (6.18) を利用して断面二次モーメントを求める。

$$I_x = \left[I_{X1} + A_1\left(y_G - y_{G1}\right)^2\right] + \left[I_{X2} + A_2\left(y_G - y_{G2}\right)^2\right] + \cdots \cdots \quad (6.20)$$

ここで，y_G は図形全体の図心軸，I_{Xi} は小領域 i の図心軸 y_{Gi} に関する断面二次モーメント，A_i は小領域 i の面積である。

例題 6.11 図 6.16 (a) に示す逆 T 字型の断面の図心軸 X を通る断面二次モーメント I_X を求めなさい。

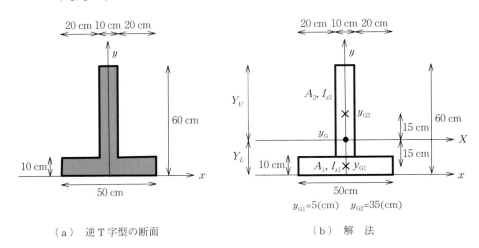

(a) 逆 T 字型の断面　　　　　　(b) 解法

図 6.16 逆 T 字型の断面の断面二次モーメント

図 6.16 (b) に示すように，二つの領域に分割する。このときの面積と断面一次モーメントは次式のようになる。

$$A = A_1 + A_2 = 50 \times 10 + 10 \times 50 = 500 + 500 = 1\,000 \; [\mathrm{cm}^2]$$
$$S_x = A_1 y_{G1} + A_2 y_{G2} = 500 \times 5 + 500 \times 35 = 20\,000 \; [\mathrm{cm}^3]$$

よって，x 軸に平行な図心軸は次式で与えられる。

$$y_G = \frac{S_x}{A} = \frac{20\,000}{1\,000} = 20 \; [\mathrm{cm}]$$

分割した領域のそれぞれの図心位置は $y_{G1} = 5\,\mathrm{cm}$，$y_{G2} = 35\,\mathrm{cm}$ となる。よって，式 (6.20) を利用して断面二次モーメントを求める。

$$I_X = \left[\frac{50 \times 10^3}{12} + 500 \times (20-5)^2\right] + \left[\frac{10 \times 50^3}{12} + 500 \times (20-35)^2\right] \fallingdotseq 3.33 \times 10^5 \; [\mathrm{cm}^4]$$

演習問題 6.2 図 6.17 に示す長方形断面の梁にスラブ効果を考慮したときの断面二次モーメントを求めなさい。また，もとの長方形断面から断面二次モーメントが何倍になったかを示しなさい。

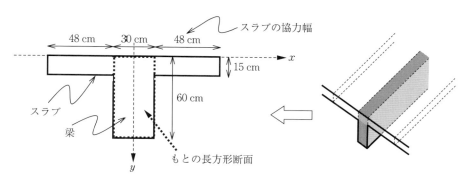

図 6.17 スラブ効果を考慮した梁の断面二次モーメント

6.3 断面係数

断面係数は，図心を通る軸に関する断面二次モーメントを，軸から断面端部までの距離で割ったものである。これは，材の曲げ強度に関する断面性能であり，詳細については次章で解説する。ここではその定義と計算方法だけ紹介する。

x 軸に関する断面係数は，断面の上端に関する値 Z_{xU} と下端に関する値 Z_{xL} があり，それぞれ次式で定義される。

$$Z_{xU} = \frac{I_x}{Y_U}, \quad Z_{xL} = \frac{I_x}{Y_L} \tag{6.21}$$

ここで，Y_U，Y_L は図心を通る軸から断面上端，下端までの距離であり，絶対値とする。よって，断面係数の単位は cm^3 などとなり，正の値となる。例えば，図 6.16 に示した逆 T 字型の断面では，$Y_U = 40\,\mathrm{cm}$，$Y_L = 20\,\mathrm{cm}$ となる。

図 6.5 の長方形断面については，$Y_U = Y_L = h/2$ となるため，つぎの断面係数に関する公式が得られる。

$$Z_{xU} = Z_{xL} = \frac{I_x}{\dfrac{h}{2}} = \frac{bh^3}{12} \div \frac{h}{2} = \frac{bh^2}{6} \tag{6.22}$$

長方形断面の断面係数の公式

$$Z_x = \frac{bh^2}{6}$$

ポイント

例題 6.12 図 6.11 に示す断面の断面係数を求めなさい。

式 (6.22) より，つぎのように求められる。

$$Z_{xU} = Z_{xL} = \frac{30 \times 60^2}{6} = 1.80 \times 10^4 \ [\text{cm}^3]$$

例題 6.13 図 6.16 (a) に示す逆T字型の断面の断面係数 Z_{XU}, Z_{XL} を求めなさい。

$y_G = 20$ cm であるので，$Y_U = 40$ cm, $Y_L = 20$ cm となる。よって，式 (6.21) より断面係数は，以下のとおり求められる。

$$Z_{XU} = \frac{I_X}{Y_U} = \frac{3.33 \times 10^5}{40} \fallingdotseq 8.33 \times 10^3 \ [\text{cm}^3]$$

$$Z_{XL} = \frac{I_X}{Y_L} = \frac{3.33 \times 10^5}{20} \fallingdotseq 1.67 \times 10^4 \ [\text{cm}^3]$$

ここで注意すべき点は，面積や断面一次，二次モーメントの計算で利用した領域の足し合せが，断面係数については必ずしも成立しないことである。$Z_{x1} + Z_{x2} + \cdots\cdots + Z_{xn}$ のような計算は絶対にせずに，必ず全体の断面二次モーメントを求めた後で計算すること。

演習問題 6.3 図 6.15 に示す梁の断面係数を求めなさい。

6.4 断面極二次モーメント

6.4.1 断面極二次モーメントの定義

断面極二次モーメントとは，材のねじれにくさの指標を表すものであり，これが大きいとねじれにくく，小さいとねじれやすい。

断面二次モーメントは図心を通る「軸」に対し定義されていたが，断面極二次モーメントは図心の「点」そのものに対し定義する。つまり，**図 6.18** に示すように，各軸からの距離 x, y の 2 乗の代わりに，図心からの距離 r の 2 乗を用いる。

$$I_P = \int_S r^2 dA \tag{6.23}$$

単位は断面二次モーメントと同様に cm^4 などであり，必ず正の値となる。これを変形すると

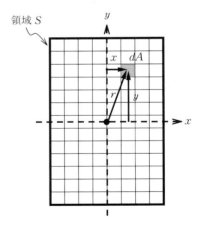

図 6.18 断面極二次モーメント

$$I_P = \int_S r^2 dA = \int_S (x^2 + y^2) dA = \int_S x^2 dA = \int_S y^2 dA = I_x + I_y \tag{6.24}$$

となり，結局 I_P は I_x と I_y の和で表される。

図 6.5 の長方形断面の断面極二次モーメントは次式となる。

$$I_P = I_x + I_y = \frac{bh^3}{12} + \frac{b^3 h}{12} = \frac{bh}{12}(b^2 + h^2) \tag{6.25}$$

例題 6.14 図 6.11 に示す長方形断面の断面極二次モーメントを求めなさい。

式 (6.25) より，次式のように求められる。

$$I_P = \frac{60 \times 30}{12}(60^2 + 30^2) = 6.75 \times 10^5 \text{ [cm}^4\text{]}$$

6.4.2 円形断面の断面極二次モーメントと断面二次モーメント

図 6.19 に示す，半径 R の円形断面の断面極二次モーメントを求める。微小断面 dA を厚さ dr のリングとして利用する。このとき，リングの面積は $dA = 2\pi r \times dr$ となる。これを式 (6.23) に代入し，リングを半径 $0 \sim R$ で積分すると，次式が得られる。

$$I_P = \int_S r^2 dA = \int_0^R r^2 (2\pi r \times dr) = 2\pi \int_0^R r^3 dr = 2\pi \left[\frac{r^4}{4}\right]_0^R = \frac{\pi R^4}{2} \tag{6.26}$$

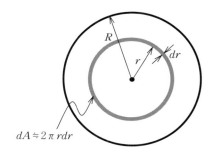

図 6.19 円形断面の断面極二次モーメント

これを利用することにより，円形断面の断面二次モーメントも求めることができる。円形断面の 2 方向の断面二次モーメント I_x，I_y は同じであり，式 (6.24) より $I_P = I_x + I_y$ であることから

$$I_x = I_y = \frac{I_P}{2} = \frac{\pi R^4}{4} \tag{6.27}$$

が得られる。

例題 6.15 図 6.20 に示す管の断面極二次モーメントと断面二次モーメントを求めなさい。ただし，1 マスを 10 cm とする。

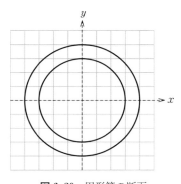

図 6.20 円形管の断面二次モーメント

外側の円と内側の円の差として断面極二次モーメントを計算することができる。

$$I_P = \frac{\pi \times 40^4}{2} - \frac{\pi \times 30^4}{2} \fallingdotseq 2.75 \times 10^6 \;[\text{cm}^4]$$

断面二次モーメントは，断面極二次モーメントの半分となる。

$$I_x = I_y = \frac{I_P}{2} \fallingdotseq 1.37 \times 10^6 \;[\text{cm}^4]$$

演習問題 6.4 図 6.21 に示す円孔を有する長方形断面の x 軸に関する断面二次モーメントと断面係数を求めなさい。

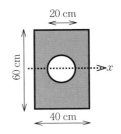

図 6.21 円孔を有する長方形断面

6章のポイント

「断面性能を知るためには，断面一次モーメントや断面二次モーメント，断面係数の計算方法をマスターすることが大事ですね！」

「そうだね。長方形断面の断面二次モーメントを計算するときには，長さを3乗する方向に注意しよう。」

「はい！ ほかに注意する点はありますか!?」

「断面の足し引きをマスターすると複雑な断面形状にも応用できるね。ただし，断面係数の計算には適用できないから注意が必要だよ。」

「うーん……，つまり，断面性能によって計算の考え方が違うんですね！」

「そうなんだ。それから，単位を間違えないことが大事だね。この後，cm から mm への単位変換が多く出てくるから，計算のときに何乗するかを間違えると大変なことになるからね。」

「わかりました！ 気を付けます！」

7章 材の応力度

今度は図7.1のように，丸太棒と針金の上に手を置いて同じ力を加えたときを考えてみよう。二つの材に作用する軸力は同じだけど，手の感じ方は針金のほうが痛いはずだよね。こういう違いは，材断面に働く単位面積当りの力，つまり**応力度**によって数値で表現することができるんだ。

応力度は図7.1のような軸力だけじゃなくて，曲げモーメントによっても発生しそうですね！

いいところに気づいたね。応力度を求めるには6章で学んだ材の断面性能が利用されるんだ。この応力度は材の断面設計などでも使われていて，この後の材の変形を導く際にも必要となる重要なものだから，しっかりマスターしよう。

はい！

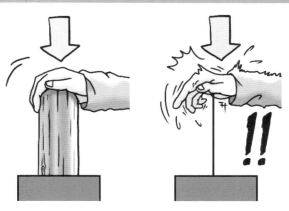

図7.1　丸太棒と針金の上に置いた手

7.1 応力度とは

応力度は材断面に働く単位面積当りの力であり，**垂直応力度** σ と**せん断応力度** τ がある。いずれも軸力 N，せん断力 Q，曲げモーメント M と断面積 A，断面二次モーメント I，断面係数 Z などの組合せで求められる。材断面に働く単位面積当りの力であるので，単位は N/mm^2 などが用いられる。

垂直応力度について応力との考え方の違いを**図7.2**に示す。このときの応力は軸力 N であり，荷重 P と一致する。一方，垂直応力度 σ は面積 A を用いて次式で示される。

$$\sigma = \frac{N}{A} \tag{7.1}$$

垂直応力度 σ には正負が定義され，引張を正，圧縮を負とする。

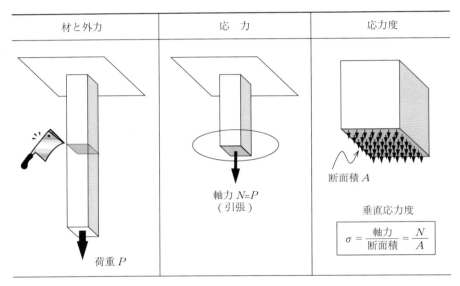

図7.2 部材の応力と応力度

例題7.1 図7.3に示す材の断面における垂直応力度 σ を求めなさい。

軸力 N は $N = -250\,kN$ であり，圧縮となる。垂直応力度 σ は以下のとおりとなる。

$$\sigma = \frac{N}{A} = \frac{-250\,[kN]}{5 \times 5\,[cm^2]} = -10\,[kN/cm^2] = -100\,[N/mm^2]$$

よって，圧縮の垂直応力度となる。ここの計算で単位の変換が多く出てくるので，単位には十分に注意してほしい。

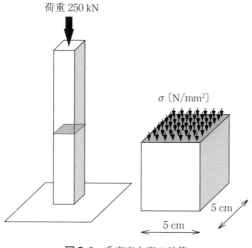

図 7.3 垂直応力度の計算

7.2 梁の曲げ応力度

荷重を受ける梁には曲げモーメント M が生じる。このとき，材の断面には垂直応力度が発生する。**図 7.4**（c）に示すように，梁の曲げモーメントによって生じる垂直応力度を，**曲げ応力度**と呼ぶ。図は曲げモーメントが正方向に生じている梁の断面の様子を示したものである。片側は圧縮，片側は引張となる。ここでは軸力はないものと仮定する。

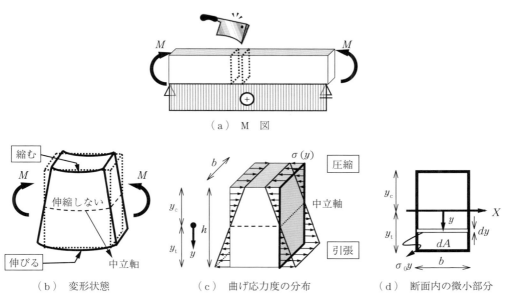

(a) M 図

(b) 変形状態　　(c) 曲げ応力度の分布　　(d) 断面内の微小部分

図 7.4 梁の曲げ応力度

図7.4を用いて梁の曲げ応力度を導くが，この際に必要となる仮定を以下の①～③に示す．

① 図（b）に示すように，断面の図心軸は軸方向に伸縮しないと仮定する．この軸を**中立軸**と呼ぶ．
② 変形後の梁の断面は平面を保つ．この仮定を**平面保持**と呼ぶ．
③ 力の釣合いなどでは鉛直方向は上向きを正としていた．しかし，梁のたわみはおもに下向きに生じるため，図（c），（d）に示すように，中立軸からの座標軸 y を下方向にとり，この方向を正とする．

図（c）の断面における曲げ応力度 $\sigma(y)$ を次式のように仮定する．

$$\sigma(y) = \sigma_0 y \tag{7.2}$$

ここで，σ_0 は比例定数である．中立軸 $y=0$ で $\sigma(0)=0$ となり，上記の①の仮定に対応する．

この曲げ応力度により生じるモーメントの釣合いを調べる．図（d）の断面内に示す微小部分 dA を考える．この面積に働く軸力は $\sigma(y)dA$ となる．これに図心に相当する中立軸からの距離 y を掛けてモーメントとし，これを断面内で積分する．これが梁に生じている曲げモーメントに相当する．

$$\int_S y\sigma(y)dA = \int_S \sigma_0 y^2 dA = \sigma_0 \int_S y^2 dA = \sigma_0 I = M \tag{7.3}$$

ここでは，6章で学んだ断面二次モーメントに関する以下の関係式を利用している． ⇨ 6.2 参照

$$I = \int_S y^2 dA \tag{7.4}$$

式（7.3）より比例定数 σ_0 が次式で得られる．

$$\sigma_0 = \frac{M}{I} \tag{7.5}$$

これを式（7.2）に代入し，断面内の曲げ応力度の式が得られる．

$$\sigma(y) = \frac{M}{I} y \tag{7.6}$$

断面下端の座標を $y = y_t$，上端の座標を $y = -y_c$ とすると，曲げ応力度 $\sigma(y)$ の引張，圧縮の最大値はこれらの位置で発生する．これらを**縁応力度**もしくは**最大曲げ応力度**と呼び，次式で示される．

$$y = y_t \text{ で } \sigma_t = \frac{M}{I} y_t = \frac{M}{Z_t} \quad \text{(引張)} \tag{7.7a}$$

$$y = -y_c \text{ で } \sigma_c = \frac{M}{I}(-y_c) = -\frac{M}{Z_c} \quad \text{(圧縮)} \tag{7.7b}$$

ここで，$Z_t = I/y_t$, $Z_c = I/y_c$ は6章で紹介した断面下端，上端の**断面係数**であり，長方形断面では $Z_t = Z_c = bh^2/6$ となる．すなわち，曲げモーメントから最大曲げ応力度を求めるときに断面係数が必要となる．

⇨ 6.3 参照

長方形断面の縁応力度（最大曲げ応力度）の公式

$$\sigma = \frac{M}{Z}$$

例題 7.2 図 7.4 で $M = 18\,\text{kN·m}$, $h = 30\,\text{cm}$, $b = 16\,\text{cm}$ としたときの，$y = -5\,\text{cm}$ 位置における曲げ応力度を求めなさい。また，最大曲げ応力度を求めなさい。

断面二次モーメントと断面係数は，次式で得られる。

$$I = \frac{bh^3}{12} = \frac{16 \times 30^3}{12} = 3.6 \times 10^4\,[\text{cm}^4], \quad Z = \frac{bh^2}{6} = \frac{16 \times 30^2}{6} = 2.4 \times 10^3\,[\text{cm}^3]$$

$y = -5\,\text{cm}$ 位置における曲げ応力度は式 (7.6) を用いて求める。ただし，すべて N，mm の単位に直して計算する。

$$\sigma = \frac{M}{I}y = \frac{18 \times 10^3 \times 10^3\,[\text{N·mm}]}{3.6 \times 10^4 \times 10^4\,[\text{mm}^4]} \times (-50)\,[\text{mm}] = -2.5\,[\text{N/mm}^2]\,(圧縮)$$

最大曲げ応力度は引張側も圧縮側も同じで，絶対値 $|\sigma|$ は式 (7.7) より次式のように得られる。

$$|\sigma| = \frac{M}{Z} = \frac{18 \times 10^3 \times 10^3\,[\text{N·mm}]}{2.4 \times 10^3 \times 10^3\,[\text{mm}^3]} = 7.5\,[\text{N/mm}^2]$$

例題 7.3 図 7.5 に示す I 型断面を有する梁に生じる最大曲げ応力度を求めなさい。

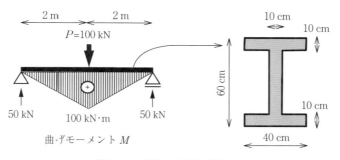

図 7.5 I 型梁の最大曲げ応力度

断面二次モーメントはつぎのように求められる。

$$I = \frac{40 \times 60^3}{12} - 2 \times \frac{15 \times 40^3}{12} = 5.6 \times 10^5\,[\text{cm}^4]$$

最大曲げモーメントは $100\,\text{kN·m}$ であるので，最大曲げ応力度の絶対値 $|\sigma|$ は式 (7.7) よりつぎのように得られる。

$$|\sigma| = \frac{M_{max}}{Z} = \frac{100 \times 10^6\,[\text{N·mm}]}{\frac{5.6 \times 10^5}{30} \times 10^3\,[\text{mm}^3]} \fallingdotseq 5.36\,[\text{N/mm}^2]$$

7.3 軸力と曲げによる柱の応力度

7.3.1 軸力と1方向曲げが作用する場合

図7.6に示すように，柱には軸力Nと曲げモーメントMが同時に生じる。このとき，それぞれに対し発生する垂直応力度σ_0と曲げ応力度σ_1は以下のようになる。

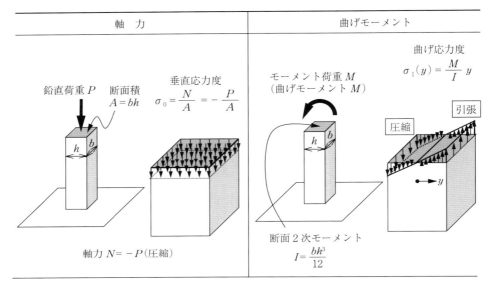

図7.6 柱に生じる応力と応力度

$$\sigma_0 = \frac{N}{A} = -\frac{P}{A} \quad (\text{圧縮}) \tag{7.8a}$$

$$\sigma_1(y) = \frac{M}{I} y \tag{7.8b}$$

柱に生じる垂直応力度$\sigma(x)$は，両者を足し合わせた次式となる。

$$\sigma(y) = \sigma_0 + \sigma_1(y) = -\frac{P}{A} + \frac{M}{I} y \tag{7.9}$$

縁応力度は柱の両端$y = -h/2$, $h/2$で発生し，それぞれσ_L, σ_Rとすると，式(7.10a, b)で得られる。

$$\sigma_\text{L} = \sigma\left(-\frac{h}{2}\right) = \sigma_0 + \sigma_{1c} = -\frac{P}{A} - \frac{M}{Z_\text{c}} \tag{7.10a}$$

$$\sigma_\text{R} = \sigma\left(+\frac{h}{2}\right) = \sigma_0 + \sigma_{1t} = -\frac{P}{A} + \frac{M}{Z_\text{t}} \tag{7.10b}$$

ここで，Z_t, Z_cは引張，圧縮側の断面係数であり，図7.6に示す柱断面では$Z_\text{t} = Z_\text{c} = bh^2/6$となる。$b$, hの取り方には注意する必要がある。

軸力と曲げが同時に生じる柱の垂直応力度のパターンを**図7.7**に示す。曲げモーメントMが小

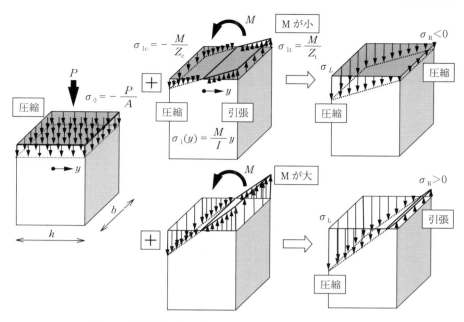

図7.7 軸力と曲げが同時に生じる柱の垂直応力度のパターン

さいときには，両端の縁応力度は圧縮となる。一方，曲げモーメントMが大きい場合には，σ_Lは圧縮のままであるが，σ_Rが引張となる。

軸力と曲げが同時に生じる柱の縁応力度を求める際に，いちいち座標を考えて計算するのは煩雑である。軸力による垂直応力度と，曲げによる縁応力度をあらかじめ計算しておき，縁応力度の正負は位置に応じて考慮するほうがよい。例えば，**図 7.8** に示すように，M/Z を計算しておき，正負は縁の位置とモーメントの方向を考えてつければよい。このときモーメントは1方向だけではな

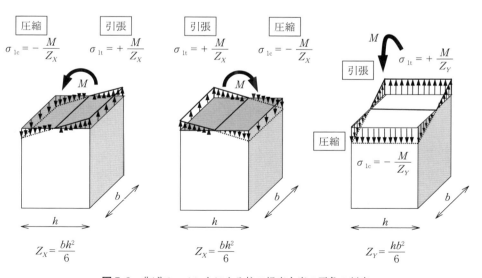

図7.8 曲げモーメントによる柱の縁応力度の正負の判定

118　7. 材の応力度

く，2 方向で発生するので，このときの断面係数 Z の計算式で断面の寸法のうち 2 乗をとる方向に注意する必要がある。

例題 7.4　図 7.9 に示す軸力と曲げを受ける柱の縁応力度（σ_L，σ_R）を求めなさい。

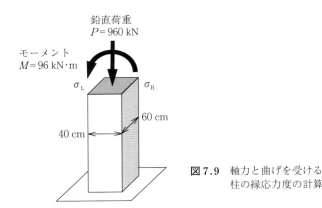

図 7.9　軸力と曲げを受ける柱の縁応力度の計算

断面積 $A = 2\,400\ \text{cm}^2$ であるので，軸力による垂直応力度は以下で求められる。

$$\sigma_0 = -\frac{P}{A} = -\frac{960 \times 10^3\ [\text{N}]}{2\,400 \times 10^2\ [\text{mm}^2]} = -4\ [\text{N/mm}^2]$$

また，モーメントが作用する方向に関連する断面係数は

$$Z = \frac{bh^2}{6} = \frac{60 \times 40^2}{6} = 1.6 \times 10^4\ [\text{cm}^3]$$

となるので，曲げ応力度の絶対値はつぎのように求められる。

$$\frac{M}{Z} = \frac{96 \times 10^3 \times 10^3\ [\text{N} \cdot \text{mm}]}{1.6 \times 10^4 \times 10^3\ [\text{mm}^3]} = 6\ [\text{N/mm}^2]$$

σ_L は曲げ応力度が圧縮側に作用し，σ_R は引張側に作用することを考慮すると，軸力と曲げを受ける柱の縁応力度は以下のように求められる。

$$\sigma_L = -\frac{P}{A} - \frac{M}{Z} = -4 - 6 = -10\ [\text{N/mm}^2]\ （圧縮）$$

$$\sigma_R = -\frac{P}{A} + \frac{M}{Z} = -4 + 6 = 2\ [\text{N/mm}^2]\ \ \ （引張）$$

例題 7.5　図 7.10 に示す偏心荷重を受ける柱の縁応力度を求めなさい。

偏心荷重は図 7.10 に示すように等価な軸力とモーメントで表現される。このときのモーメントは，**偏心距離** e，偏心荷重 P の積により表現される。　　⇨ 1.1.4 参照

$$M = P \times e = 960\ [\text{kN}] \times 0.1\ [\text{m}] = 96\ [\text{kN} \cdot \text{m}]$$

すなわち，これは例題 7.4 と同じ条件となり，柱の縁応力度も例題 7.4 と同じ結果となる。

7.3 軸力と曲げによる柱の応力度　119

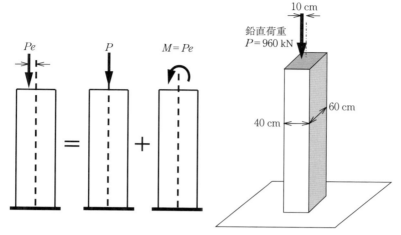

図7.10　偏心軸力と曲げを受ける柱の縁応力度の計算

例題 7.6　図7.11に示す鉛直荷重と水平荷重を受ける柱の固定端における縁応力度を求めなさい。

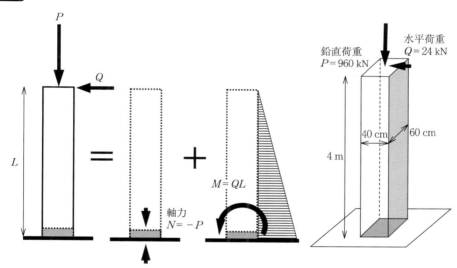

図7.11　鉛直荷重と水平荷重を受ける柱の縁応力度の計算

柱の固定端における曲げモーメントの大きさは $M = 24 \times 4 = 96$ kN·m となる。よって，以降の計算は例題7.4，例題7.5と同じである。

7.3.2 軸力と2方向曲げが作用する場合

図7.12に示すような，軸力と2方向の曲げが同時に作用する場合を考える。

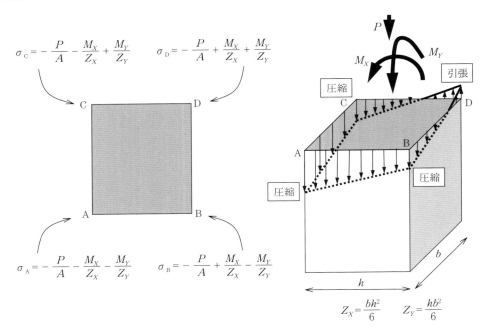

$$\sigma_C = -\frac{P}{A} - \frac{M_X}{Z_X} + \frac{M_Y}{Z_Y} \qquad \sigma_D = -\frac{P}{A} + \frac{M_X}{Z_X} + \frac{M_Y}{Z_Y}$$

$$\sigma_A = -\frac{P}{A} - \frac{M_X}{Z_X} - \frac{M_Y}{Z_Y} \qquad \sigma_B = -\frac{P}{A} + \frac{M_X}{Z_X} - \frac{M_Y}{Z_Y}$$

$$Z_X = \frac{bh^2}{6} \qquad Z_Y = \frac{hb^2}{6}$$

図7.12 軸力と2方向曲げが作用する柱の縁応力度

このときの縁応力度は，三つの応力 N, M_X, M_Y により発生する応力度を用い，符号を考慮して組み合わせればよい。断面積 A, 2方向の断面係数 Z_X, Z_Y とすると，次式が得られる。

$$\sigma = -\frac{P}{A} \pm \frac{M_X}{Z_X} \pm \frac{M_Y}{Z_Y} \tag{7.11}$$

式中の＋，－は図7.12に示すように，それぞれの位置で曲げ応力度が圧縮側になるか，引張側になるかを考えてつければよい。

例題7.7 図7.13に示す軸力と2方向曲げを受ける柱について，点A，Bの縁応力度を求めなさい。

断面積 $A = 2\,400\,\text{cm}^2$ であるので，軸力による垂直応力度は次式で求められる。

$$\sigma_0 = -\frac{P}{A} = -\frac{480 \times 10^3\,[\text{N}]}{2\,400 \times 10^2\,[\text{mm}^2]} = -2\,[\text{N}/\text{mm}^2]$$

また，2方向の断面係数は次式で得られる。

$$Z_X = \frac{60 \times 40^2}{6} = 1.6 \times 10^4\,[\text{cm}^3], \qquad Z_Y = \frac{40 \times 60^2}{6} = 2.4 \times 10^4\,[\text{cm}^3]$$

M_X, M_Y による曲げ応力度の絶対値は次式のように求められる。

$$\left|\frac{M_X}{Z_X}\right| = \frac{48 \times 10^3 \times 10^3\,[\text{N}\cdot\text{mm}]}{1.6 \times 10^4 \times 10^3\,[\text{mm}^3]} = 3\,[\text{N}/\text{mm}^2]$$

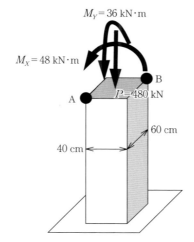

図 7.13 軸力と 2 方向曲げが作用する柱の縁応力度の計算

$$\left|\frac{M_Y}{Z_Y}\right| = \frac{36 \times 10^3 \times 10^3 \,[\mathrm{N \cdot mm}]}{2.4 \times 10^4 \times 10^3 \,[\mathrm{mm^3}]} = 1.5 \,[\mathrm{N/mm^2}]$$

よって，点 A，B の縁応力度 σ_A，σ_B は上記の応力度の正負を考慮して組み合わせることにより得られる。

$$\sigma_A = -\frac{P}{A} - \frac{M_X}{Z_X} - \frac{M_Y}{Z_Y} = -2 - 3 - 1.5 = -6.5 \,[\mathrm{N/mm^2}] \quad （圧縮）$$

$$\sigma_B = -\frac{P}{A} + \frac{M_X}{Z_X} + \frac{M_Y}{Z_Y} = -2 + 3 + 1.5 = 2.5 \,[\mathrm{N/mm^2}] \quad （引張）$$

7.4 せん断応力度

7.4.1 平均せん断応力度と最大せん断応力度

いままでは垂直応力度 σ を扱ってきたが，ここではもう一つの**せん断応力度** τ の計算法を学ぶ。図 **7.14** に示すように，集中荷重を受ける単純梁には曲げモーメントのほかに，せん断力が発生する。このせん断力を面積当りの力として見たのが，せん断応力度 τ である。

いままでと同様の考え方でいけば，せん断力 Q を断面積 A で割ったのがせん断応力度となるが，ここではこれを**平均せん断応力度** τ_a と呼ぶ。

$$\tau_a = \frac{Q}{A} \tag{7.12a}$$

一方，せん断応力度は単純に断面の中で一様に分布しているものではなく，放物線状に変化する。断面内のせん断応力度の最大値は**最大せん断応力度** $\tau_{\max}$ と呼ばれ，長方形断面の場合は次式で示される。

$$\tau_{\max} = 1.5 \frac{Q}{A} \tag{7.12b}$$

122   7. 材 の 応 力 度

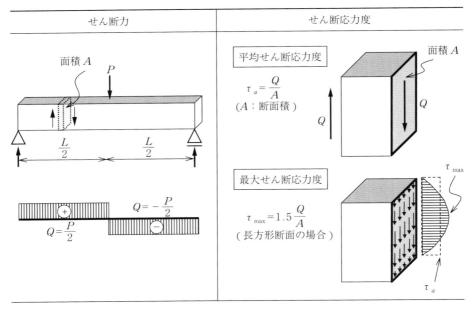

図 7.14 せん断力とせん断応力度

なお，円形断面の場合は次式となる。

$$\tau_{max} = \frac{4}{3} \times \frac{Q}{A} \tag{7.12c}$$

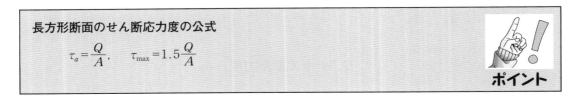

例題 7.8 図 7.15 に示す集中荷重を受ける単純梁の最大せん断応力度 τ_{max} を求めなさい。

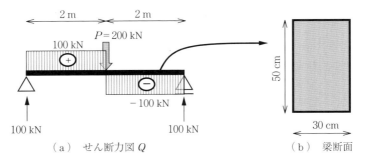

図 7.15 梁に生じる最大せん断応力度

7.4 せん断応力度

断面積は $A = 1\,500 \text{ cm}^2$, せん断力の最大値は $Q = 100 \text{ kN}$ となるので，以下のように求められる。

$$\tau_{\max} = 1.5\frac{Q}{A} = 1.5 \times \frac{100 \times 10^3 \text{ [N]}}{1\,500 \times 10^2 \text{ [mm}^2\text{]}} = 1 \text{ [N/mm}^2\text{]}$$

例題 7.9 図 7.16 に示すリベット接合部で，リベット 1 本に働く平均せん断応力度を求めなさい。ただし，プレート間の摩擦はないものと仮定する。

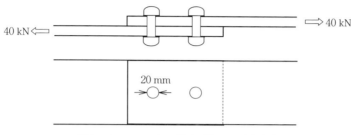

図 7.16 リベットに働く平均せん断応力度

リベット 1 本当りのせん断力は $Q = 40/2 = 20 \text{ kN}$ となる。よって，平均せん断応力度は次式のようになる。

$$\tau_a = \frac{Q}{A} = \frac{20 \times 10^3 \text{ [N]}}{10^2 \pi \text{ [mm}^2\text{]}} \fallingdotseq 63.7 \text{ [N/mm}^2\text{]}$$

7.4.2 せん断応力度の断面内分布

せん断応力度は単純に断面の中で一様に分布しているものではなく，放物線状に変化することを述べた。そこで，図 7.17 に示す長方形断面内のせん断応力度の分布を詳しく調べる。

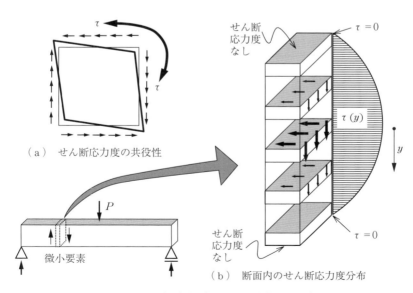

（a） せん断応力度の共役性
（b） 断面内のせん断応力度分布

図 7.17 長方形断面内のせん断応力度の分布

図7.17（a）に示す微小の要素にせん断応力度が作用している状態を考える。このときモーメントの釣合いより，せん断応力度は二つの直交する面で同じ値をとらなければならない。これを**共役性**と呼ぶ。つぎに，図（b）で梁の一部を切り抜いた状態を見てみよう。梁の上面と下面ではせん断応力度は発生していない。梁の上面に摩擦力でも働いていれば別であるが，通常はせん断応力度はゼロである。図（a）に示した共役性から，断面端部でのせん断応力度もゼロとなる。断面に作用するせん断力 Q と釣り合うためには，断面内で放物線に分布したせん断応力度が必要となる。このときのせん断応力度の分布は，中立軸からの距離 y を用いた関数として次式で示される。

$$\tau(y) = 1.5\frac{Q}{A}\left\{1 - \left(\frac{2y}{h}\right)^2\right\} \tag{7.13}$$

断面端部のせん断応力度は $\tau(y = \pm h/2) = 0$ となり，断面中心部ではつぎのようになる。

$$\tau(y = 0) = 1.5\frac{Q}{A} \tag{7.14}$$

これが式（7.12b）となる。

7.4.3　せん断応力度の重要性

図 7.18 は梁の中でのせん断応力度の伝達の重要性を示したものである。梁のせい（高さ）h 内で断面を四つに分割する。図（a）のように，それをはがれないように接着しせん断応力度を伝達するようにすれば，梁は一体として荷重に対し抵抗する。一方，図（b）のように，各材が接着せずせん断応力度が伝わらない状態では，荷重に対する抵抗が小さくなる。

図（a）の断面二次モーメントは $bh^3/12$ となるが，図（b）は $4 \times b(h/4)^3/12 = (1/16)(bh^3/12)$ となり，前者の1/16と，その断面性能が大きく変化する。同じ荷重を与えた場合，変形は後で説明する

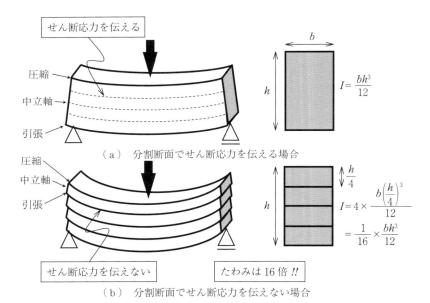

図 7.18　断面内でのせん断応力の伝達の重要性

ように断面二次モーメントに反比例する。すなわち，図（b）は図（a）の16倍のたわみが発生することになる。材軸方向のせん断応力度の伝達が，梁のたわみを抑制するのに重要な役割を果たしている。

演習問題 7.1 図 7.19 に示す長方形断面を有する材に関して，以下の問いに答えなさい。

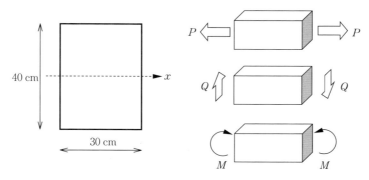

図 7.19 長方形断面の応力度

（a） x 軸に関する断面二次モーメント I 〔cm^4〕を求めなさい。
（b） 引張力 $P=180$ kN が作用するときの，引張応力度 σ_t 〔N/mm^2〕を求めなさい。
（c） せん断力 $Q=80$ kN が作用するときの，最大せん断応力度 τ_{max} 〔N/mm^2〕を求めなさい。
（d） モーメント荷重 $M=40$ kN·m が作用するときの縁応力度の絶対値 σ_b 〔N/mm^2〕を求めなさい。

演習問題 7.2 図 7.20 に示す柱が鉛直荷重とモーメント荷重を同時に受け，左側の縁応力度が0となっている。このときのモーメント荷重 M と右側の縁応力度 σ_R を求めなさい。

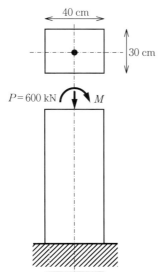

図 7.20 鉛直荷重とモーメント荷重を受ける柱

126　7. 材の応力度

演習問題 7.3　図 7.21 に示す梁の中央に集中荷重を与えたとき，断面以外の条件が同じ場合は，中央部のたわみは断面二次モーメント I_x に反比例する。基本の梁断面を（a），（b），（c）のように変化させたときに，たわみ δ が何倍になるかを求めなさい。ただし，切断面ではせん断応力は伝達しないものとする。

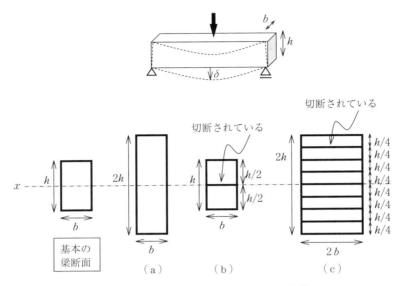

図 7.21　各種断面に対する梁のたわみの比較

7.5　材の強度と許容応力度

7.5.1　材の強度

　建築材料として利用するコンクリートや鋼材，木材などは，大きな荷重が加わらない限りそう簡単には壊れない。しかしながら，何十年，何百年に 1 回の大きな地震が発生し，瞬間的に大きな荷重が建物の部材に加わった場合には，耐えきれずに壊れてしまう場合もある。コンクリートに圧縮荷重を，鋼材に引張荷重を作用させたときの垂直応力度の変化の様子を図 7.22 に示す。横軸は次章で示すひずみ度であり，おおざっぱに力と変形の関係と考えてもよい。大きな力を掛けていくと，材は耐えきれずにコンクリートは圧壊し，鋼材は引っ張られて破断する。このような状態の応力度を，材の**強度**と呼ぶ。その値は材料によって異なる。構造設計では，それぞれの材で用いる**基準強度**が設定される。例えば，コンクリートの圧縮側では設計基準強度 $F_c = 18 \sim 60\,\mathrm{N/mm^2}$ の材が広く利用され，鋼材では基準強度 $F = 235 \sim 325\,\mathrm{N/mm^2}$ などの材が用いられる。

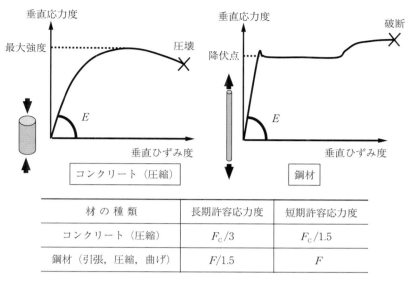

図 7.22 材の強度と許容応力度の一例

7.5.2 許容応力度

材の断面設計をする際には，適切に設定した荷重条件によって材料が破壊せず，十分安全に使用可能な応力度が設定される。これを**許容応力度**と呼ぶ。許容応力度の一例を図 7.22 の下の表に示す。許容応力度は基準強度で表現され，単位は N/mm^2 などが用いられる。材料や応力度の種類によって異なり，圧縮，引張，曲げ，せん断の各許容応力度は f_c, f_t, f_b, f_s と表現される。これらは荷重が作用する期間によって異なる。自重や積載荷重などは**長期荷重**，地震や風など瞬間的に作用するものは**短期荷重**と呼ばれる。

例えば，**設計基準強度** $F_c = 24\,N/mm^2$ の普通コンクリートでは，圧縮側の長期許容応力度は $f_c = 8\,N/mm^2$ で与えられる。基準強度 $F = 235\,N/mm^2$ の鋼材（400 級，厚さ 40 mm 以下）では，長期許容応力度は $f_t = 156\,N/mm^2$ で与えられる。いずれも基準強度に 1 以下の係数を掛けた数値で与えられる。

7.5.3 許容応力度設計

ある荷重条件を仮定したときの材の応力度の絶対値が許容応力度以下となるように材の断面を設定する。これを**許容応力度設計**と呼ぶ。もし許容応力度を超える場合は，これを下回るように断面や荷重条件などを設定する必要がある。

例題 7.10 図 7.23 に示す外力を受ける材について，（a）許容応力度を満足するかどうかを判定し，（b）許容応力度を満たす断面積，（c）許容応力度以下となる外力の範囲を求めなさい。ただし，材の引張許容応力度を $f_t = 156\,N/mm^2$ とする。

（a） 垂直応力度 σ は以下のように求められる。

$$\sigma = \frac{200 \times 10^3 \,[\text{N}]}{10 \times 10^2 \,[\text{mm}^2]} = 200 \,[\text{N}/\text{mm}^2]$$

これは $f_t = 156 \,\text{N}/\text{mm}^2$ を超えているため，許容応力度以内という条件を満足しない。

（b） 許容応力度を満たす断面積を $A_a \,[\text{cm}^2]$ とすると，つぎの式を満足する値を求めればよい。

$$\sigma = \frac{200 \times 10^3 \,[\text{N}]}{A_a \times 10^2 \,[\text{mm}^2]} \leq 156 \,[\text{N}/\text{mm}^2]$$

$$\therefore A_a \geq \frac{2\,000}{156} \fallingdotseq 12.8 \,[\text{cm}^2]$$

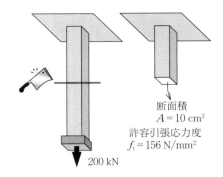

図 7.23　許容応力度設計の計算例

ここで，計算自体は N，mm^2 の単位で行っているが，A_a 自体の単位は cm^2 としている。

（c） 許容応力度を満たす外力を許容荷重と呼び，$W_a \,[\text{kN}]$ とする。つぎの式を満足する許容荷重を求める。

$$\sigma = \frac{W_a \times 10^3 \,[\text{N}]}{10 \times 10^2 \,[\text{mm}^2]} \leq 156 \,[\text{N}/\text{mm}^2] \quad \therefore W_a \leq 156 \,[\text{kN}]$$

例題 7.11　図 7.24 に示す梁について，（a）この材の断面の許容曲げ応力度 $f_b = 8 \,\text{N}/\text{mm}^2$ を満足する許容曲げモーメント M_a を求め，（b）右図に示す条件の許容荷重 P_a を求めなさい。

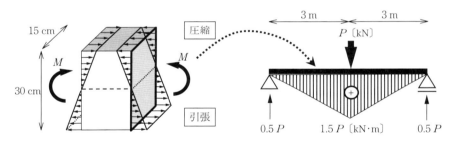

図 7.24　集中荷重を受ける単純梁の許容応力度設計

（a）　まず，この材の断面係数を求める。

$$Z = \frac{15 \times 30^2}{6} = 2\,250 \,[\text{cm}^3]$$

縁応力度の絶対値 σ_b は引張側，圧縮側で同じとなり，式（7.7）よりつぎの関係式が得られる。

$$\sigma_b = \frac{M}{Z} \leq f_b$$

よって，許容曲げモーメント M_a は次式で求められる。

$$M_a \leq f_b Z = 8 \,[\text{N}/\text{mm}^2] \times 2\,250 \times 10^3 \,[\text{mm}^3] = 1.8 \times 10^7 \,[\text{N}\cdot\text{mm}] = 18 \,[\text{kN}\cdot\text{m}]$$

（b）　右図に示す単純梁の最大曲げモーメント $M_{\max}$ は，$1.5P \,[\text{kN}\cdot\text{m}]$ となる。これが許容曲

げモーメント M_a 以下となる許容荷重 P_a は，次式の条件より求められる．

$M_{max} = 1.5 P_a \,[\mathrm{kN \cdot m}] \leq M_a = 18 \,[\mathrm{kN \cdot m}]$

$P_a \leq 12 \,[\mathrm{kN}]$

演習問題 7.4 図 7.25 に示す集中荷重を受ける梁の許容曲げ応力度を $f_b = 10\,\mathrm{N/mm^2}$ としたときに，最大曲げ応力度を許容応力度以内とするのに必要な部材断面のせい h [cm] を求めなさい．

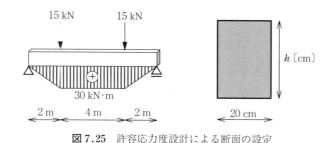

図 7.25 許容応力度設計による断面の設定

7章のポイント

「応力と応力度の違いをよく理解しておこう．」

「前に習った断面係数は，梁の曲げ応力度の計算に使われるんですね！」

「うん．柱に曲げモーメントや軸力が作用するときは，垂直応力度の絶対値を求めて，その後で圧縮か引張かを判断して足し引きするんだ．断面内のせん断応力度の分布は一定じゃないということも大事なことだね．」

「応力度は建物の設計と関係があるんですか!?」

「もちろんだよ．許容応力度設計の考え方を理解することも大事だね．」

「了解です！」

8章 材の変形・たわみ

いままで扱ってきたのは材の応力や応力度だったけど，ここからは材の変形やたわみを学んでいくよ。

材の変形やたわみって，いままで学んできた応力となにか関係がありそうですね！

そのとおり。例えば図8.1に示すように，鉛直荷重を受ける梁は下方にたわむよね。梁の応力の問題を扱うときもその変形イメージを利用していて，材のたわみは応力とも密接に関係するものなんだ。ただ，図に描いた変形はかなり誇張しているので，実際には大変形時でも目に見えるか見えない程度の動きであることに注意しようね。

はい！

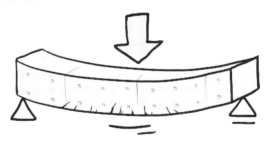

図8.1 鉛直荷重を受ける単純梁の変形

8.1 応力度とひずみ度, 変形

8.1.1 垂直応力度と垂直ひずみ度, 変形

図 8.2 に示す外力 P を受け, 軸力 $N = P$ (引張) が生じている材を例に見てみよう.

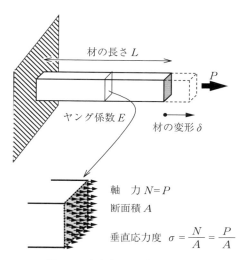

図 8.2 応力度, ひずみ度, 変形

このとき材に生じている**伸び** δ を総称で**変形**と呼ぶ. このとき材の長さを L とすると, 次式で定義される単位長さ当りの伸び量が**ひずみ度**と呼ばれるものである.

$$\varepsilon = \frac{\delta}{L} \tag{8.1}$$

ε は軸方向の変形に関連するので, **垂直ひずみ度**と呼ばれる. 変形 δ はきわめて小さい量であるので, mm もしくは cm が用いられる場合が多い. ひずみ度 ε は長さ／長さであるので無次元となり, 変形よりもさらに小さい値となる. 垂直応力度 σ と同様に, 引張を正, 圧縮を負と定義する.

例題 8.1 図 8.2 で $L = 3\,\text{m}$, $\delta = 0.6\,\text{mm}$ のときの, 垂直ひずみ度 ε を求めなさい.

式 (8.1) より次式で得られる. 単位の変換に注意すること.

$$\varepsilon = \frac{\delta}{L} = \frac{0.6\,[\text{mm}]}{3 \times 10^3\,[\text{mm}]} = 2.0 \times 10^{-4}$$

ひずみ度は非常に小さい値となる.

垂直応力度 σ は 7 章でも学んだように, 軸力 $N(=P)$ と断面積 A より次式で得られる.

$$\sigma = \frac{N}{A} = \frac{P}{A} \tag{8.2}$$

垂直応力度 σ と垂直ひずみ度 ε の間には，次式の**フックの法則**と呼ばれる関係がある。

$$\sigma = E\varepsilon \tag{8.3}$$

E は**ヤング係数**と呼ばれる係数であり，コンクリート，鋼材，木材など，**材質**に関係する量である。ヤング係数 E の単位は応力度と同じ（N/mm^2 など）であり，必ず正の値をとる。**図8.3**に示すような垂直応力度 σ と垂直ひずみ度 ε の関係が実験により得られ，ひずみ度が小さいときの傾きより，ヤング係数を求めることができる。**表8.1**にヤング係数の一例を示す。

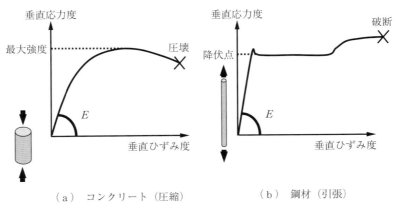

(a) コンクリート（圧縮）   (b) 鋼材（引張）

図8.3 コンクリート，鋼材のヤング係数

表8.1 材料物性の一例

	ヤング係数 E	せん断弾性係数 G	ポアソン比 ν
コンクリート	$2.05 \times 10^4\,N/mm^2$	$8.54 \times 10^3\,N/mm^2$	0.2
鋼材	$2.05 \times 10^5\,N/mm^2$	$7.88 \times 10^4\,N/mm^2$	0.3

例題8.2 図8.2で $P = 100\,kN$ が作用し例題8.1と同じ変形 $\delta = 0.6\,mm$ が生じたときの，ヤング係数 E を求めなさい。ただし，断面積は $A = 25\,cm^2$ とする。

垂直応力度 σ は次式となる。

$$\sigma = \frac{N}{A} = \frac{100 \times 10^3\,[N]}{25 \times 10^2\,[mm^2]} = 40\,[N/mm^2]$$

よって，例題8.1の垂直ひずみ度 ε と式(8.3)の関係より，ヤング係数 E が求められる。

$$E = \frac{\sigma}{\varepsilon} = \frac{40\,[N/mm^2]}{2.0 \times 10^{-4}} = 2.0 \times 10^5\,[N/mm^2]$$

垂直ひずみ度 ε は小さいが，ヤング係数 E は非常に大きい値となる。

8.1.2 ばね定数

式 (8.3) に式 (8.1)，式 (8.2) を代入する。

$$\frac{P}{A} = E\frac{\delta}{L}$$

これを変形すると，外力 P と変形 δ の関係式が得られる。

$$P = \frac{EA}{L}\delta = k\delta \quad \text{ここで，} \quad k = \frac{EA}{L} \tag{8.4}$$

k は**ばね定数**と呼ばれ，外力と変形を直接関係づけるものである。単位は N/mm，kN/m などが用いられる。ばね定数を用いて，力から変形を求めることもできる。

$$\delta = \frac{P}{k} \tag{8.5}$$

例題 8.3 図 8.2 で例題 8.2 と同じヤング係数 $E = 2.0 \times 10^5$ N/mm^2 を有する材のばね定数 k を求めなさい。また，この材に外力 $P = 500$ kN が作用するときの変形 δ を求めなさい。ただし，断面積は $A = 25$ cm^2 とする。

式 (8.4) よりばね定数 k が求められる。

$$k = \frac{EA}{L} = \frac{2.0 \times 10^5 \ [\text{N/mm}^2] \times 25 \times 10^2 \ [\text{mm}^2]}{3 \times 10^3 \ [\text{mm}]} \fallingdotseq 1.67 \times 10^5 \ [\text{N/mm}] = 1.67 \times 10^5 \ [\text{kN/m}]$$

外力 $P = 500$ kN が作用したときの変形 δ は式 (8.5) より次式となる。

$$\delta = \frac{P}{k} = \frac{500 \ [\text{kN}]}{1.67 \times 10^5 \ [\text{kN/m}]} = 3 \times 10^{-3} \ \text{m} = 3 \ [\text{mm}]$$

例題 8.4 図 8.4 に示す異なる材質の材がつながっている棒の変形とばね定数を求めなさい。

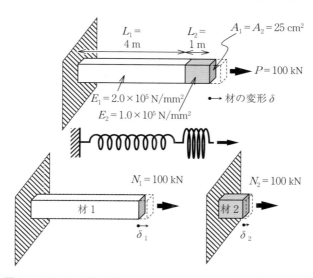

図 8.4 異なる材質の部材がつながっているときの変形とばね定数

各材を材1,材2とすると,それぞれに発生する軸力は $N_1=N_2=P=100\,\mathrm{kN}$ となる。よって,それぞれの変形 δ は式(8.4),(8.5)より以下のように求められる。

$$\delta_1=\frac{PL_1}{E_1A_1}=\frac{100\times10^3\,[\mathrm{N}]\times4\times10^3\,[\mathrm{mm}]}{2\times10^5\,[\mathrm{N/mm^2}]\times25\times10^2\,[\mathrm{mm^2}]}=0.8\,[\mathrm{mm}]$$

$$\delta_2=\frac{PL_2}{E_2A_2}=\frac{100\times10^3\times1\times10^3}{1\times10^5\times25\times10^2}=0.4\,[\mathrm{mm}]$$

よって,全体の材の変形は次式となる。

$$\delta=\delta_1+\delta_2=1.2\,[\mathrm{mm}]$$

また,ばね定数は式(8.5)の関係より次式のように求められる。

$$k=\frac{P}{\delta}=\frac{100\times10^3}{1.2}\fallingdotseq8.33\times10^4\,[\mathrm{N/mm}]$$

もしくは,それぞれの材のばね定数を求めて,直列ばねの関係から全体のばね定数を求めることもできる。

$$k_1=\frac{E_1A_1}{L_1}=1.25\times10^5\,[\mathrm{N/mm}],\qquad k_2\frac{E_2A_2}{L_2}=2.5\times10^5\,[\mathrm{N/mm}]$$

$$k=\frac{1}{\dfrac{1}{k_1}+\dfrac{1}{k_2}}\fallingdotseq8.33\times10^4\,[\mathrm{N/mm}]$$

以上で得られた関係をまとめるとつぎのようになる。これらの関係は覚えておこう。

垂直ひずみ度 ε,変形 δ,垂直応力度 σ,ばね定数 k,外力 P の関係

垂直ひずみ度 $=\dfrac{\text{変形}}{\text{材長}}$ 　$\left(\varepsilon=\dfrac{\delta}{L}\right)$

変形 $=$ 材長 $\times$ 垂直ひずみ度　$(\delta=L\times\varepsilon)$

垂直応力度 $=$ ヤング係数 $\times$ 垂直ひずみ度　$(\sigma=E\times\varepsilon)$

ヤング係数 $=\dfrac{\text{垂直応力度}}{\text{垂直ひずみ度}}$ 　$\left(E=\dfrac{\sigma}{\varepsilon}\right)$

ばね定数 $=\dfrac{\text{ヤング係数}\times\text{断面積}}{\text{材長}}$ 　$\left(k=\dfrac{EA}{L}\right)$

外力 $=$ ばね定数 $\times$ 変形　$(P=k\delta)$

演習問題 8.1　図8.2で断面積 $A=10\,\mathrm{cm^2}$,材長 $L=4\,\mathrm{m}$,荷重 $P=50\,\mathrm{kN}$,ヤング係数 $E=2.0\times10^5\,\mathrm{N/mm}$ としたときの,垂直応力度 $\sigma\,[\mathrm{N/mm^2}]$,垂直ひずみ度 ε,変形(伸び量) $\delta\,[\mathrm{mm}]$,ばね定数 $k\,[\mathrm{kN/m}]$ を求めなさい。また,この状態から,**表8.2**に示すように断面積,材長,荷重,ヤング係数を変化させたときに,諸量が何倍に変化するかを示しなさい。ただし,諸量の変化に直接関係しない場合は×とすること。

8.1 応力度とひずみ度，変形

表 8.2 定数を変化させたときの垂直応力度等の変化

変化させた定数	垂直応力度 σ	垂直ひずみ度 ε	変形 δ	ばね定数 k
断面積 $A = 20 \text{ cm}^2$				
材　長 $L = 8 \text{ m}$				
荷　重 $P = 100 \text{ kN}$				
$E = 2 \times 10^4 \text{ N/mm}^2$				
$A = 20 \text{ cm}^2$，$L = 8 \text{ m}$				
$L = 8 \text{ m}$，$E = 2 \times 10^4 \text{ N/mm}^2$				

8.1.3　微小要素のひずみ度とポアソン比

図 8.5（a）に示す幅 dx の微小要素に垂直応力度 σ が発生する状態を考える。

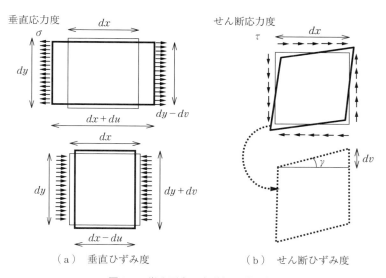

（a）　垂直ひずみ度　　　　（b）　せん断ひずみ度

図 8.5　微小要素の変形とひずみ度

引張側もしくは圧縮方向には，du の変形が生じる。式（8.1）の定義から，垂直ひずみ度 ε は次式で得られる。

$$\varepsilon = \frac{du}{dx} \tag{8.6}$$

垂直応力度 σ と垂直ひずみ度 ε の関係式は，式（8.3）より $\sigma = E\varepsilon$ で与えられる。

つぎに，図 8.5（b）に示すように，せん断応力度 τ によってせん断変形が生じた状態を考える。ひし形に変形し，dv だけ歪んだとする。このとき，**せん断ひずみ度** γ は次式で定義される。

$$\gamma = \frac{dv}{dx} \tag{8.7}$$

式（8.3）の関係と同様に，せん断応力度 τ とせん断ひずみ度 γ は，次式の関係式となる。

$$\tau = G\gamma \tag{8.8}$$

ここで，Gは**せん断弾性係数**と呼ばれる材質に関係する量である。

図8.5（a）で，引張応力度が作用する方向では材の伸びがみられるが，それと直交する方向では材が縮む形となる。応力度が作用する方向をx，直交方向をyとすると，それぞれの方向での垂直ひずみ度εは次式となる。

$$\varepsilon_x = \frac{du}{dx}, \quad \varepsilon_y = -\frac{dv}{dy} \tag{8.9}$$

この両者は，つぎの式で関係づけられる。

$$|\varepsilon_y| = \nu |\varepsilon_x| \tag{8.10}$$

ここで，νは**ポアソン比**とよばれる係数である。コンクリートでは0.2，鋼材では0.3の値が利用される。水のように体積が変わらないケースでは0.5となる。このポアソン比は，ヤング係数Eとせん断弾性係数Gを次式のように結びつける係数ともなっている。

$$G = \frac{E}{2(1+\nu)} \tag{8.11}$$

表8.1にヤング係数とともに，せん断弾性係数，ポアソン比の一例を示す。

例題8.5 弾性時（ひずみ度が小さいとき）のコンクリートのヤング係数は次式で与えられる。

$$E\,[\mathrm{N/mm^2}] = 3.35 \times 10^4 \times \left(\frac{\gamma}{24}\right)^2 \times \left(\frac{F_\mathrm{C}}{60}\right)^{\frac{1}{3}}$$

ここで，$F_\mathrm{C}\,[\mathrm{N/mm^2}]$は設計基準強度，$\gamma\,[\mathrm{kN/m^3}]$は単位体積重量である。$F_\mathrm{C} = 24\,\mathrm{N/mm^2}$，$\gamma = 23\,\mathrm{kN/m^3}$のコンクリートのヤング係数$E$とせん断弾性係数$G$を求めなさい。ただし，ポアソン比は$\nu = 0.2$とする。

ヤング係数Eは次式で得られる。

$$E = 3.35 \times 10^4 \times \left(\frac{23}{24}\right)^2 \times \left(\frac{24}{60}\right)^{\frac{1}{3}} \fallingdotseq 2.27 \times 10^4\,[\mathrm{N/mm^2}]$$

せん断弾性係数Gは式(8.11)より次式となる。

$$G = \frac{E}{2(1+\nu)} = \frac{2.27 \times 10^4}{2 \times 1.2} \fallingdotseq 9.45 \times 10^3\,[\mathrm{N/mm^2}]$$

8.1.4 梁の垂直ひずみ度

図8.6に示す，梁に生じる曲げ応力度と垂直ひずみ度の関係を見てみよう。

7章でも学んだように，曲げモーメントが作用している梁の断面に生じる垂直応力度（曲げ応力度）は次式で示される。

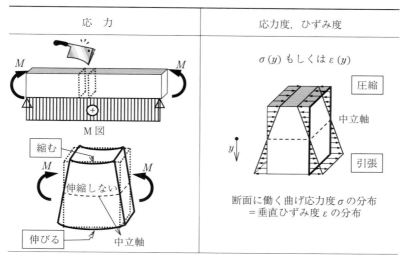

図 8.6 梁の曲げ応力度とひずみ度

$$\sigma(y) = \frac{M}{I} y \tag{8.12}$$

式 (8.3) のフックの法則 $\sigma = E\varepsilon$ を考慮すると，次式が得られる。

$$\varepsilon(y) = \frac{\sigma(y)}{E} = \frac{M}{EI} y \tag{8.13}$$

すなわち，曲げ応力度 σ も垂直ひずみ度 ε も，同じ分布となる。ここで，式 (8.13) 中の EI はヤング係数（材質）と断面二次モーメント（断面性能）の積で，**曲げ剛性**と呼ばれ，材の曲げにくさを示すものである。この関係は，次項で述べる梁のたわみや弾性曲線式を導くうえで重要な役割を果たす。

8.2 梁のたわみ

8.2.1 たわみとたわみ角

図 8.7 に示すように，集中荷重を受ける単純梁の変形状態を考える。

材に沿った座標を x とし，これを**材軸**と呼ぶ。ある点での材に直交する鉛直下方の材の動き $\delta(x)$ を**たわみ**，もしくは**変形**，**変位**と呼ぶ。単位は mm, cm などである。材軸に対する角度 $\theta(x)$ を**たわみ角**，**変形角**もしくは**回転角**と呼ぶ。単位は radian もしくは略して rad である。梁の変形では，以降，これらをそれぞれ「たわみ」と「たわみ角」と呼ぶ。たわみ $\delta(x)$ とたわみ角 $\theta(x)$ には次式の関係がある。

$$\theta(x) = \frac{d\delta(x)}{dx} \tag{8.14}$$

たわみ $\delta(x)$ の正方向は下向き，たわみ角 $\theta(x)$ の正方向は時計回りでとる。図 8.7 の単純梁の例では，たわみ $\delta(x)$ は全区間で正となるが，たわみ角 $\theta(x)$ は荷重作用点を挟んで正負の値をとる。

138   8. 材の変形・たわみ

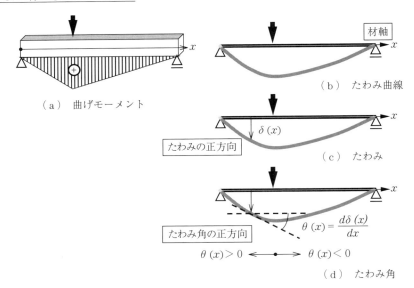

図 8.7　単純梁のたわみとたわみ角

たわみ角のみでも梁の変位が生じる。図 8.8 に示すモーメント荷重を受ける梁で，BC 間のはねだし部分では材自体のたわみはないが，点 B のたわみ角 θ によって，はねだし部分の先端 C で変位が生じる。このときの点 C の変位 δ_C は次式で示される。

$$\delta_C = L\sin\theta \fallingdotseq L\theta \tag{8.15}$$

ここで，θ が小さい場合に成立する，$\sin\theta \fallingdotseq \theta$ の関係を用いている。θ の単位は rad である。同様に，次式も成立する。

$$\theta = \frac{\delta_C}{L} \tag{8.16}$$

これらの関係式は以降よく利用される。

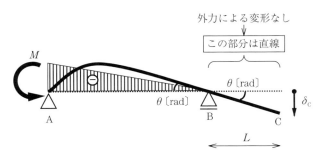

図 8.8　たわみ角により生じる変位

図 8.9 の片持ち梁の例では，たわみ角 θ は負となる。この場合，たわみ δ，たわみ角 θ ともに梁先端で絶対値が最大となる。だからといって，先端部で梁が壊れるわけではない。片持ち梁の先端に荷重を作用させていった場合に，材が最初に壊れるのは，曲げモーメントの応力が最大となる固

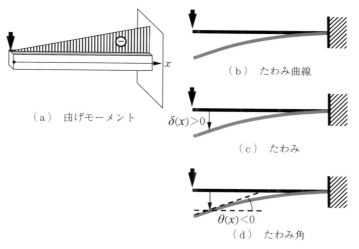

(a) 曲げモーメント

(b) たわみ曲線

(c) たわみ

(d) たわみ角

図8.9 片持ち梁のたわみとたわみ角

定端の根元であろう。すなわち，ある特定点のたわみ δ とたわみ角 θ だけでは，材の曲がり具合を表現する指標として，不十分であることになる。

8.2.2 曲率

では，材の曲がり具合を表現する指標はなんであろうか。**図8.10**は集中荷重を受ける単純梁の材の曲がり具合を拡大して示したものである。いくつかの場所で，材の一部 Δs を切り取った状態を考える。図8.10はこの Δs を円弧と考え，この円弧の半径を描いたものである。すると，その半径が場所によって異なり，中央部では小さい円弧に，端部では大きい円弧になるのがイメージできると思う。このときの半径は**曲率半径** ρ と呼ばれ，材の曲がり具合を表現するのに便利な値である。荷重作用点では曲率半径が最も短く，材の曲がり具合が最も大きい。一方，材の端部では曲

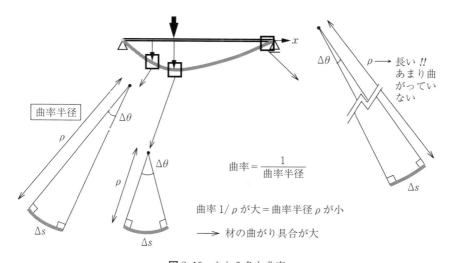

図8.10 たわみ角と曲率

率半径が最も長く，材の曲がり具合は小さい。この曲率半径の逆数を**曲率**と呼ぶ。すなわち，曲率が大きいほど，材の曲がり具合が大きいということになる。

図8.10から式 (8.15) の関係を利用すると，曲率半径 ρ は次式で表現される。

$$\rho\Delta\theta = \Delta s \tag{8.17}$$

よって，曲率 $1/\rho$ は次式となる。

$$\frac{1}{\rho} = \frac{\Delta\theta}{\Delta s} \tag{8.18}$$

式 (8.18) で，変形後の材の微小量を $\Delta s \fallingdotseq \Delta x$ とすると

$$\frac{1}{\rho(x)} \fallingdotseq \frac{\Delta\theta}{\Delta x} = \frac{d\theta(x)}{dx} \tag{8.19}$$

となり，曲率は材軸に関するたわみ角 $\theta(x)$ の変化の度合いに対応するものとなる。さらに，式 (8.14) の関係を考えると，次式の曲率と変位の関係が得られる。

$$\frac{1}{\rho(x)} = \frac{d^2\delta(x)}{dx^2} \tag{8.20}$$

すなわち，たわみ $\delta(x)$ の2階微分が曲率に対応する。

曲率の概念は少し難しいが，これを直接求める機会は多くない。まずは機械的にたわみ角の1階微分であること，材の曲がり具合を表現する値であることを認識しておこう。これらをまとめると，以下のようになる。

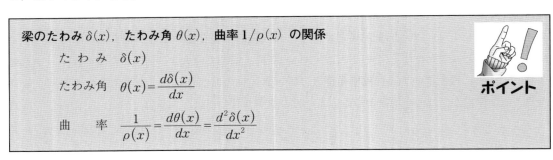

8.2.3 弾性曲線式

梁の曲げモーメント $M(x)$ と垂直ひずみ度 $\varepsilon(y)$ の関係は，式 (8.13) より次式で示される。

$$\varepsilon(y) = \frac{M(x)}{EI}y \tag{8.21}$$

つぎに，たわみ角 $\theta(x)$，曲率 $1/\rho(x)$ と垂直ひずみ度 $\varepsilon(y)$ の関係を調べる。**図8.11** は，たわみ角と材の微小幅 Δx での梁断面内の変形の様子を描いたものである。わかりやすいように，変形は誇張して描いてある。中立軸からの距離 y での軸方向の伸びは，距離に角度を掛けた $y\Delta\theta$ で与えられる。よって，この位置での垂直ひずみ度は，もとの長さが Δx であることから次式の形で表現される。

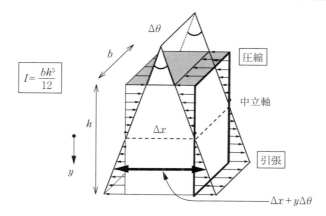

図 8.11 曲げを受ける梁断面内の垂直ひずみ度

$$\varepsilon(y) = \frac{y\Delta\theta}{\Delta x} \tag{8.22}$$

式 (8.19) より $1/\rho(x) \fallingdotseq \Delta\theta/\Delta x$ であるので，垂直ひずみ度 $\varepsilon(y)$ は曲率 $1/\rho(x)$ の式で表現される。

$$\varepsilon(y) = \frac{1}{\rho(x)} y \tag{8.23}$$

式 (8.21) と式 (8.23) から，つぎの曲率 $1/\rho(x)$ と曲げモーメント $M(x)$ の関係式が得られる。

$$\frac{1}{\rho(x)} = \frac{M(x)}{EI} \tag{8.24}$$

式 (8.20) より曲率 $1/\rho(x)$ はたわみ $\delta(x)$ の 2 階微分に対応するので，たわみ $\delta(x)$ と曲げモーメント $M(x)$ の関係式がつぎのように成り立つことがわかる。

$$\frac{d^2\delta(x)}{dx^2} = \frac{M(x)}{EI} \tag{8.25}$$

ここで，**図 8.12** で材軸 x とたわみ角 $\theta(x)$ の変化の関係を見てほしい。図で曲げモーメント $M(x)$ は全区間で正である。このとき，点 A から x が大きくなるにつれ，$\theta(x)$ の傾き $d\theta(x)/dx$ は反時計回りに変化することがわかる。すなわち，$M(x) > 0$ のときには

$$\frac{d\theta(x)}{dx} = \frac{d^2\delta(x)}{dx^2} < 0 \tag{8.26}$$

となっている。この関係を反映させ式 (8.25) を修正すると，つぎの重要な式を導くことができる。

$$\frac{d^2\delta(x)}{dx^2} = -\frac{M(x)}{EI} \tag{8.27}$$

この式は**弾性曲線式**とよばれ，梁のたわみと曲げモーメントを結びつける関係式となる。

梁の弾性曲線式

曲げモーメントとたわみの関係式　$\dfrac{d^2\delta(x)}{dx^2} = -\dfrac{M(x)}{EI}$

ポイント

8. 材の変形・たわみ

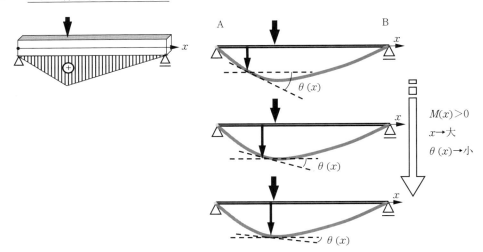

図 8.12 梁のたわみ角の変化

曲げモーメントの分布 $M(x)$ と曲げ剛性 EI がわかれば，式 (8.27) の微分方程式を積分することにより，梁のたわみ $\delta(x)$ を計算することができる。

8.2.4 梁のたわみ計算

弾性曲線式を用いた梁のたわみ $\delta(x)$ の計算手順を以下に示す。

梁のたわみの計算手順
① 曲げモーメントの式 $M(x)$ を求める。
② 式 (8.27) の弾性曲線式に代入し，たわみ $\delta(x)$ の一般解を求める。
③ 境界条件（拘束条件，対称条件）を利用して積分定数を求める。
④ たわみ $\delta(x)$，たわみ角 $\theta(x)$ の式を求める。

例題 8.6 図 8.13 に示す集中荷重を受ける片持ち梁について，梁先端のたわみとたわみ角を示しなさい。

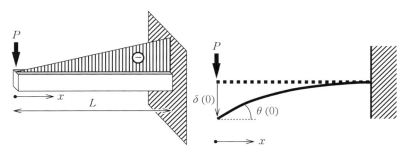

図 8.13 片持ち梁のたわみ計算

材軸を x として，梁先端を $x=0$ とする．曲げモーメントの式 $M(x)$ は以下となる．

$$M(x) = -Px \tag{8.28}$$

これを式 (8.27) に代入する．

$$\frac{d^2\delta(x)}{dx^2} = -\frac{M(x)}{EI} = \frac{P}{EI}x \tag{8.29}$$

この微分方程式を積分すると，たわみ角 $\theta(x)$ と変位 $\delta(x)$ は次式のように得られる．

$$\frac{d\delta(x)}{dx} = \theta(x) = \frac{P}{EI}\left(\frac{x^2}{2} + C_1\right) \tag{8.30a}$$

$$\delta(x) = \frac{P}{EI}\left(\frac{x^3}{6} + C_1 x + C_2\right) \tag{8.30b}$$

ここで，C_1, C_2 は積分定数である．$x=L$ の固定端でたわみ，たわみ角が 0 となるので，$\delta(L)=0$, $\theta(L)=0$ を境界条件として式 (8.30) に代入すると，C_1, C_2 を求めることができる．

$$C_1 = -\frac{L^2}{2}, \quad C_2 = \frac{L^3}{3} \tag{8.31}$$

たわみとたわみ角の式はつぎのとおりとなる．

$$\delta(x) = \frac{P}{6EI}(x^3 - 3L^2 x + 2L^3), \quad \theta(x) = \frac{P}{2EI}(x^2 - L^2) \tag{8.32}$$

よって，梁先端のたわみとたわみ角は $x=0$ を代入して次式となる．

$$\delta(0) = \frac{PL^3}{3EI}, \quad \theta(0) = -\frac{PL^2}{2EI} \tag{8.33}$$

例題 8.7 図 8.13 の片持ち梁で，$P=60\,\mathrm{kN}$, $L=5\,\mathrm{m}$, $E=2.0\times10^5\,\mathrm{N/mm^2}$, $I=5\times10^5\,\mathrm{cm^4}$ のときの梁先端のたわみとたわみ角を示しなさい．

式 (8.33) に上記の数値を代入する．ただし，すべて N, mm に単位を変換する．

$$\delta(0) = \frac{60\times10^3\,[\mathrm{N}]\times(5\times10^3\,[\mathrm{mm}])^3}{3\times2\times10^5\,[\mathrm{N/mm^2}]\times5\times10^5\times10^4\,[\mathrm{mm^4}]} = 2.5\,[\mathrm{mm}]$$

$$\theta(0) = -\frac{60\times10^3\,[\mathrm{N}]\times(5\times10^3\,[\mathrm{mm}])^2}{2\times2\times10^5\,[\mathrm{N/mm^2}]\times5\times10^5\times10^4\,[\mathrm{mm^4}]} = -7.5\times10^{-4}\,[\mathrm{rad}]$$

8.2.5 各種条件によるたわみ，たわみ角

集中荷重，等分布荷重，モーメント荷重が作用する，片持ち梁，単純梁で最大となるたわみ，たわみ角を図 8.14 にまとめる．また，これらの特徴を以下にまとめる．

144   8. 材の変形・たわみ

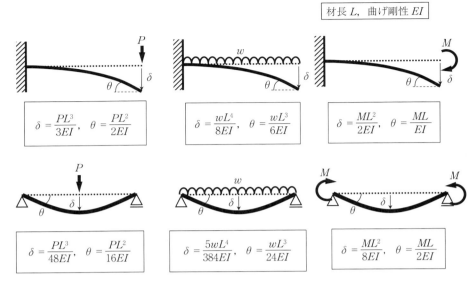

材長 L，曲げ剛性 EI

$$\delta = \frac{PL^3}{3EI}, \quad \theta = \frac{PL^2}{2EI}$$

$$\delta = \frac{wL^4}{8EI}, \quad \theta = \frac{wL^3}{6EI}$$

$$\delta = \frac{ML^2}{2EI}, \quad \theta = \frac{ML}{EI}$$

$$\delta = \frac{PL^3}{48EI}, \quad \theta = \frac{PL^2}{16EI}$$

$$\delta = \frac{5wL^4}{384EI}, \quad \theta = \frac{wL^3}{24EI}$$

$$\delta = \frac{ML^2}{8EI}, \quad \theta = \frac{ML}{2EI}$$

図 8.14　片持ち梁，単純梁の最大たわみ，たわみ角

片持ち梁，単純梁の最大たわみ，たわみ角の特徴

① 集中荷重 P，等分布荷重 w に比例する。
② 最大たわみについて，集中荷重の場合は材長 L の3乗に，等分布荷重では材長 L の4乗に比例する。
③ 最大たわみ，たわみ角は，曲げ剛性 EI に反比例する。

同じ荷重条件，材長であれば，片持ち梁の最大たわみは単純梁よりも大きい。**図 8.15** で集中荷重を受ける片持ち梁と単純梁のたわみの関係を調べる。

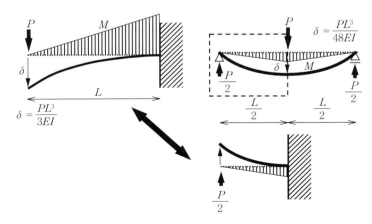

図 8.15　片持ち梁と単純梁のたわみの関係

中央に集中荷重を受ける単純梁を半分に切ったたわみの状態は，先端に集中荷重を受ける片持ち梁のたわみの状態と同じになっている様子がわかる。この際，片持ち梁の材長は $L/2$，荷重が $P/2$ と，それぞれ $1/2$ になっている。これらを図8.14に示す集中荷重を受ける片持ち梁の公式に代入すると，つぎのようになる。

$$\delta = \frac{\frac{P}{2}\left(\frac{L}{2}\right)^3}{3EI} = \frac{PL^3}{48EI} \tag{8.34}$$

これは，中央部に集中荷重を受ける単純梁の最大たわみの公式と同じとなる。

各種条件による最大たわみ，たわみ角を応用して，式 (8.15) の関係も利用し，より複雑な梁のたわみを求めることもできる。

例題 8.8 図 8.16（a），（b）に示すそれぞれの梁の点Aにおけるたわみ（変位）δ_A を求めなさい。

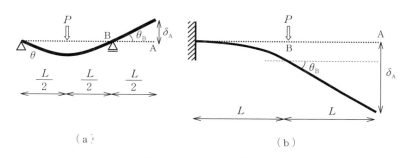

図 8.16 たわみの計算例

（a） 図（a）の δ_A は点Bでのたわみ角 θ_B を用いて，求めることができる。回転角 θ_B は

$$\theta_B = -\frac{PL^2}{16EI}$$

であるので，これにはねだし長さ $L/2$ を乗ずれば，点Aでのたわみ δ_A が得られる。

$$\delta_A = \theta_B \times \frac{L}{2} = -\frac{PL^2}{16EI} \times \frac{L}{2} = -\frac{PL^3}{32EI}$$

（b） 図（b）の δ_A は点Bでのたわみ δ_B とたわみ角 θ_B を用いて，求めることができる。

$$\delta_A = \delta_B + \theta_B \times L = \frac{PL^3}{3EI} + \frac{PL^2}{2EI} \times L = \frac{5PL^3}{6EI}$$

演習問題 8.2　図 8.17 に示す片持ち梁について最大曲げモーメント M 〔kN·m〕，たわみが生じる方向に関連する断面二次モーメント I 〔cm^4〕と荷重の作用点のたわみ δ 〔mm〕とたわみ角 θ 〔rad〕を求めなさい。ただし，断面の幅 $b=30\,\text{cm}$，せい $h=60\,\text{cm}$，材長 $L=4\,\text{m}$，荷重 $P=50\,\text{kN}$，ヤング係数 $E=2.0\times10^5\,\text{N/mm}^2$ とする。正負を正確に区別すること。また，この状態から，表 8.3 に示すように定数を変化させたときに，諸量が何倍に変化するかを示しなさい。ただし，諸量の変化に直接関係しない場合は × とすること。

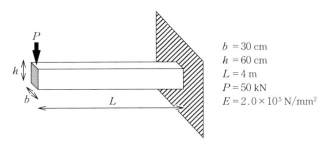

図 8.17　先端に集中荷重が作用する片持ち梁

表 8.3　定数を変化させたときのたわみ等の変化

変化させた定数	M	I	δ	θ
幅 $b=60\,\text{cm}$				
せい $h=30\,\text{cm}$				
材長 $L=2\,\text{m}$				
荷重 $P=100\,\text{kN}$				
$E=2\times10^4\,\text{N/mm}^2$				
$b=60\,\text{cm}$, $L=8\,\text{m}$				
$L=8\,\text{m}$, $E=1\times10^5\,\text{N/mm}^2$				

演習問題 8.3　図 8.18 に示す単純支持された床版の最大たわみを求めなさい。スラブ厚さは 15 cm とし，自重を含めた単位面積当りの分布荷重は $5\,\text{kN/m}^2$ とする。ヤング係数は $E=2\times10^4\,\text{N/mm}^2$ とする。

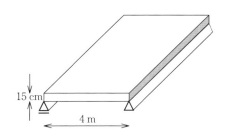

図 8.18　単純支持された床版

8.3 モールの定理を用いた梁のたわみ

8.3.1 梁の応力の関係式と弾性曲線式

前節では弾性曲線式を利用して梁のたわみやたわみ角を計算したが，微分方程式を介さずに，もう少し直感的に計算できる方法を紹介する。4.5.1項で学んだように，梁の曲げモーメント $M(x)$ と分布荷重 $w(x)$ には，つぎの関係がある。

$$\frac{d^2 M(x)}{dx^2} = -w(x) \tag{8.35}$$

この式と，式 (8.27) の弾性曲線式とを比較してみると，式の形が同じであることがわかる。これを図 8.19 で対比させると，曲げモーメントを含む $M(x)/EI$ を分布荷重として得られた曲げモーメントが，梁のたわみ $\delta(x)$ に相当することがわかる。この考えを利用して梁のたわみやたわみ角を計算する考え方を**モールの定理**という。少しややこしいが，以降の解説と例題を通じて理解してほしい。

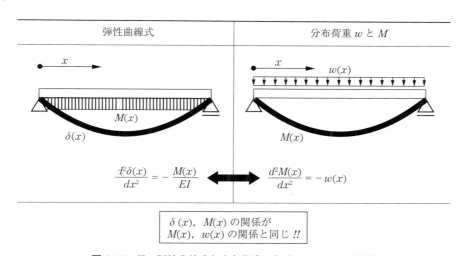

図 8.19 梁の弾性曲線式と分布荷重，曲げモーメントの関係

モールの定理による梁のたわみ計算の利点としては，微分方程式が不要であること，集中荷重やモーメント荷重が作用したときの特定の点のたわみとたわみ角を求める際に有利であることが挙げられる。特に，梁端部にモーメント荷重が作用するときの材端のたわみ角は，次章以降で説明するたわみ角法で頻繁に用いられる。

8.3.2 モールの定理による梁のたわみ計算

モールの定理を利用した計算の流れを以下にまとめる。例題と一緒に確認してほしい。

モールの定理による梁のたわみ計算の流れ

① 外力に対する曲げモーメント $M(x)$ を算定する。
② $\overline{w}(x) = M(x)/EI$ を仮想の分布荷重とした梁を考える。これを**共役梁**という。以降，共役梁に関する量には，上付きのバーをつける。また，仮想の荷重を作用させる方向に注意する。
③ 共役梁の曲げモーメント $\overline{M}(x)$ を算定する。これが実際の梁のたわみ $\delta(x)$ になる。
④ 共役梁のせん断力 $\overline{Q}(x)$ を算定する。これが実際の梁のたわみ角 $\theta(x)$ になる。

例題 8.9 図 8.20 に示す集中荷重を受ける梁の中央部のたわみ δ_C と端部のたわみ角 θ_A を，モールの定理を用いて求めなさい。

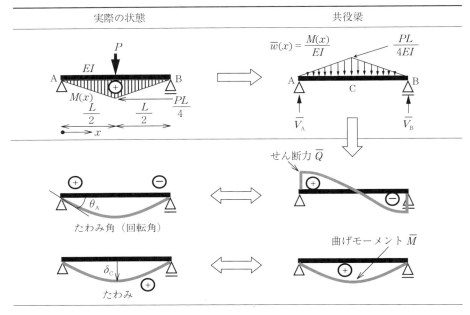

図 8.20 モールの定理による単純梁のたわみ計算

実際の状態と共役梁の状態を図 8.20 に示す。実際の中央部での曲げモーメントは $M_\mathrm{C} = PL/4$ である。共役梁では，この曲げモーメント分布を曲げ剛性 EI で除したものを仮想の分布荷重と考える。下方向に作用する分布荷重が正となるため，モーメント図と逆向きに描く必要がある。仮想の分布荷重は頂点を $PL/4EI$ とする等変分布荷重となる。

この共役梁の反力 $\overline{V}_\mathrm{A}$，$\overline{V}_\mathrm{B}$ は左右対称であるので同じとなる。両支点に作用する全荷重は分布荷重の面積 $(PL/4EI) \times L \times (1/2)$ に相当するので，これを半分にする。

$$\overline{V}_\mathrm{A} = \overline{V}_\mathrm{B} = \underbrace{\frac{PL}{4EI} \times L \times \frac{1}{2}}_{\text{仮想の分布荷重の面積}} \times \frac{1}{2} = \frac{PL^2}{16EI}$$

8.3 モールの定理を用いた梁のたわみ 149

中央部のたわみ δ_C と端部のたわみ角 θ_A は，それぞれ共役梁の $\overline{M}_C$，$\overline{Q}_A$ に相当する。$\overline{Q}_A$ は上で求めた反力そのものである。

$$\theta_A = \overline{Q}_A = \frac{PL^2}{16EI}$$

$\overline{M}_C$ は図 8.21 に示すように，仮想の等変分布荷重を受ける梁の曲げモーメントからつぎのように求められ，δ_C は図 8.14 の結果と一致する。

⇨例題 4.7 参照

$$\delta_C = \overline{M}_C = \frac{PL^2}{16EI} \times \frac{L}{2} - \frac{PL^2}{16EI} \times \frac{L}{6} = \frac{PL^3}{48EI}$$

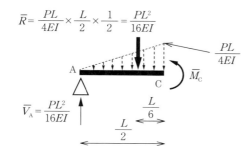

図 8.21 仮想の等変分布荷重を受ける梁の応力

例題 8.10 図 8.22 に示すモーメント荷重を受ける単純梁の端部におけるたわみ角 θ_A, θ_B を求めなさい。

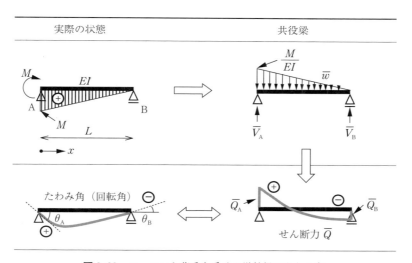

図 8.22 モーメント荷重を受ける単純梁のたわみ角

同図に実際の梁と共役梁の関係を示す。実際の梁には，三角形分布の曲げモーメントが発生する。よって，共役梁には等変分布の仮想荷重が作用することになる。点 A，B のたわみ角 θ_A, θ_B は，共役梁の $\overline{Q}_A$, $\overline{Q}_B$ に相当する。これらは共役梁の反力 $\overline{V}_A$, $\overline{V}_B$ に相当する。

$$\theta_{\mathrm{A}} = \overline{Q}_{\mathrm{A}} = \overline{V}_{\mathrm{A}} = \frac{M}{EI} \times L \times \frac{1}{2} \times \frac{2}{3} = \frac{L}{3EI} M$$

$$\theta_{\mathrm{B}} = \overline{Q}_{\mathrm{B}} = -\overline{V}_{\mathrm{B}} = -\frac{M}{EI} \times L \times \frac{1}{2} \times \frac{1}{3} = -\frac{L}{6EI} M$$

弾性曲線式よりも,簡単に求めることができる。ここで得られたたわみ角 θ_{A}, θ_{B} は次章以降に用いるたわみ角法で重要な役割を果たす。

8.3.3 片持ち梁の場合の注意点

モールの定理を利用して片持ち梁のたわみを計算する際に,注意すべき点が一つある。図 8.23 に示す問題で見てみよう。

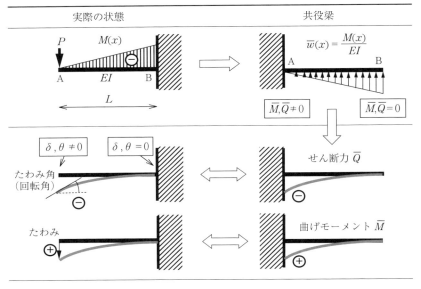

図 8.23 モールの定理による片持ち梁のたわみ計算

実際の状態で得られた曲げモーメント分布 $M(x) = -Px$ を等変分布の仮想荷重とする点までは同じである。この状態で共役梁の点 B に固定端を置くと,共役梁の点 A の曲げモーメント $\overline{M}_{\mathrm{A}}$ が 0 となる。しかし,実際の状態で梁のたわみは点 A に生じることから,$\overline{M}_{\mathrm{A}}$ になんらかの値を入れる必要がある。よって,<u>片持ち梁にモールの定理を適用するときには,固定端の位置を反対側に移動しなければならない。</u>

図 8.23 で梁先端でのたわみ δ_{A} とたわみ角 θ_{A} は,共役梁の固定端での曲げモーメントとせん断力に相当し,例題 8.6 と同じ結果が得られる。

$$\delta_{\mathrm{A}} = \overline{M}_{\mathrm{A}} = \frac{PL^2}{2EI} \times \frac{2}{3} L = \frac{PL^3}{3EI}$$

$$\theta_{\mathrm{A}} = \overline{Q}_{\mathrm{A}} = -\frac{1}{EI}\left(PL \times L \times \frac{1}{2}\right) = -\frac{PL^2}{2EI}$$

演習問題 8.4 図 8.24 に示す片持ち梁のたわみとたわみ角を，以下の手順で求めなさい。曲げ剛性を EI とする。

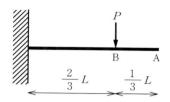

図 8.24　片持ち梁のたわみとたわみ角

（1）　曲げモーメント図を描きなさい。
（2）　モールの定理に用いる共役梁の仮想荷重と境界条件（固定端）を描きなさい。
（3）　モールの定理を用いて点 A，B のたわみ δ_A，δ_B，たわみ角 θ_A，θ_B を求めなさい。
（4）　集中荷重を受ける片持ち梁のたわみとたわみ角の公式から δ_A，δ_B，θ_A，θ_B を導き，（3）と同じ結果になることを確認しなさい。

8.4　柱の座屈

8.4.1　座屈荷重

鋼材は比較的小さい断面で構成される。このような材に図 8.25（a）のように引張の力を与えれば，図 8.3（b）に示す降伏点や破断まで耐えることができる。一方，軸力がつねに作用する柱では，図 8.25（b），（c）に示すような圧縮力が作用すると，全断面が降伏強度に至る前に，はらみ出すように曲がってしまう。このような現象を**座屈**と呼び，特に，圧縮力を受ける細い鋼材や木

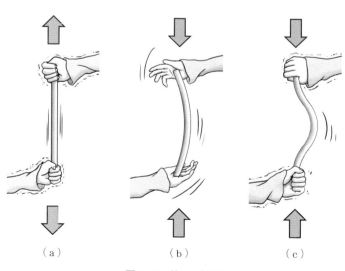

図 8.25　棒の座屈

材の柱の設計では重要となる。

いままでの梁の変形問題に当てはめて考えてみよう。図 8.26（a）に示すように点 B の水平方向に力 P を与え、このときに正のたわみ $\delta(x)$ が発生する状況を考える。座屈問題は柱をイメージしているので、図（b）に示すようにこれを反時計回りに 90°回転させよう。

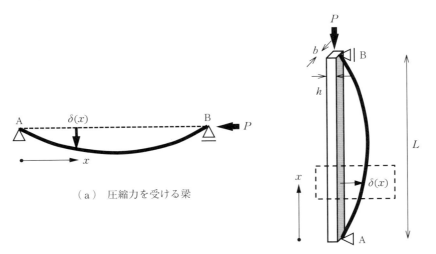

（a）圧縮力を受ける梁

（b）圧縮力を受ける柱が座屈した状態

図 8.26 座屈時のたわみの状態

図 8.26（b）の破線枠内に着目すると、x の位置で発生している曲げモーメント $M(x)$ は、外力 P とアーム長となる $\delta(x)$ との積であるモーメント $-P\delta(x)$ と釣り合っているので

$$M(x) = P\delta(x) \tag{8.36}$$

となる。

柱が座屈し、たわむ方向の曲げ剛性を EI とする。このときの弾性曲線式は式（8.27）より次式となる。

$$\frac{d^2\delta(x)}{dx^2} = -\frac{M(x)}{EI} = -\frac{P\delta(x)}{EI} \tag{8.37}$$

ここまでくれば、8.2.3 節での梁のたわみ計算と手続きは同じである。この微分方程式の一般解は次式のように得られる。

$$\delta(x) = C_1 \cos\sqrt{\frac{P}{EI}}\,x + C_2 \sin\sqrt{\frac{P}{EI}}\,x \tag{8.38}$$

ここで、C_1、C_2 は積分定数である。$x = 0$、L でたわみが 0 となるので、$\delta(0) = \delta(L) = 0$ を境界条件として式（8.38）に代入すると

$$C_1 = 0 \tag{8.39a}$$

$$C_2 \sin\sqrt{\frac{P}{EI}}\,L = 0 \tag{8.39b}$$

が得られる。式（8.39b）より、$C_2 = 0$ はたわみが発生しない状態であるので無視すると

$$\sin\sqrt{\frac{P}{EI}}L = 0 \tag{8.40}$$

とならなければならない。この式を満足する解はつぎのように得られる。

$$\sqrt{\frac{P}{EI}}L = n\pi \quad (n=1,\ 2,\ 3\cdots\cdots) \tag{8.41}$$

これより

$$P = \frac{n^2\pi^2 EI}{L^2} \quad (n=1,\ 2,\ 3\cdots\cdots) \tag{8.42}$$

が得られる。このうち，荷重 P が最小となる $n=1$ の値が**オイラーの座屈荷重** P_{cr} と呼ばれ，この荷重に達したときに座屈が生じる。このときの荷重は重要な公式であり，次式で示される。

$$P_{cr} = \frac{\pi^2 EI}{L^2} \tag{8.43}$$

オイラーの座屈荷重は**弾性座屈荷重**，もしくは単に**座屈荷重**とも呼ばれる。柱の I は 2 方向で求められるが，このうち小さい方向が最小の座屈荷重となる。この方向を**弱軸**と呼ぶ。図 8.26（b）では断面の幅が h より大きいとすると $I = bh^3/12$ となる。式 (8.43) ではあまり馴染のない π^2 が入ってくる点に注意する必要がある。この式の特徴をまとめるとつぎのようになる。

弾性座屈荷重の公式とその特徴

$$P_{cr} = \frac{\pi^2 EI}{L^2}$$

① 曲げ剛性 EI に比例する。→ I が小さいほうに座屈する。
② 材長 L の 2 乗に反比例する。→ 材が長いと座屈しやすい。

例題 8.11 図 8.27 の断面が座屈する方向の断面二次モーメント I を求めなさい。

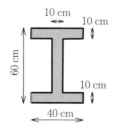

図 8.27 H 型断面の座屈

断面二次モーメントが小さい弱軸で座屈するので，つぎのように求められる。

$$I = 2 \times \frac{10 \times 40^3}{12} + \frac{40 \times 10^3}{12} = 1.1 \times 10^5 \ [\mathrm{cm}^4]$$

例題 8.12 図 8.26（b）で $b=10$ cm, $h=6$ cm, $L=2$ m としたときの弾性座屈荷重 P_{cr} を求めなさい。ただし，ヤング係数を 2.0×10^5 N/mm^2 とする。

断面二次モーメント I は

$$I=\frac{bh^3}{12}=\frac{10\times 6^3}{12}=180 \ [\text{cm}^4]$$

であるので，座屈荷重は式 (8.43) から求めることができる。

$$P_{cr}=\frac{\pi^2 EI}{L^2}=\frac{\pi^2\times 2.0\times 10^5\times 180\times 10^4}{(2\times 10^3)^2}\fallingdotseq 8.88\times 10^5 \ [\text{N}]=888 \ [\text{kN}]$$

8.4.2　有効座屈長さ

材長によって座屈荷重が変化することを示した。ただし同じ材長であっても，材端の支持条件（ピン端，固定端）や移動条件によって座屈荷重は異なる。例えば，棒を手のひらで押した図 8.25（b）のほうが，両端をしっかりと握りながら押した図 8.25（c）よりも早く座屈するのはイメージできると思う。

図 8.28 の柱では両端が固定されており，この場合のたわみのパターンは図示するようになる。このとき，材の中央部の $L/2$ の部分が，両端ピンの変形状態と同じとなっていることがわかる。

この場合の座屈荷重は $L_k=L/2$ とすると

$$P_{cr}=\frac{\pi^2 EI}{L_k^2} \tag{8.44}$$

となる。このときの L_k を**有効座屈長さ**と呼ぶ。この有効座屈長さがわかれば，座屈荷重の求め方は今までとまったく同じである。各種条件による有効座屈長さを図 8.29 にまとめる。こ

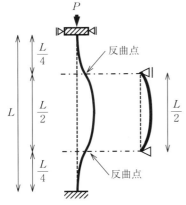

図 8.28　両端固定時の座屈の状態

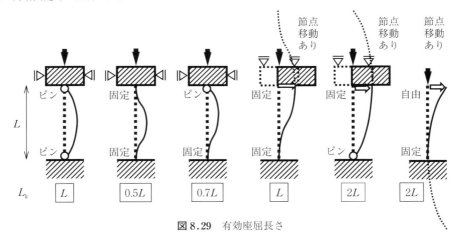

図 8.29　有効座屈長さ

れより，以下の特徴がまとめられる。

> **有効座屈長さと座屈のしやすさ**
> ① 固定端はピン端よりも有効座屈長さが短く，座屈しにくい。
> ② 節点が移動する条件では有効座屈長さが2倍となり，座屈しやすくなる。

例題 8.13 図 8.30 に示す柱の弾性座屈荷重を示しなさい。

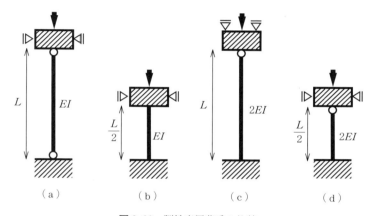

図 8.30　弾性座屈荷重の比較

（a）有効座屈長さは L であるので，$P_{cr} = \pi^2 EI / L^2$ となる。

（b）有効座屈長さは $L/4$ となるので
$$P_{cr} = \frac{\pi^2 EI}{\left(\dfrac{L}{4}\right)^2} = 16\frac{\pi^2 EI}{L^2}$$

（c）有効座屈長さは $2L$ となるので
$$P_{cr} = \frac{\pi^2 2EI}{(2L)^2} = \frac{1}{2}\frac{\pi^2 EI}{L^2}$$

（d）有効座屈長さは $0.5L \times 0.7 = 0.35L$ となるので，
$$P_{cr} = \frac{\pi^2 2EI}{(0.35L)^2} \fallingdotseq 16.3\frac{\pi^2 EI}{L^2}$$

8.4.3　座屈応力度と細長比

座屈時の垂直応力度を**座屈応力度** σ_{cr} と呼ぶ。本来の圧縮の垂直応力度は負であるが，座屈時はつねに圧縮の力がかかっているので，この場合は圧縮を正で示す。応力度は軸力を断面積 A で除したものであるので，式 (8.44) からつぎのように導かれる。

$$\sigma_{cr} = \frac{P_{cr}}{A} = \frac{\pi^2 EI}{L_k^2 A} = \frac{\pi^2 E}{\left(\frac{L_k}{i}\right)^2} = \frac{\pi^2 E}{\lambda^2} \tag{8.45}$$

上式の中にいろいろな記号が入っている。まず，$i = \sqrt{I/A}$ は**断面二次半径**もしくは**回転半径**と呼ばれる断面性能であり，単位は cm 等である。また λ は**細長比**もしくは**有効細長比**であり，次式で示される。

$$\lambda = \frac{L_k}{i} \tag{8.46}$$

式（8.45）からもわかるように，座屈応力度は細長比 λ とヤング係数 E のみから決定される。細長比 λ は単位のない無次元量であり，これが大きいほど部材が細長く座屈しやすいことになる。式（8.45）の適用範囲は，**図 8.31** に示すように λ がある値（100 前後）以上である。この値を**限界細長比**と呼ぶ。これより小さい細長比，すなわち座屈しにくい材では，オイラーの座屈荷重と強度の中間となる座屈応力度の値が与えられる。

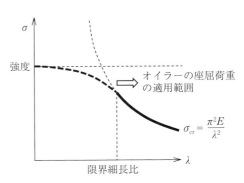

図 8.31 限界細長比

例題 8.14 12 cm × 12 cm の正方形断面を有し，有効座屈長さ 4.5 m の材の断面二次半径，細長比，座屈応力度を求めなさい。ただし，ヤング係数を $1 \times 10^4 \mathrm{N/mm^2}$ とする。

断面二次半径は次式となる。

$$i = \sqrt{\frac{I}{A}} = \sqrt{\frac{12 \times 12^3}{12} \div (12 \times 12)} = 2\sqrt{3} \fallingdotseq 3.46 \ [\mathrm{cm}]$$

細長比は式（8.46）より求められる。

$$\lambda = \frac{L_k}{i} = \frac{450}{2\sqrt{3}} = 75\sqrt{3} \fallingdotseq 130$$

座屈応力度は式（8.45）を用いて，次式となる。

$$\sigma_{cr} = \frac{\pi^2 E}{\lambda^2} = \frac{\pi^2 \times 1 \times 10^4}{(75\sqrt{3})^2} \fallingdotseq 5.85 \ [\mathrm{N/mm^2}]$$

演習問題 8.5　図8.32に示す材について，座屈する方向に関する材の断面二次半径，細長比，弾性座屈荷重および座屈応力度を求めなさい。ただし，ヤング係数を $1\times 10^4\,\mathrm{N/mm^2}$ とする。

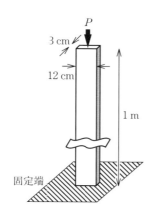

図8.32　長方形断面を有する柱の座屈

8章のポイント

「応力や応力度，ひずみ度，変形の関係がよくわかりました！」

「それと一緒に，ヤング係数とせん断弾性係数，ポアソン比の関係を理解しておくといいね。それから，弾性曲線式やモールの定理を利用して，梁のたわみやたわみ角を計算できるようにしておこう。」

「たわみやたわみ角の重要な公式は覚えておくと便利ですよね！」

「そうだね。材長の何乗となるかを把握して覚えることが大切だよ。弾性座屈荷重の公式も，有効座屈長さとともに覚えておこう。」

「はい！」

9章 不静定梁の応力

静定構造物は力の釣合い条件だけで応力を求めることができたね。今度は、反力の数が多い不静定構造物の応力を求めてみよう。いままでより、実際の建物の応力計算に近付くことになるよ。

実際の建物は部材が多くて、計算が大変そうですね！

現在の建物の構造解析では、手計算で応力を求めることはほとんどないんだ。例えば、図9.1左に示すような規模の大きな建物を対象に応力計算を行う場合は、コンピュータを駆使した大規模な**マトリックス構造計算**が主流だよ。

……難しそうですね！

ひとつずつ理解していけば大丈夫だよ。これから学ぶ**たわみ角法**はマトリックス構造計算の基礎理論となっていて、図9.1に示すような1本の梁の関係から全体を構築することができるんだ。ここで、8章で学んだ梁のたわみやたわみ角の計算を利用することになる。たわみ角法は、ある意味とても機械的な方法だけど、その結果を利用すると複雑なラーメンの力の流れを把握するのにすごく役立つんだ。

わかりました！がんばります！

図9.1 規模の大きな建物の応力計算

9.1 構造物の分類と静定，不静定

9.1.1 安定と不安定

図9.2（a）のように構造物が外力を受けたときに，建物全体が崩壊もしくは移動する状態を**不安定**と呼ぶ。もちろん，私たちは最初から不安定な建物を作ることはなく，図（b）のような**安定**な建物を建てようとしている。いままで学んできた構造も安定である。しかし，普段は安定な建物も，**図9.3**のように大きな地震動を受けた場合に梁や柱の端部が壊れて不安定な状態となる場合もある。このような状態になると，建物が崩壊する場合もある。建築構造の最低限の基本ルールとして，このような状況になることを絶対に避け，人命を守らなければならない。

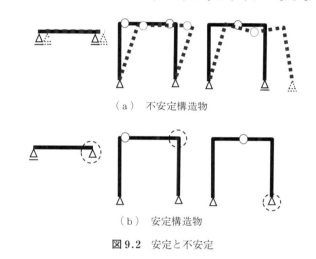

（a）不安定構造物

（b）安定構造物

図9.2 安定と不安定

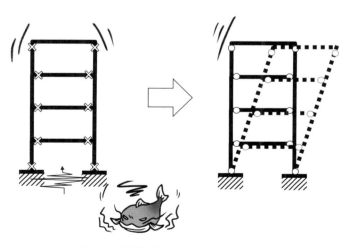

図9.3 安定構造物から不安定構造物へ

9.1.2 静定と不静定

安定な構造物は，**図9.4**に示すような**静定構造物**と**不静定構造物**に分類される。いままで学んできた単純支持の梁やラーメン，3ヒンジラーメンは静定構造物である。一方，実際の建物で用いられる門形ラーメンの基礎は固定端となっている。この場合，反力の数は三つを大きく超える。いままで使ってきた「1点に交わらない力の釣合い」では反力が計算できなくなり，応力も計算できなくなる。

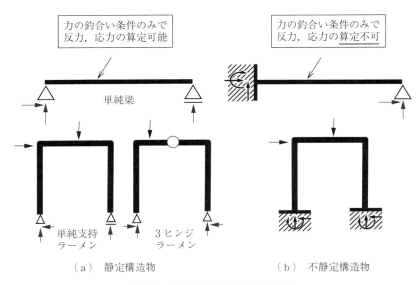

（a）静定構造物　　　　　　（b）不静定構造物

図9.4 静定構造物と不静定構造物

9.1.3 判別式

まずは，構造物が安定であるか不安定であるか，静定構造物であるか不静定構造物であるかを調べてみよう。これらは外力には関係せず，構造そのものの特性である。じつはこれらは，次式で得られる m によって判別することができる。これを**判別式**と呼ぶ。

判別式

$$m = (n + s + r) - 2k \qquad (9.1)$$

$m < 0$：不安定，　$m = 0$：安定で静定構造物，

$m > 0$：安定で不静定構造物

なお，$m > 0$ のときの m の値は**不静定次数**である。

ただし

n：反力数，　s：部材数，　r：剛節接合材数，　k：節点数（自由端，支点も含む）

判別式の中で，**剛節接合材数**とは図9.5に示すように，剛節点で固く結ばれている材の組合せの数である。剛節点周りの材の数から1を引いたものと考えてよい。ここに示す例でイメージしてほしい。

図9.5 剛節接合材数

例題9.1 判別式により図9.6に示す構造物を判別しなさい。

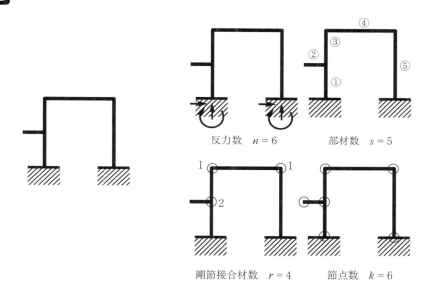

図9.6 構造物の判別式の適用例

図示するように，反力数$n=6$，部材数$s=5$，剛節接合材数$r=4$，節点数$k=6$となる。よって，式(9.1)より

$$m=(n+s+r)-2k=6+5+4-2\times 6=3$$

となり，不静定次数は3となる。

162　9. 不静定梁の応力

判別式の例を**表9.1**, **表9.2**に示す。式 (9.1) の判別式は必要条件であって，十分条件ではない。表9.2の一番下に示すように，$m \geq 0$ でも不安定となるケースもある。

表9.1　梁の判別式の例

	反力数 n	部材数 s	剛節接合材数 r	節点数 k	m	判定
	3	1	0	2	0	安定・静定
	3	1	0	2	0	安定・静定
	6	1	0	2	3	安定 不静定次数3
	6	2	1	3	3	安定 不静定次数3

表9.2　ラーメンの判別式の例

	反力数 n	部材数 s	剛節接合材数 r	節点数 k	m	判定
	3	3	2	4	0	安定・静定
	4	4	2	5	0	安定・静定
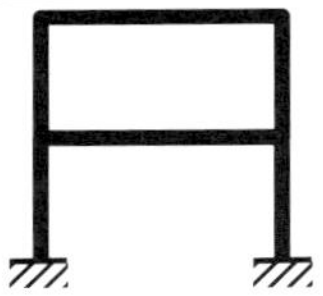	6	6	6	6	6	安定 不静定次数6
	3	5	4	6	0	$m=0$ であるが 不安定

例題9.2　判別式により図9.7に示す構造物を判別し，不安定構造である場合はその変形パターンも描きなさい。

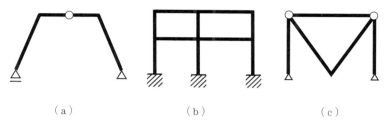

図9.7　判別式の例題

図(a)については，反力数$n=3$，部材数$s=4$，剛節接合材数$r=2$，節点数$k=5$となる。よって，$m=3+4+2-2\times5=-1$で不安定構造となる。変形パターンを図9.8(a)に示す。

図(b)については，反力数$n=9$，部材数$s=10$，剛節接合材数$r=11$，節点数$k=9$となる。よって，$m=9+10+11-2\times9=12$で不静定次数12の安定構造となる。

図(c)については，反力数$n=4$，部材数$s=5$，剛節接合材数$r=1$，節点数$k=5$となる。よって，$m=4+5+1-2\times5=0$で判定は静定構造物であるが，実際には図9.8(b)に示すような変形となる不安定構造である。

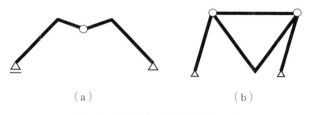

図9.8　不安定構造の変形パターン

9.2　たわみ角法の基本式

9.2.1　たわみ角法とは

図9.9(a)に示すように，両端が固定され，中間部で荷重を受ける梁を考える。これを**両端固定梁**と呼ぶ。まず判別式を利用すると，反力数$n=6$，部材数$s=1$，剛節接合材数$r=0$，節点数$k=2$であるので，$m=6+1+0-2\times2=3$で不静定構造であることがわかる。反力の数が六つ（水平方向の反力がないことを考えても四つ）であり，力の釣合い条件式だけでは反力を求めることはできない。このような梁の応力を求めるにはどうしたらよいであろう。

図9.9(b)上に示す，外力を受ける単純梁のたわみやたわみ角を求める方法については，8章で学んだ。この状態で図(b)中央に示すように，左右端になんらかのモーメント荷重を作用させ，両端のたわみ角を0にすることを考える。このモーメント荷重の正体はまだわからないが，図

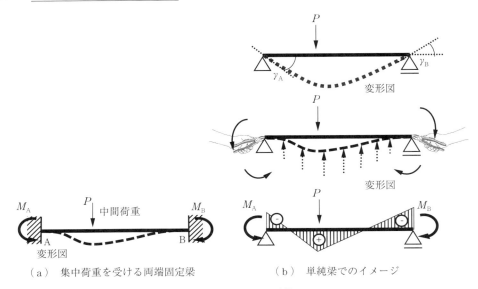

(a) 集中荷重を受ける両端固定梁　　　(b) 単純梁でのイメージ

図 9.9　たわみ角法による計算のイメージ

(b) 中央の状態になれば，図 (a) の両端固定の条件と同じになることに気がつくであろう。図 (b) 下の状態であれば，いままでの方法で応力計算ができそうな気がするだろう。このためには，左右端に作用させるモーメント荷重がわかればよい。このような考え方で応力を求める方法が**たわみ角法**である。

上記の考え方の中では，「左右端のたわみ角が0である」という力の釣合い条件以外の変形条件を利用した。これを**適合条件**と呼ぶ。

9.2.2　基本式の誘導方法

図 9.10 に示す力の状態とたわみ，たわみ角の状態を考え，たわみ角法の基本式を導く。材 AB に作用させる荷重（集中荷重，分布荷重）を**中間荷重**と呼ぶ。また材 AB の点 A に作用させる正方向のモーメント荷重を M_{AB}，点 B に作用させるモーメント荷重を M_{BA} とする。これらは，梁端部の曲げモーメントと同じ大きさになることから**材端モーメント**と呼ばれる。これらの荷重により材の節点で発生するたわみ角を**節点角**と呼ぶ。たわみ角法では，この節点角のみに着目する。材端モーメント，節点角，ともに時計回りを正の方向と定義する。負の値もとりうる。以下にたわみ角法に用いる式を誘導する。

① 材端モーメント M_{AB} により単純梁の端部で発生する節点角 θ_{A1}，θ_{B1} は，前章の結果より次式となる。ただし，曲げ剛性 EI，材長 L とする。

⇨例題 8.10 参照

$$\theta_{A1} = \frac{L}{3EI}M_{AB}, \qquad \theta_{B1} = -\frac{L}{6EI}M_{AB} \tag{9.2}$$

② 材端モーメント M_{BA} により単純梁の端部で発生する節点角 θ_{A2}，θ_{B2} は次式となる。

$$\theta_{A2} = -\frac{L}{6EI}M_{BA}, \qquad \theta_{B2} = \frac{L}{3EI}M_{BA} \tag{9.3}$$

9.2 たわみ角法の基本式

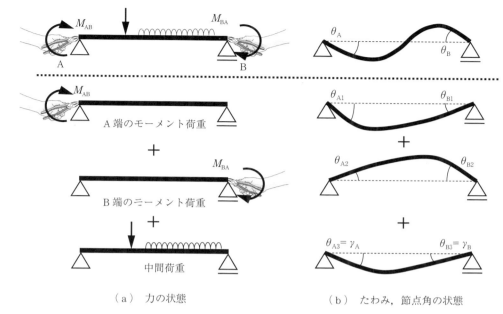

（a）力の状態　　　　　　　　　（b）たわみ，節点角の状態

図 9.10　たわみ角法の基本式の誘導

③　中間荷重により単純梁の端部で発生する θ_{A3}, θ_{B3} とする。これらは弾性曲線式もしくはモールの定理を利用して求められる。

$$\theta_{A3} = \gamma_A, \qquad \theta_{B3} = \gamma_B \tag{9.4}$$

④　材が線形挙動する場合は，応力と同様に，力やたわみについても，それぞれの状態での足し合せが成立する。これを**重ね合わせの原理**と呼ぶ。すべての外力により生じる節点角 θ_A, θ_B は，①～③の総和より次式のように表現される。

$$\theta_A = \theta_{A1} + \theta_{A2} + \theta_{A3} = \frac{L}{3EI} M_{AB} - \frac{L}{6EI} M_{BA} + \gamma_A \tag{9.5a}$$

$$\theta_B = \theta_{B1} + \theta_{B2} + \theta_{B3} = -\frac{L}{6EI} M_{AB} + \frac{L}{3EI} M_{BA} + \gamma_B \tag{9.5b}$$

⑤　式 (9.5) を変形し，M_{AB}, M_{BA} に関する式とする。式 (9.5) をマトリックス表示する。

$$\begin{Bmatrix} \theta_A \\ \theta_B \end{Bmatrix} = \begin{bmatrix} \dfrac{L}{3EI} & -\dfrac{L}{6EI} \\ -\dfrac{L}{6EI} & \dfrac{L}{3EI} \end{bmatrix} \begin{Bmatrix} M_{AB} \\ M_{BA} \end{Bmatrix} + \begin{Bmatrix} \gamma_A \\ \gamma_B \end{Bmatrix} = \frac{L}{6EI} \begin{bmatrix} 2 & -1 \\ -1 & 2 \end{bmatrix} \begin{Bmatrix} M_{AB} \\ M_{BA} \end{Bmatrix} + \begin{Bmatrix} \gamma_A \\ \gamma_B \end{Bmatrix} \tag{9.6}$$

これより，M_{AB}, M_{BA} を求めると

$$\begin{Bmatrix} M_{AB} \\ M_{BA} \end{Bmatrix} = \frac{6EI}{L} \begin{bmatrix} 2 & -1 \\ -1 & 2 \end{bmatrix}^{-1} \left(\begin{Bmatrix} \theta_A \\ \theta_B \end{Bmatrix} - \begin{Bmatrix} \gamma_A \\ \gamma_B \end{Bmatrix} \right) = \frac{2EI}{L} \begin{bmatrix} 2 & 1 \\ 1 & 2 \end{bmatrix} \left(\begin{Bmatrix} \theta_A \\ \theta_B \end{Bmatrix} - \begin{Bmatrix} \gamma_A \\ \gamma_B \end{Bmatrix} \right) \tag{9.7}$$

となる。よって，M_{AB}, M_{BA} と梁両端部の節点角 θ_A, θ_B との関係を表す**たわみ角法の基本式**が得られる。

たわみ角法の基本式（節点移動がない場合）

$$M_{AB} = \frac{2EI}{L}(2\theta_A + \theta_B) + C_{AB} \tag{9.8a}$$

$$M_{BA} = \frac{2EI}{L}(2\theta_B + \theta_A) + C_{BA} \tag{9.8b}$$

ここで

$$C_{AB} = -\frac{2EI}{L}(2\gamma_A + \gamma_B), \quad C_{BA} = -\frac{2EI}{L}(2\gamma_B + \gamma_A) \tag{9.9}$$

ここでは節点が移動しない場合を対象としている。本章と次章でかなり頻繁に利用される式であるが，この時点では直感的に理解するのが難しい。以降でたわみ角法の基本式がどのように利用されるかを確認してもらいたい。

9.2.3 固定端モーメント

図9.9（b）中央の説明で，両端の節点角を0にするために左右端になんらかのモーメント荷重（材端モーメント）をかけることを説明した。このモーメント荷重を式（9.8），（9.9）から求めることができる。両端の節点角が0なので，式（9.8）で$\theta_A = \theta_B = 0$にすればよい。

$$M_{AB} = C_{AB}, \quad M_{BA} = C_{BA} \tag{9.10}$$

これからわかるように，式（9.9）のC_{AB}，C_{BA}がこのモーメント荷重に相当する。これらを**固定端モーメント**もしくは**荷重項**と呼ぶ。これらは，中間荷重で生じる節点角γ_A，γ_Bを拘束するのに必要なモーメント反力とも捉えることができる。

図9.11（a）は部材中央の集中荷重，等分布荷重が与えられたときの固定端モーメントである。

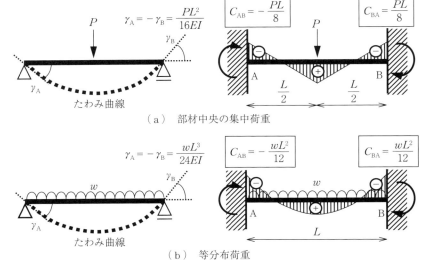

（a）部材中央の集中荷重

（b）等分布荷重

図9.11 固定端モーメント

例えば，部材中央に集中荷重が作用するときの単純梁の節点角は，図8.14を参照すると次式となる。

$$\gamma_A = -\gamma_B = \frac{PL^2}{16EI} \tag{9.11}$$

これを式(9.9)に代入することにより，つぎのように固定端モーメントを計算することができる。

$$C_{AB} = -\frac{2EI}{L}(2\gamma_A + \gamma_B) = -\frac{2EI}{L}\left(\frac{2PL^2}{16EI} - \frac{PL^2}{16EI}\right) = -\frac{PL}{8}, \quad C_{BA} = -C_{AB} = \frac{PL}{8} \tag{9.12}$$

図9.11（b）は等分布荷重が与えられたときの固定端モーメントである。

固定端モーメント

材長 L の両端固定梁中央に集中荷重 P が作用する場合 　$-C_{AB} = C_{BA} = \dfrac{PL}{8}$

材長 L の両端固定梁に等分布荷重 w が作用する場合 　$-C_{AB} = C_{BA} = \dfrac{wL^2}{12}$

ポイント

9.2.4 両端固定梁の応力分布

固定端モーメントが求められたら，中間荷重と併せて両端固定梁の応力を求めることができる。

例題 9.3　図9.12に示す梁中央部に集中荷重を受ける両端固定梁の曲げモーメント図とせん断力図を示し，梁中央点の応力を求めなさい。

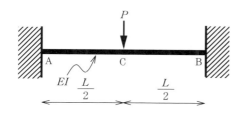

図 9.12　集中荷重を受ける両端固定梁

固定端モーメントは式(9.12)を利用する。このとき，図9.13（a）に示すように点Aの固定端モーメントは負となっているので，図9.13（b）に示すようにモーメント荷重が反時計回りで作用していることになる。固定端モーメント自体は時計回りを正として正負を表現するが，外力として考える場合はこのように回転方向を逆転したほうが考えやすい。応力の重ね合わせの原理より，「両端固定梁の応力 ＝ 中間荷重による単純梁の応力 ＋ 材端モーメントによる単純梁の応力」となる。表4.1を参照して，この考え方で得られる応力分布を図9.13（c）に示す。　⇨図4.25参照

梁中央部の曲げモーメントは，集中荷重と両端部のモーメント荷重時の曲げモーメントより次式となる。

$$M_C = \frac{PL}{4} - \frac{PL}{8} = \frac{PL}{8}$$

これで，梁中央部に集中荷重を受ける両端固定梁の応力が求められた。

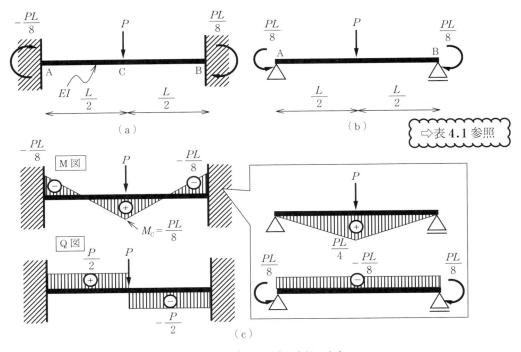

図9.13　集中荷重を受ける両端固定梁の応力

例題9.4　図9.14に示す等分布荷重を受ける両端固定梁の応力を求めなさい。

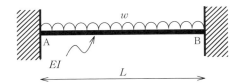

図9.14　等分布荷重を受ける両端固定梁

　求め方は前の例題とまったく同じである。図9.11を利用すると，図9.15(a)に示す固定端モーメントが得られる。図(b)に示す等分布荷重とモーメント荷重の重ね合わせを考え，図(c)に示す応力図を得る。

　梁中央部の曲げモーメントは，等分布荷重時とモーメント荷重時の応力の重ね合わせより次式となる。

$$M_C = \frac{wL^2}{8} - \frac{wL^2}{12} = \frac{wL^2}{24}$$

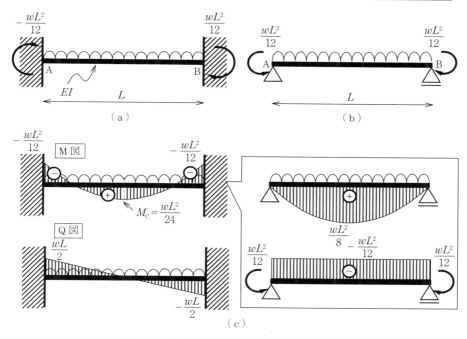

図 9.15 等分布荷重を受ける両端固定梁の応力

9.2.5 剛度と剛比

これまでは単純な両端固定梁を対象としてきたが，複数の部材を考える場合に便利な指標として，剛度と剛比がある。**剛度**とは複数の部材間で曲げ変形のしにくさの指標を示すもので，次式で定義される。

$$K = \frac{I}{L} \tag{9.13}$$

ここで，I は断面二次モーメント，L は材長であり，単位は cm^3 となる。ただし，材のヤング係数 E はすべての部材で同一と仮定する。図 9.16 に剛度の概念を示す。同じ断面二次モーメント I を

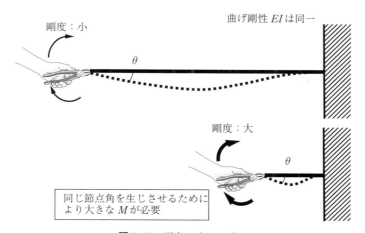

図 9.16 剛度のイメージ

もつ材であれば，材長 L が短い材のほうが曲げにくいのはイメージできると思う。

複数の部材がある場合には，剛度の比である**剛比** k が重要な指標となる。

$$k = \frac{K}{K_0} \tag{9.14}$$

ここで，K_0 は標準剛度と呼ばれ，複数の部材の中で代表値を選んで標準剛度とする場合が多い。応力計算では比だけがわかれば事足りる。例題 9.5 で確認しよう。

例題 9.5 図 9.17 に示す材の剛比を求めなさい。材のヤング係数 E はすべて同一と仮定する。

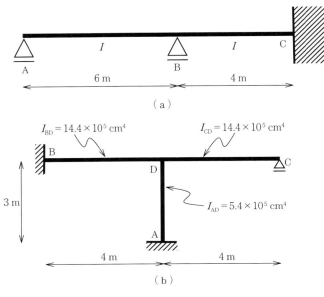

図 9.17 剛比の計算例

(a) AB 材，BC 材の剛度をそれぞれ K_{AB}, K_{BC} とすると，次式となる。

$$K_{AB} = \frac{I}{L} = \frac{I}{6}, \quad K_{BC} = \frac{I}{4}$$

ここで，AB 材の剛比を $k_{AB} = 1$ とすると，$k_{BC} = K_{BC}/K_{AB} = 1.5$ となる。比であるので，$k_{AB} = 2$, $k_{BC} = 3$ でも正解である。

(b) 各材の剛度をそれぞれ K_{AD}, K_{BD}, K_{CD} とすると，次式となる。

$$K_{AD} = \frac{I_{AD}}{L_{AD}} = 1.8 \times 10^3 \, [\text{cm}^3], \quad K_{BD} = K_{CD} = 3.6 \times 10^3 \, [\text{cm}^3]$$

ここで，$k_{AD} = 1$ とすると，$k_{BD} = k_{CD} = 2$ となる。

9.2.6 剛比によるたわみ角法の基本式

式 (9.8) で示したたわみ角法の基本式を剛比 k で表現すると大変便利である。

$2EI/L = 2EK = k \times 2EK_0$ となることを利用して式 (9.8) を変形すると，つぎの剛比 k によるたわみ角法の基本式が得られる。

> **剛比 k によるたわみ角法の基本式**
>
> $$M_{AB} = k(2\varphi_A + \varphi_B) + C_{AB} \quad (9.15a)$$
> $$M_{BA} = k(2\varphi_B + \varphi_A) + C_{BA} \quad (9.15b)$$
>
> ここで，$\varphi_A = 2EK_0\theta_A$，$\varphi_B = 2EK_0\theta_B$

φ_A，φ_B は節点角 θ_A，θ_B に係数をかけて形を変えたものであり，単位としてはモーメントと同じとなる。

剛比 k を利用した場合には，式 (9.15) に示すように，たわみ角法の基本式の表現がきわめて簡単になる。剛比 k を一度決めてしまえば，ヤング係数 E，断面二次モーメント I，材長 L を気にする必要がない。「比」であるので，比自体が同じであれば，材端モーメントや節点角の結果は同じである。

構造物における剛比 k の概念を**図 9.18** に示す。これは同じ変形を受けるばねが負担する力はそのばねの強さの比になるのと同じであり，モーメント荷重をかけた場合に，材端モーメントが剛比によって分配される。これについては，また後で説明する。

以降では，剛比 k によるたわみ角法の基本式を利用する。

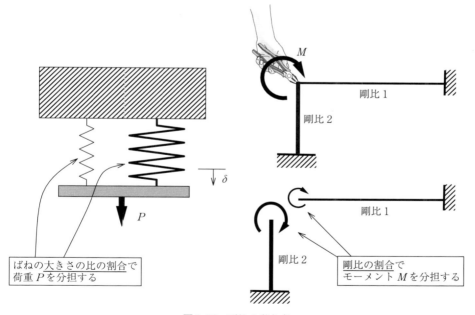

図 9.18 剛比の考え方

9.3 不静定梁の応力計算

9.3.1 たわみ角法による不静定梁の応力計算法

たわみ角法は両端固定梁以外の複雑な不静定梁の応力算定に利用することができる。以下に計算の流れを示す。

> **たわみ角法による不静定梁の応力計算法**
> ① 中間荷重による固定端モーメント C を求める。
> ② 剛比 k を求める。
> ③ 式 (9.15) からたわみ角法の基本式を立てる。
> ④ 境界条件，釣合い条件の式を作る。
> ⑤ 材端モーメントを算定する。
> ⑥ 材端モーメントから M 図を作成する。これより Q 図，N 図を作成し，反力を求める。
>
> **ポイント**

中間荷重による固定端モーメントは，中間荷重がある部材にのみ考慮する。**図 9.19**（a）の例では材 BC のみに，図（b）の例では材 AB のみに固定端モーメントを考慮し，それ以外の材の固定端モーメントは 0 とする。

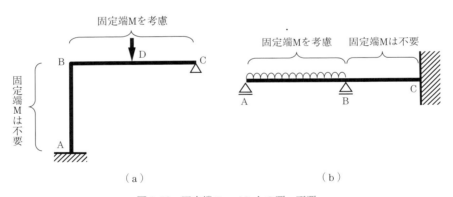

図 9.19 固定端モーメントの要，不要

式 (9.15) のたわみ角法の基本式から，M_{AB}，φ_A，φ_B などの未知数を求める必要がある。ここで利用されるのが境界条件と釣合い条件である。**図 9.20** の例に示すように，2 パターンの境界条件を利用することができる。

（a） 固定端の場合に，節点角は $\theta = 0$ すなわち $\varphi = 0$ とする。
（b） 固定端以外の節点では材端モーメントの和が 0 となる。これを**節点方程式**と呼ぶ。

外力として節点にモーメント荷重が作用する場合は，「材端モーメントの和＝モーメント荷重」とする。

9.3 不静定梁の応力計算

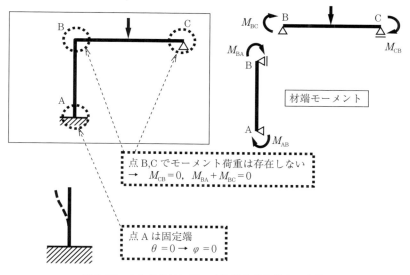

図 9.20 たわみ角法に用いる境界条件と釣合い条件

例題 9.6 図 9.21（a）に示す不静定梁の材端モーメントを求めなさい。材の曲げ剛性は EI とする。

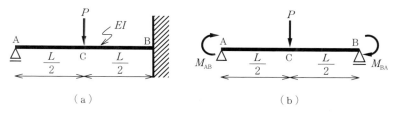

図 9.21 たわみ角法による不静定梁の解法

① 梁中央部に作用する集中荷重による固定端モーメントは式（9.12）より以下となる。

$$C_{AB} = -\frac{PL}{8}, \quad C_{BA} = \frac{PL}{8}$$

② 材は1本のみなので、剛比は $k=1$ でよい。

③ 式（9.15）より、たわみ角法の基本式を得る。

$$M_{AB} = 2\varphi_A + \varphi_B - \frac{PL}{8} \tag{9.16a}$$

$$M_{BA} = 2\varphi_B + \varphi_A + \frac{PL}{8} \tag{9.16b}$$

④ 境界条件を考える。点Aがローラー支持であるので節点方程式より $M_{AB}=0$ となる。また点Bが固定端であるので、$\theta_B = \varphi_B = 0$ となる。

⑤ ④の境界条件を利用して，未知の変数を求める．式 (9.16a) より φ_A を求めることができる．

$$0 = 2\varphi_A - \frac{PL}{8} \rightarrow \varphi_A = \frac{PL}{16}$$

また式 (9.16b) より M_{BA} を求めることができる．

$$M_{BA} = \varphi_A + \frac{PL}{8} = \frac{PL}{16} + \frac{PL}{8} = \frac{3PL}{16}$$

これで節点角と図 9.21（b）に示す材端モーメントが求められた．

9.3.2 材端モーメントに基づく応力計算

すべての節点の材端モーメントが得られたら，部材の曲げモーメントを求めることができる．4.5 節で学んだように，曲げモーメントからせん断力が，せん断力から外力や反力を求めることができる．

例題 9.7　図 9.21（a）に示す不静定梁の応力図と反力を示しなさい．

中間荷重による曲げモーメント分布を**図 9.22**（a）に示す．材端モーメントによる曲げモーメント分布を図（b）に示す．全体の曲げモーメントは，図（c）に示すように，図（a），（b）を重ね合わせたものになる．点Cの曲げモーメントは，材中央部の（a）と（b）の M より次式となる．

$$M_C = \frac{PL}{4} - \frac{3PL}{16} \times \frac{1}{2} = \frac{5PL}{32}$$

⇨ **4.4.4 参照**

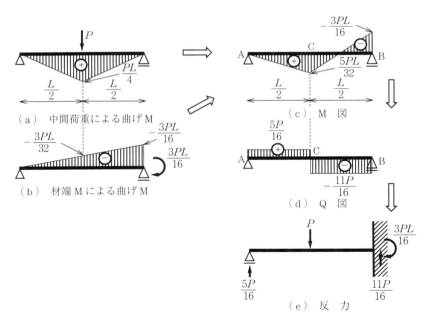

図 9.22　不静定梁の応力図作成

Q図はM図の勾配より求めることができる。

$$Q_{AC} = \frac{5PL}{32} \div \frac{L}{2} = \frac{5}{16}P$$

$$Q_{CB} = \left(-\frac{3PL}{16} - \frac{5PL}{32}\right) \div \frac{L}{2} = -\frac{11}{16}P$$

⇨ **4.5.2 参照**

反力は，Q図より求めることができる。

$$V_A = \frac{5}{16}P, \quad V_B = \frac{11}{16}P$$

9.3.3 連続梁の応力計算

3点以上の支点を有する梁を**連続梁**と呼ぶ。部材数 s は二つ以上となり，<u>たわみ角法の基本式の数は部材数の2倍となる</u>。

例題 9.8 図9.23（a）に示す連続梁の応力を，たわみ角法により求めなさい。ただし，AB材の断面二次モーメントはBC材の1.5倍とする。また，AB材，BC材ともヤング係数は E とする。

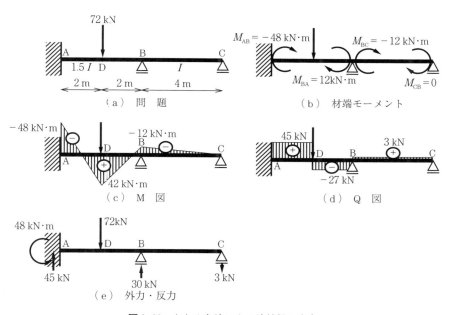

図9.23 たわみ角法による連続梁の応力

① AB材に集中荷重が作用するため，中間荷重による固定端モーメントは以下となる。

$$C_{AB} = -\frac{72 \times 4}{8} = -36 \text{ [kN·m]}, \quad C_{BA} = 36 \text{ [kN·m]}$$

⇨ **図9.11 参照**

中間荷重のないBC材には固定端モーメントは発生しない。

② 剛度は $K = I/L$ であり，剛比 $k_{BC} = 1$ とすると $k_{AB} = 1.5$ となる。
③ たわみ角法の基本式は，固定端である点 A での節点角 $\varphi_A = 0$ を考慮して以下の形となる。

$M_{AB} = 1.5(2\varphi_A + \varphi_B) - 36 = 1.5\varphi_B - 36$, $M_{BA} = 1.5(2\varphi_B + \varphi_A) + 36 = 3\varphi_B + 36$

$M_{BC} = 2\varphi_B + \varphi_C$, $M_{CB} = 2\varphi_C + \varphi_B$

④ 節点方程式は以下のとおりとなる。

点 B：$M_{BA} + M_{BC} = 0$　　点 C：$M_{CB} = 0$

⑤ 上式を解き，材端モーメントなどを求める。

$\varphi_B = -8$ 〔kN·m〕，　$\varphi_C = 4$ 〔kN·m〕

$M_{AB} = -48$ 〔kN·m〕，　$M_{BA} = 12$ 〔kN·m〕，　$M_{BC} = -12$ 〔kN·m〕

材端モーメントを図 9.23（b）に示す。

⑥ 応力図の作成は，AB 材については中間荷重と材端モーメントから，BC 材については材端モーメントから求める。AB 材では重ね合わせの原理を利用して，集中荷重と材端モーメントによる曲げモーメントを足し合わせる。荷重点 D では，集中荷重による曲げモーメントは $PL/4$，材端モーメントによる曲げモーメントは $(M_{AB} - M_{BA})/2$ となることから，つぎのように得られる。

$$M_D = \frac{PL}{4} + \frac{M_{AB} - M_{BA}}{2} = \frac{72 \times 4}{4} + \frac{-48 - 12}{2} = 72 - 30 = 42 \text{〔kN·m〕}$$

せん断力は，曲げモーメントの勾配を利用して算定する。

$$Q_{AD} = \frac{42 - (-48)}{2} = 45 \text{〔kN〕}, \quad Q_{DB} = \frac{-12 - 42}{2} = -27 \text{〔kN〕}, \quad Q_{BC} = \frac{12}{4} = 3 \text{〔kN〕}$$

応力図を図 9.23（c），（d）に示す。反力はせん断力と曲げモーメントの差から，図 9.23（e）のように求められる。

演習問題 9.1　図 9.24 に示す構造物を，たわみ角法を用いて以下の手順で解きなさい。ただし，曲げ剛性は一様とする。

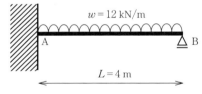

図 9.24　等分布荷重が作用する不静定梁

（1）固定端モーメントを求めなさい。
（2）剛比を 1 として，たわみ角法の基本式を示しなさい。
（3）境界条件を示し，これを用いて方程式を解きなさい。
（4）重ね合わせの原理を用いて，曲げモーメント図とせん断力図を求めなさい。

演習問題 9.2　図 9.25 に示す連続梁の応力図を描きなさい。ただし，AB 材，BC 材ともヤング係数は E とする。

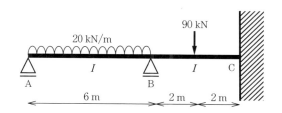

（a） 等分布荷重と集中荷重を同時に受ける連続梁

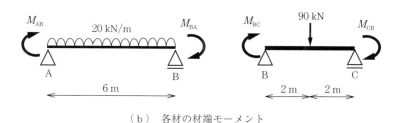

（b） 各材の材端モーメント

図9.25 等分布荷重と集中荷重を同時に受ける連続梁の応力算定

9.3.4 簡便な不静定梁の算定方法

不静定梁の問題によっては，単純梁，片持ち梁のたわみとたわみ角に関する公式を上手に利用すると，たわみ角法を用いることなく応力が求められる。

⇨8.2.5参照

例題9.9 図9.24に示す等分布荷重を受ける不静定梁について，片持ち梁のたわみとたわみ角に関する公式のみを用いて，点Bの反力を求めなさい。

点Bの鉛直反力をV_Bとする。不静定梁の状態は，**図9.26**に示すように，片持ち梁に等分布荷重wと集中荷重V_Bが作用した二つの状態が重ね合ったものと考えることができる。

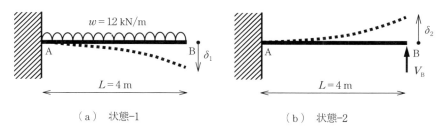

（a） 状態-1　　　　　　　　　　（b） 状態-2

図9.26 等分布荷重が作用する不静定梁の解法の考え方

状態1，2のときの片持ち梁先端のたわみは，与えられた公式を利用すると以下のようになる。ただし，曲げ剛性をEIとする。

⇨図8.14参照

$$\delta_1 = \frac{wL^4}{8EI}, \quad \delta_2 = -\frac{V_B L^3}{3EI}$$

点Bでの条件により，点Bで両者のたわみの和が0となる必要がある。

$$\delta_1 + \delta_2 = \frac{wL^4}{8EI} - \frac{V_B L^3}{3EI} = 0 \quad \rightarrow \quad V_B = \frac{3}{8}wL$$

これも適合条件の考え方を利用している。よって、$w = 12\,\text{kN·m}$, $L = 4\,\text{m}$ を代入すると、つぎの反力が得られる。

$$V_B = \frac{3}{8} \times 12 \times 4 = 18\,\text{[kN]}$$

これは、演習問題 9.1 の結果と一致する。応力は状態-1, 2 の結果を重ね合わせて求めることができる。

演習問題 9.3 図 9.27 に示す不静定梁について、集中荷重を受ける片持ち梁のたわみ、たわみ角に関する公式のみを用いて、点 B の反力を求めなさい。

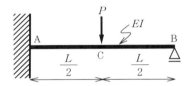

図 9.27 集中荷重を受ける不静定梁

9 章のポイント

「なんだか急に難しくなりましたね……！」

「そうだね。でも大丈夫。最初はたわみ角法の基本式を理解できなくても、とにかく解くだけ解いてみることが大切だよ。」

「単純梁の計算とイメージが全然違いますよね……！」

「たわみ角法で不静定構造物を解く場合、最初に得られるのが材端モーメントである点も注意が必要だね。最初に反力から求める静定構造物とはアプローチが異なるから注意が必要だよ。」

「あ、そっか！ ということは、材端モーメントと曲げモーメントの関係を理解しておくことが重要ですね！」

「そうだね。たわみ角法をしっかり理解して、正しく計算ができるようにしよう。」

「はい！」

10章
不静定ラーメンの応力と変形

5章で述べたように、ラーメンは柱と梁の一体効果によって、地震時の水平荷重などに抵抗することができるんだ。でも、静定ラーメンで基礎を支えている支点の一つがローラーだと、図10.1(a)に示すように荷重が作用するときに床がずれ落ちてしまって、建物としては使えないよね。

それはそうですよね……！

だから、図10.1(b)のような基礎が固定端となっているラーメンが、建築構造物として一般的に用いられるんだ。これまで学習した内容を受けて、ようやく建築構造物らしい不静定ラーメンの応力と変形を学ぶ準備ができたね。

いよいよですね！　わくわくします！　基本的には、9章で勉強したたわみ角法を使うんですよね!?

そのとおり。本章が構造力学の実質的な最終章になるけど、構造設計などに向けてもとても重要な内容になるから、頑張ろうね！

はい！

（a）静定ラーメン　　　　　　　　（b）不静定ラーメン

図10.1　静定ラーメンと不静定ラーメン

180   10．不静定ラーメンの応力と変形

10.1　節点移動のないラーメンの応力

10.1.1　たわみ角法による材端モーメントの算出

図 10.2（a）に示すような，梁の一端がピン支持のラーメンや鉛直荷重を受ける門形ラーメンでは，節点が動かない。一方，図（b）に示すようなケースでは，節点が移動する。前者を**節点移動のないラーメン**，後者を**節点移動のあるラーメン**と呼ぶ。最初に，節点移動のないケースを取り扱う。これは不静定梁のケースとまったく同じように，たわみ角法を利用することができる。

⇨9.3.1 参照

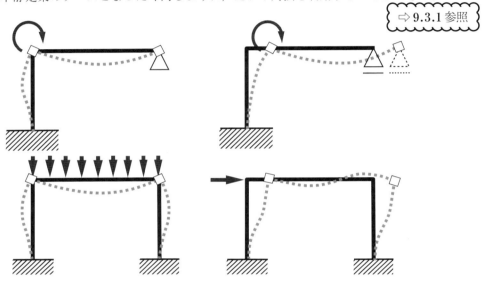

（a）節点移動のないラーメン　　　　（b）節点移動のあるラーメン

図 10.2　節点移動のないラーメンとあるラーメン

例題 10.1　図 10.3（a）に示す節点移動のない不静定ラーメンの材端モーメントを求めなさい。剛比は図中の□中の数値で与えられている。

① 固定端モーメントは BC 材のみで発生する。中間荷重のない AB 材には発生しない。

$$C_{BC} = -\frac{PL}{8} = -\frac{40 \times 4}{8} = -20 \,[\text{kN·m}], \quad C_{CB} = 20 \,[\text{kN·m}]$$

⇨図 9.11 参照

② 剛比はすでに $k_{AB}=1$，$k_{BC}=2$ で与えられている。

③ たわみ角法の基本式を立てる。この際，固定端の条件である $\varphi_A = 0$ をこの時点で入れてしまう。図 10.3（b）に材端モーメントのイメージを示す。

⇨9.2.6 参照

$$M_{AB} = k_{AB}(2\varphi_A + \varphi_B) + C_{AB} = \varphi_B \tag{10.1a}$$

$$M_{BA} = k_{AB}(2\varphi_B + \varphi_A) + C_{BA} = 2\varphi_B \tag{10.1b}$$

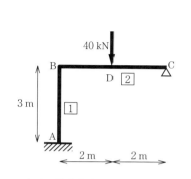
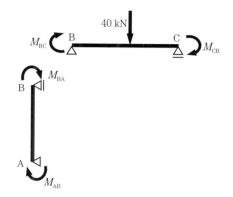

（a） 節点移動のない不静定ラーメン　　　（b） 材端モーメント

図 10.3　節点移動のない不静定ラーメンの応力算定

$$M_{BC} = k_{BC}(2\varphi_B + \varphi_C) + C_{BC} = 2(2\varphi_B + \varphi_C) - 20 \quad (10.1c)$$
$$M_{CB} = k_{BC}(2\varphi_C + \varphi_B) + C_{CB} = 2(2\varphi_C + \varphi_B) + 20 \quad (10.1d)$$

④　釣合い条件を考える。固定端の条件はすでに考慮されているので，点 B，C の**節点方程式**を用いる。　　⇨図 9.20 参照

点 B：$M_{BA} + M_{BC} = 0$ → $6\varphi_B + 2\varphi_C - 20 = 0$ （10.2a）

点 C：$M_{CB} = 0$ → $2\varphi_B + 4\varphi_C + 20 = 0$ （10.2b）

⑤　④の条件を利用して，未知の変数を求める。式 (10.2) より φ_B，φ_C が得られる。

$\varphi_B = 6$ 〔kN·m〕，　$\varphi_C = -8$ 〔kN·m〕

これらを式 (10.1) に代入すると，つぎのように材端モーメントが得られる。

$M_{AB} = \varphi_B = 6$ 〔kN·m〕

$M_{BA} = 2\varphi_B = 12$ 〔kN·m〕

$M_{BC} = 2(2\varphi_B + \varphi_C) - 20 = -12$ 〔kN·m〕

10.1.2　材端モーメントに基づく応力と反力の算定

たわみ角法による不静定ラーメンの応力算定では，最初に材端モーメントが得られ，それに基づき最初に曲げモーメント図が描ける。つぎに，せん断力図，軸力図，反力などを求める。これらは反力を算定してから応力図を求める静定ラーメンとはアプローチが異なる。せん断力は 4.5.2 項で示した方法と同様に，曲げモーメントの勾配から求められる。軸力や反力は，曲げモーメント図やせん断力図から求める。

例題 10.2　例題 10.1 で求めた図 10.3（b）の不静定ラーメンの材端モーメントから，曲げモーメント図，せん断力図，軸力図を作成し，反力を求めなさい。

182   10. 不静定ラーメンの応力と変形

梁，柱の曲げモーメントは，図10.3（b）の材端モーメントの図に示した単純梁から求めればよい。柱材では材端モーメント，梁材では集中荷重と材端モーメントによるM図を重ね合わせる。**図10.4**（a）に曲げモーメント図を示す。

せん断力は曲げモーメントの勾配より算定できる。 ⇨4.5.2参照

$$Q_{AB} = AB\text{間の}M\text{の勾配} = \frac{-12-6}{3} = -6 \,[\text{kN}]$$

$$Q_{BD} = BD\text{間の}M\text{の勾配} = \frac{34-(-12)}{2} = 23 \,[\text{kN}]$$

$$Q_{DC} = DC\text{間の}M\text{の勾配} = \frac{0-34}{2} = -17 \,[\text{kN}]$$

これより，固定端Aの水平反力 $H_A = 6\,\text{kN}$，モーメント反力 $M_A = 6\,\text{kN·m}$，点Cの鉛直反力 $V_C = 17\,\text{kN}$ が得られる。また Q_{BD} より $V_A = 23\,\text{kN}$，H_A より $H_C = 6\,\text{kN}$ が得られる。これから，軸力 $N_{AB} = -23\,\text{kN}$，$N_{BC} = -6\,\text{kN}$ がわかる。M図，Q図，N図，反力を図10.4にまとめて示す。

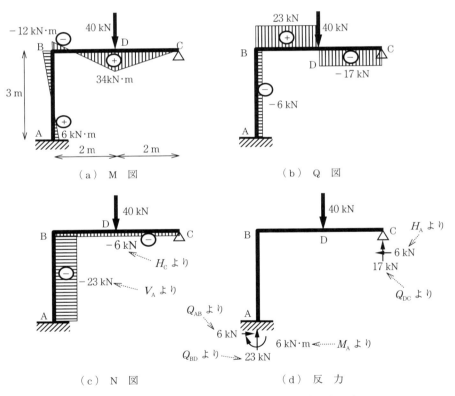

図10.4 節点移動のない不静定ラーメンの応力図と反力

例題 10.3 図10.5（a）に示す鉛直荷重を受ける門形ラーメンの応力を求めなさい。ただし，全部材のヤング係数と断面二次モーメントは同じとする。

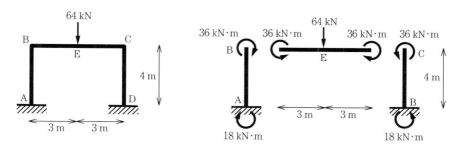

（a）鉛直荷重を受ける門形ラーメン　　　（b）材端モーメント

図 10.5 鉛直荷重を受ける門形ラーメンの応力算定

① 固定端モーメントは BC 材で発生する。

$$C_{BC} = -\frac{PL}{8} = -\frac{64 \times 6}{8} = -48 \text{ [k·Nm]}, \quad C_{CB} = 48 \text{ [k·Nm]}$$

② 剛度は I/L であり，E と I がすべて同じであるので，剛比は材長に逆比例する。$k_{BC} = 2$ とおくと，$k_{AB} = k_{CD} = 3$ となる。

③ たわみ角法の基本式を得る。この際に，固定端の条件である $\varphi_A = \varphi_D = 0$ を考慮する。

$$M_{AB} = 3\varphi_B, \quad M_{BA} = 3(2\varphi_B) = 6\varphi_B$$
$$M_{BC} = 2(2\varphi_B + \varphi_C) - 48 = 4\varphi_B + 2\varphi_C - 48, \quad M_{CB} = 2(2\varphi_C + \varphi_B) + 48 = 4\varphi_C + 2\varphi_B + 48$$
$$M_{CD} = 3(2\varphi_C) = 6\varphi_C, \quad M_{DC} = 3\varphi_C$$

④ 最初に，変形の逆対称条件より $\varphi_C = -\varphi_B$ を考慮すると次式を得る。

$$M_{BC} = 4\varphi_B - 2\varphi_B - 48 = 2\varphi_B - 48$$

つぎに点 B で節点方程式を立て，$M_{BA} + M_{BC} = 0$ を考慮すると

$$M_{BA} + M_{BC} = 6\varphi_B + 2\varphi_B - 48 = 0$$

これより，$\varphi_B = 6 \text{ kN·m}$ が得られる。

⑤ 以下のように材端モーメントが得られる。図10.5（b）に結果を示す。

$$M_{AB} = 18 \text{ [kN·m]}, \quad M_{BC} = -36 \text{ [kN·m]}, \quad M_{CD} = -36 \text{ [kN·m]}$$
$$M_{BA} = 36 \text{ [kN·m]}, \quad M_{CB} = 36 \text{ [kN·m]}, \quad M_{DC} = -18 \text{ [kN·m]}$$

⑥ 柱材では材端モーメント，梁材では集中荷重と材端モーメントによる M 図を重ね合わせる。最終的に得られる応力図を**図 10.6** に示す。

184   10. 不静定ラーメンの応力と変形

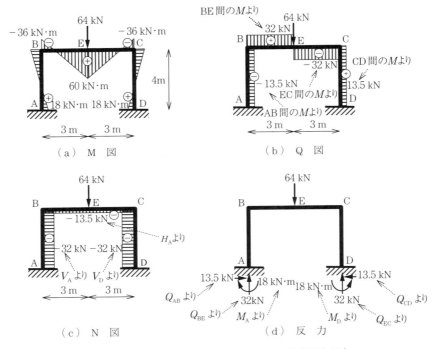

図 10.6　鉛直荷重を受ける門形ラーメンの応力図と反力

例題 10.4　図 10.7（a）に示すモーメント荷重を受ける不静定ラーメンの曲げモーメント図とせん断力図を描きなさい。ただし、剛比は図示した値とする。

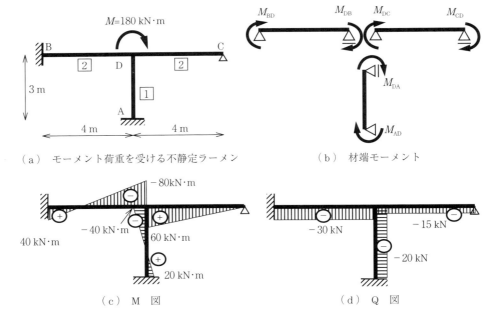

図 10.7　モーメント荷重を受ける不静定ラーメンの応力図

① このようなケースでは中間荷重はないため，固定端モーメントは発生しない。モーメント荷重は節点方程式で考慮する。

② 剛比は示されたとおり，$k_{AD}=1$，$k_{BD}=2$，$k_{CD}=2$ とする。

③ たわみ角法の基本式を得る。この際に，固定端の条件である $\varphi_A = \varphi_B = 0$ を考慮する。

$M_{AD} = \varphi_D$，　　$M_{BD} = 2\varphi_D$，　　$M_{CD} = 2(2\varphi_C + \varphi_D)$

$M_{DA} = 2\varphi_D$，　　$M_{DB} = 4\varphi_D$，　　$M_{DC} = 2(2\varphi_D + \varphi_C)$

④ 点 C，D で節点方程式を立てる。点 D にはモーメント荷重が作用しているため，「材端モーメントの和＝モーメント荷重」とする。

点 D：$M_{DA} + M_{DB} + M_{DC} = 180$

点 C：$M_{CD} = 0$

⑤ 図 10.7（b）に示す材端モーメントは，以下の式のように得られる。

$M_{AD} = 20$〔kN·m〕，　　$M_{BD} = 40$〔kN·m〕，　　$M_{CD} = 0$

$M_{DA} = 40$〔kN·m〕，　　$M_{DB} = 80$〔kN·m〕，　　$M_{DC} = 60$〔kN·m〕

⑥ 材端モーメントから M 図が得られる。せん断力は M 図の勾配より以下のように得られる。

$Q_{BD} = \dfrac{-80-40}{4} = -30$〔kN〕，　　$Q_{AD} = \dfrac{-40-20}{3} = -20$〔kN〕，　　$Q_{CD} = \dfrac{0-60}{4} = -15$〔kN〕

M 図と Q 図を図 10.7（c），（d）に示す。

演習問題 10.1　図 10.8 に示す等分布鉛直荷重を受ける門形ラーメンの応力を，たわみ角法を用いて求めなさい。ただし，全部材のヤング係数と断面二次モーメントは同じとする。

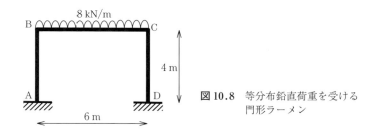

図 10.8　等分布鉛直荷重を受ける門形ラーメン

10.2　固定モーメント法

10.2.1　分配率と到達率

たわみ角法はある意味機械的な方法であるが，この結果を整理すると力の流れ方を上手に利用した応力算定が可能となる。

図 10.9（a）に示すモーメント荷重を受ける T 字型の不静定ラーメンの応力算定を通じ考えていく。剛比は図示した値とする。

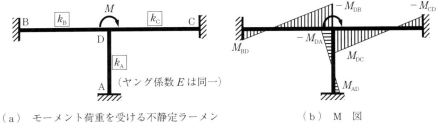

(a) モーメント荷重を受ける不静定ラーメン　　(b) M 図

図10.9 モーメント荷重を受ける不静定ラーメンの応力算定

例題10.4と類似しているが，点D以外は固定端となっている。このときのたわみ角法の基本式は以下の式で示される。

$$M_{DA} = k_A(2\varphi_D), \quad M_{AD} = k_A \varphi_D = \frac{M_{DA}}{2} \tag{10.3a}$$

$$M_{DB} = k_B(2\varphi_D), \quad M_{BD} = k_B \varphi_D = \frac{M_{DB}}{2} \tag{10.3b}$$

$$M_{DC} = k_C(2\varphi_D), \quad M_{CD} = k_C \varphi_D = \frac{M_{DC}}{2} \tag{10.3c}$$

点Dでの節点方程式を利用すると，φ_D が次式のように得られる。

$$M = M_{DA} + M_{DB} + M_{DC} = 2(k_A + k_B + k_C)\varphi_D \rightarrow \varphi_D = \frac{M}{2(k_A + k_B + k_C)}$$

これを式（10.3）に代入すると，材端モーメントが得られる。

$$M_{DA} = \frac{k_A}{k_A + k_B + k_C} M, \quad M_{AD} = \frac{M_{DA}}{2}$$

$$M_{DB} = \frac{k_B}{k_A + k_B + k_C} M, \quad M_{BD} = \frac{M_{DB}}{2}$$

$$M_{DC} = \frac{k_C}{k_A + k_B + k_C} M, \quad M_{CD} = \frac{M_{DC}}{2}$$

すなわち，モーメント荷重を与えた点Dでは，各部材に剛比の割合で材端モーメントに分配されることになる。この割合を**分配率**と呼ぶ。またその対となる固定端では，材端モーメントがさらに1/2となる。これを**到達率**と呼ぶ。またこのときの材端モーメントを**到達モーメント**と呼ぶ。図10.9（b）に曲げモーメント図を示す。

これらをまとめると，以下のようになる。

分配率，到達率のルール

① 分配率　：　剛比の割合でモーメント荷重を材端モーメントに分配する。

② 到達率　：　反対側の固定端で材端モーメントを1/2とする。

例題 10.5 図10.9（a）に示す不静定ラーメンで，点Dに作用するモーメント荷重がM＝180 kN·mである場合の材端モーメントを求めなさい。ただし，ヤング係数は同一とし，剛比は $k_A=1$, $k_B=2$, $k_C=2$ とする。

分配率を利用して点Dの材端モーメントを，到達率を用いて固定端の材端モーメントを求める。

$$M_{DA} = \frac{k_A}{k_A+k_B+k_C}M = \frac{1}{1+2+2}\times 180 = 36 \;[\text{kN·m}], \quad M_{AD} = \frac{1}{2}M_{DA} = 18 \;[\text{kN·m}]$$

$$M_{DB} = \frac{k_B}{k_A+k_B+k_C}M = \frac{2}{1+2+2}\times 180 = 72 \;[\text{kN·m}], \quad M_{BD} = \frac{1}{2}M_{DB} = 36 \;[\text{kN·m}]$$

$$M_{DC} = \frac{k_C}{k_A+k_B+k_C}M = \frac{2}{1+2+2}\times 180 = 72 \;[\text{kN·m}], \quad M_{CD} = \frac{1}{2}M_{DC} = 36 \;[\text{kN·m}]$$

10.2.2 有効剛比

図10.10（a）に示すように，点Cがローラー支持である場合はどうであろうか。

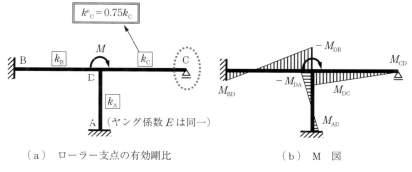

（a）ローラー支点の有効剛比　　　　（b）M 図

図 10.10 ローラー支点の有効剛比と応力図

式（10.3）のたわみ角法の基本式のうち，材 CD に関する式だけが異なる。

$$M_{DC} = k_C(2\varphi_D + \varphi_C) \tag{10.4a}$$
$$M_{CD} = k_C(2\varphi_C + \varphi_D) \tag{10.4b}$$

点Dの節点方程式 $M_{CD}=0$ より $\varphi_C = -0.5\varphi_D$ の関係が得られる。これを再び式（10.4）に代入すると，次式が得られる。

$$M_{DC} = k_C(2\varphi_D - 0.5\varphi_D) = 0.75k_C(2\varphi_D) \equiv k_C^e(2\varphi_D) \tag{10.5}$$

ここで，$k_C^e = 0.75 k_C$ となる。$M_{DC} = k_C^e(2\varphi_D)$ は式（10.3c）の最初の式と同じ形になり，k_C^e をいままでの剛比と同じように扱うことができる。k_C^e は**有効剛比**と呼ばれるものであり，これを利用することにより，いままでと同様に分配率を算定することができる。

点Cの材端モーメントは0であるので，到達率，到達モーメントは0となる。図10.10（b）にM図を示す。

188   10. 不静定ラーメンの応力と変形

点 C が自由端の場合は，CD 材はフリーとなるので，有効剛比 $k_C^e = 0$ となる。有効剛比に関する事項を以下にまとめる。

有効剛比のルール
① ピンもしくはローラー支点：材の剛比に 0.75 を掛ける
② 自由端の有効剛比は 0
③ 分配率の計算は有効剛比を利用
④ 到達モーメントは 0

例題 10.6　図 10.10（a）に示す不静定ラーメンで，点 D に作用するモーメント荷重が $M = 180$ kN·m である場合の材端モーメントを求めなさい。ただし，ヤング係数は同一とし，剛比は $k_A = 1$，$k_B = 2$，$k_C = 2$ とする。

CD 材の有効剛比は $k_C^e = 0.75 k_C = 1.5$ となる。よって，分配率を利用して点 D の材端モーメントを，到達率を用いて固定端の材端モーメントを求める。

$$M_{DA} = \frac{1}{1+2+1.5} M = \frac{1}{4.5} \times 180 = 40 \ [kN \cdot m], \qquad M_{AD} = \frac{1}{2} M_{DA} = 20 \ [kN \cdot m]$$

$$M_{DB} = \frac{2}{4.5} \times 180 = 80 \ [kN \cdot m], \qquad M_{BD} = \frac{1}{2} M_{DB} = 40 \ [kN \cdot m]$$

$$M_{DC} = \frac{1.5}{4.5} \times 180 = 60 \ [kN \cdot m], \qquad M_{CD} = 0$$

これは，例題 10.4 と同じ結果となる。

演習問題 10.2　図 10.11 に示す構造物について以下の問いに答えなさい。ただし，各部材の部材長と断面二次モーメントは図に示すとおりとし，ヤング係数は同一とする。

(1) 節点移動を考慮しないたわみ角法の基本式を用いて，材端モーメント M_{AB}，M_{BA}，M_{BC}，M_{CB} を求めなさい。

(2) 分配率，到達率を用いて，材端モーメント M_{AB}，M_{BA}，M_{BC}，M_{CB} を求めなさい。

(3) M 図，Q 図，N 図を描きなさい。

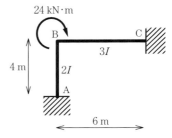

図 10.11　モーメント荷重を受ける不静定ラーメン

演習問題 10.3　図 10.12 に示す十字型ラーメンの材端モーメントを，有効剛比，分配率，到達率の考え方に基づき算定し，M 図を作成しなさい。ただし，剛比は図中の□内の数値で与えられている。柱の M 図の正方向は部材の右側とする。

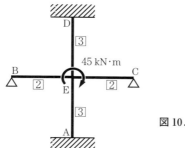

図 10.12　モーメント荷重を受ける十字型ラーメン

10.2.3　固定モーメント法

分配率，到達率の考え方を利用して，応力算定を行う方法が**固定モーメント法**である。その考え方を図 10.13（a）の問題を例に示す。最初に，図（b）に示すように，点 B を仮に固定端と考えた場合の問題を解く（状態-1）。このとき，点 B には節点が回転しないように抑えておくための固定端モーメントが発生する。しかしながら，実際には点 B にモーメント荷重が作用しているわけではない。これを**不釣合いモーメント**と呼ぶ。よって，これを解放するために図（c）に示すように，発生した固定端モーメントと逆向きの方向にモーメント荷重を与える（状態-2）。このモーメント荷重を**解放モーメント**と呼ぶ。状態-1 と状態-2 を重ね合わせることにより，最終の解を得る

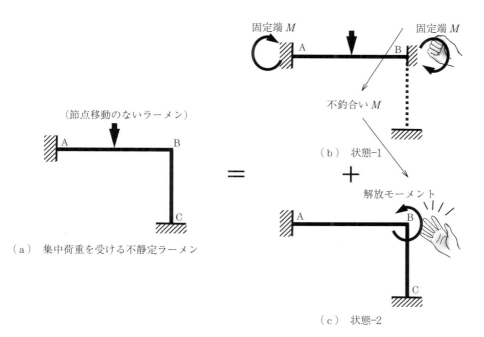

図 10.13　固定モーメント法の考え方

ことができる。状態-2 の応力を求める際に、先に学んだ分配率、到達率の考え方を利用することができる。

固定モーメント法による応力計算の流れを以下にまとめる。

> **固定モーメント法による応力計算の流れ**
> ① 各材を両端固定としたときの応力を求める。また、固定端モーメントを算定する。
> ② ①より不釣合いモーメントを算定する。
> ③ ②の反対向きを解放モーメントとして作用させ、このときの応力を求める。この際に分配率、到達率を利用して材端モーメントを算定する。
> ④ ①、③の応力状態を重ね合わせる。

例題 10.7 図 10.14(a)に示す不静定ラーメンの M 図を求めなさい。剛比は□で与えられた数値を利用する。

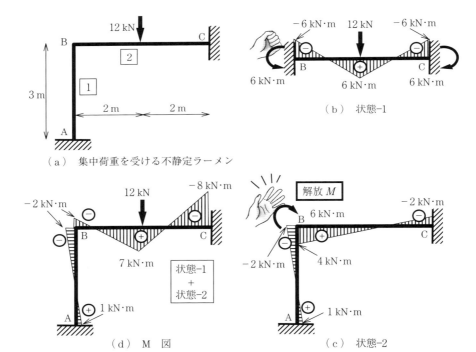

図 10.14 固定モーメント法による不静定ラーメンの応力算定

① 図 10.14(b)に示すように、材 BC の両端固定時の応力を求め、これを状態-1 とする。このときの点 B における固定端モーメントを算定する。

⇨ 9.2.4 参照

$$C_{BC} = -\frac{PL}{8} = -\frac{12\times 4}{8} = -6 \,[\mathrm{kN\cdot m}], \quad C_{CB} = 6 \,[\mathrm{kN\cdot m}]$$

② 点Bの不釣合いモーメントは反時計回りに6 kN·mとなる。よって，解放モーメントは点Bに時計回りで6 kN·mとなる。

③ 図10.14（c）に示すように，点Bに解放モーメントを作用させ応力を算定する。このときの材端モーメントは，分配率，到達率より以下の式となる。

$$M_{BC} = \frac{k_{BC}}{k_{AB}+k_{BC}}M = \frac{2}{1+2}\times 6 = 4 \,[\mathrm{kN\cdot m}], \quad M_{CB} = \frac{1}{2}M_{BC} = 2 \,[\mathrm{kN\cdot m}]$$

$$M_{BA} = \frac{k_{AB}}{k_{AB}+k_{BC}}M = \frac{1}{1+2}\times 6 = 2 \,[\mathrm{kN\cdot m}], \quad M_{AB} = \frac{1}{2}M_{BA} = 1 \,[\mathrm{kN\cdot m}]$$

これを状態-2とする。

④ 最後に図10.14（d）に示すように，状態-1と状態-2を重ね合わせてM図を求める。

たわみ角法では**図10.15**（a）に示すように単純梁の中間荷重による応力と，材端モーメントによる応力を重ね合わせていた。しかしながら固定モーメント法では，図（b）に示すように，両端固定梁の応力と解放モーメントによる応力を重ね合わせることになる。いずれも同じ重ね合わせの原理を利用しているが，両者の考え方の違いに注意する必要がある。

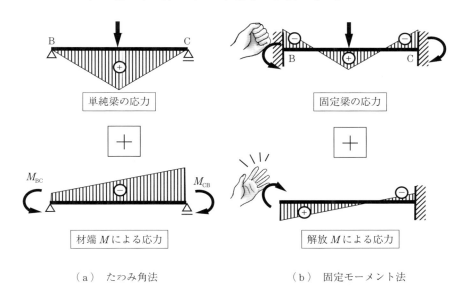

（a）　たわみ角法　　　　　　　　　（b）　固定モーメント法

図10.15　応力の重ね合わせの考え方の違い

10.2.4　複数の部材からの不釣合いモーメント

複数の部材に中間荷重が作用するときは，**図10.16**に示すように，複数の部材で発生する固定端モーメントの総和を不釣合いモーメントとする。

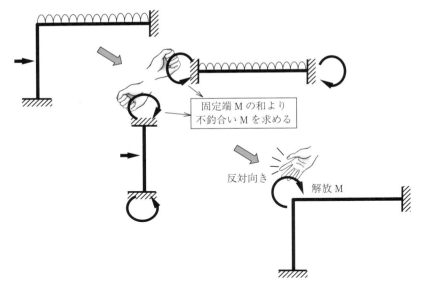

図 10.16 複数の部材に中間荷重が作用するときの解放モーメント

例題 10.8　図 10.17（a）に示す不静定ラーメンを固定モーメント法で解く場合に，点 D に作用させる解放モーメントを求めなさい。

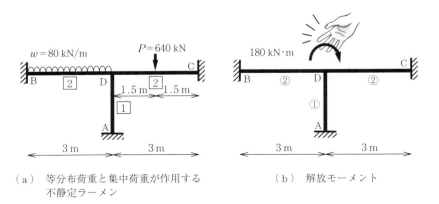

（a）等分布荷重と集中荷重が作用する不静定ラーメン

（b）解放モーメント

図 10.17　解放モーメントの計算例

材 BD，CD を両端固定梁と仮定したときに，点 D に生じる固定端モーメントを求める。

$$C_{DB} = \frac{wL^2}{12} = \frac{80 \times 3^2}{12} = 60 \ [kN \cdot m]$$

$$C_{DC} = -\frac{PL}{8} = -\frac{640 \times 3}{8} = -240 \ [kN \cdot m]$$

よって，不釣合いモーメントは次式となる。

$$C_{DB} + C_{DC} = 60 - 240 = -180 \ [kN \cdot m]$$

解放モーメントは図10.17（b）に示すように，点Dの時計回りに作用させることになる。解放モーメントによる材端モーメントは，例題10.4と同じ結果となる。全体の曲げモーメントは，図（b）の状態と中間荷重を受ける材BD，CDをそれぞれ両端固定梁と仮定したときの状態を重ね合わせて求める。

例題 10.9 図10.17（a）に示す不静定ラーメンで，材ADで曲げモーメントが発生しないようにする，材CDへの集中荷重Pを求めなさい。

点Dの不釣合いモーメントが0となれば，材ADに曲げモーメントは発生しない。材BDの点Dに生じる固定端モーメントは$C_{DB}=60$ kN·m，材CDの点Dに生じる固定端モーメントは$C_{DC}=-PL/8$ kN·mであるので，以下のように求められる。

$$60-\frac{PL}{8}=0 \quad \rightarrow \quad P=\frac{8\times 60}{3}=160 \text{ [kN]}$$

演習問題 10.4 図10.18に示すラーメンで，柱AE材に曲げモーメントが生じないようにするための，点Dへの集中荷重P_Dを求めなさい。

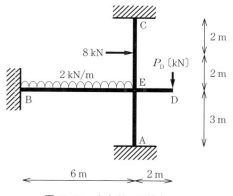

図10.18 十字型の不静定ラーメン

10.3 節点移動のあるラーメン

10.3.1 たわみ角法の基本式

図10.2（b）に示した節点移動のあるラーメンの応力算定を学ぶ。地震力のような水平荷重を受ける門形ラーメンのケースがこれに相当する。国内の多くの建物がラーメン構造であり，また，地震力が主な荷重であることを考えると，この応力算定法を理解することはきわめて重要である。最初に，節点移動のあるケースでのたわみ角法の基本式について述べる。いままでと一体なにが違うのであろうか。

図 10.19（a）の例に示す節点移動のあるケースでは，図（b）に示すように，節点角のほかに変形前後の材軸のなす角である**部材角** R の影響が式に加わる。柱の長さを H とすると，このときのラーメンの変形 δ は RH となる。節点角 θ と部材角 R の違いを図（b）で確認してほしい。

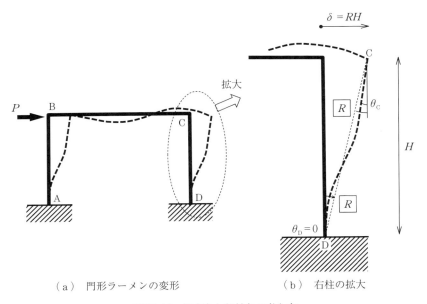

（a）門形ラーメンの変形　　（b）右柱の拡大

図 10.19　節点角と部材角の考え方

たわみ角法の基本式でこの部材角 R の影響を考慮する必要があるが，それほど難しいものではない。**図 10.20** に示すように，点 AB 間で部材角 R が発生するケースを考える。

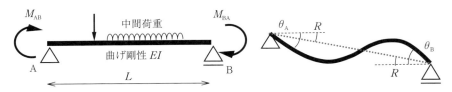

図 10.20　節点移動を考慮したたわみ角法の基本式

この場合，節点角から部材角を引く，すなわち $\theta_A \to \theta_A - R$，$\theta_B \to \theta_B - R$ と置き換えるだけで，いままで用いてきたたわみ角法の基本式をそのまま利用することができる。この変換を式 (9.8) に当てはめる。

$$M_{AB} = \frac{2EI}{L}\left[2(\theta_A - R) + (\theta_B - R)\right] + C_{AB} = \frac{2EI}{L}(2\theta_A + \theta_B - 3R) + C_{AB} \tag{10.6a}$$

$$M_{BA} = \frac{2EI}{L}\left[2(\theta_B - R) + (\theta_A - R)\right] + C_{BA} = \frac{2EI}{L}(2\theta_B + \theta_A - 3R) + C_{BA} \tag{10.6b}$$

式 (10.6a) で $(2\theta_A + \theta_B)$ の内容が $(2\theta_A + \theta_B - 3R)$ に代わったものとなる。

これを式 (9.14)，式 (9.15) のように剛比 k を用いた表現にすると，つぎに示す**節点移動を考慮したたわみ角法の基本式**が得られる。

節点移動を考慮したたわみ角法の基本式

$$M_{AB} = k(2\varphi_A + \varphi_B + \psi) + C_{AB} \quad (10.7a)$$
$$M_{BA} = k(2\varphi_B + \varphi_A + \psi) + C_{BA} \quad (10.7b)$$

ここで

$$\varphi_A = 2EK_0\theta_A, \quad \varphi_B = 2EK_0\theta_B, \quad \psi = -6EK_0R \quad (10.7c)$$

である。

式 (9.15) の節点移動のない式に部材角 R を表す ψ の項が加わった形となっている。φ_A, φ_B, ψ は節点角 θ_A, θ_B と部材角 R をモーメントのオーダーとなるように，変換したものである。C_{AB}, C_{BA} は式 (9.9) の固定端モーメントである。

10.3.2 水平力を受ける門形ラーメン

節点移動がないケースでは，力の釣合いとして節点での材端モーメントの和が 0 となる節点方程式が与えられていた。水平力を受ける門形ラーメンのように，節点移動があるケースではこれに水平荷重と柱のせん断力が釣り合う条件を加える必要がある。図 10.21 に示す状態を考えると，柱材のせん断力と材端モーメントは，以下の関係となる。

$$Q_{AB} = -\frac{M_{AB} + M_{BA}}{H}, \quad Q_{CD} = -\frac{M_{CD} + M_{DC}}{H} \quad (10.8)$$

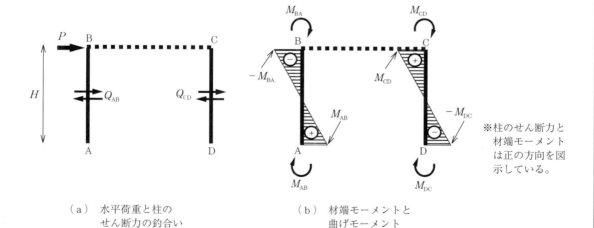

（a） 水平荷重と柱の
　　　せん断力の釣合い

（b） 材端モーメントと
　　　曲げモーメント

※柱のせん断力と
　材端モーメント
　は正の方向を図
　示している。

図 10.21 水平荷重とせん断力の釣合い

ここで，H は柱材の高さである。せん断力と水平荷重の釣合い $Q_{AB} + Q_{CD} = P$ に式 (10.8) を代入すると，つぎの水平荷重と柱の材端モーメントの関係式が得られる。

$$-\frac{M_{AB} + M_{BA}}{H} - \frac{M_{CD} + M_{DC}}{H} = P$$

$$\therefore PH + M_{AB} + M_{BA} + M_{CD} + M_{DC} = 0 \qquad (10.9)$$

これは**層方程式**もしくは**せん力方程式**と呼ばれる。1層の門形ラーメンの場合，水平荷重がそのまま柱のせん断力の総和と釣り合う。これを**層せん断力**と呼ぶ。

水平力を受ける門形ラーメンの応力は，節点移動のあるたわみ角法の基本式を用いて計算することができる。

例題 10.10 図 10.22（a）に示す水平力を受ける門形ラーメンの応力を求めなさい。ただし，梁や柱の軸方向の変形はないものと考える。

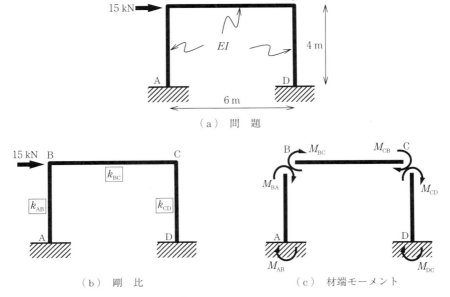

図 10.22 水平荷重を受ける門形ラーメン

手順は 10.2 節で示した流れとほぼ同じである。

① 中間荷重による固定端モーメントはない。

② ヤング係数 E，断面二次モーメント I は同じであるので，図 10.22（b）に示す剛比は材長に反比例となる。

$$k_{AB} = k_{CD} = 3, \qquad k_{BC} = 2$$

③ 式（10.7）より，たわみ角法の基本式を作る。この際，図 10.23 に示す変形状態を考える。

（a） 点 A，D は固定端であるので，$\varphi_A = \varphi_D = 0$

（b） 柱材 AB，CD の部材角 R_{AB}，R_{CD} は変形の対称性から同じとなる。よって，$\psi_{AB} = \psi_{CD} = \psi$ とする。

（c） 梁材 BC の部材角は 0 である。また，節点角 θ_B，θ_C は変形の対称性から同じとなるので，$\varphi_B = \varphi_C$ となる。

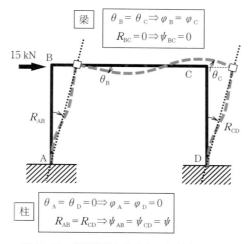

図10.23 変形状態と節点角，部材角の関係

これらを考慮すると，次式のたわみ角法の基本式が得られる。

$$M_{AB} = 3(2\varphi_A + \varphi_B + \psi_{AB}) + C_{AB} = 3\varphi_B + 3\psi \tag{10.10a}$$

$$M_{BA} = 6\varphi_B + 3\psi \tag{10.10b}$$

$$M_{BC} = 2(2\varphi_B + \varphi_C + \psi_{BC}) + C_{BC} = 6\varphi_B \tag{10.10c}$$

$$M_{CB} = 6\varphi_B \tag{10.10d}$$

$$M_{CD} = 3(2\varphi_C + \varphi_D + \psi_{CD}) + C_{CD} = 6\varphi_B + 3\psi \tag{10.10e}$$

$$M_{DC} = 3\varphi_B + 3\psi \tag{10.10f}$$

④ 釣合い条件を考える。点 B の節点方程式は次式となる。

$$M_{BA} + M_{BC} = 0 \tag{10.11a}$$

また，式 (10.9) の層方程式を利用すると，次式が得られる。

$$15 \times 4 + M_{AB} + M_{BA} + M_{CD} + M_{DC} = 0 \tag{10.11b}$$

⑤ ④の釣合い条件を利用して，未知の変数を求める。式 (10.10) を式 (10.11) に代入すると，次式が得られる。

$$12\varphi_B + 3\psi = 0$$

$$60 + 18\varphi_B + 12\psi = 0$$

この結果，$\varphi_B = 2\,\mathrm{kN\cdot m}$，$\psi = -8\,\mathrm{kN\cdot m}$ が得られる。これをたわみ角法の基本式に代入して，図 10.22 (c) に示すすべての材端モーメントを求めることができる。

$$M_{AB} = M_{DC} = -18\;[\mathrm{kN\cdot m}]$$

$$M_{BA} = M_{CD} = -12\;[\mathrm{kN\cdot m}]$$

$$M_{BC} = M_{CB} = 12\;[\mathrm{kN\cdot m}]$$

⑥ ⑤で得られた材端モーメントから**図 10.24**（a）に示す M 図が得られる。またこれから各材のせん断力もつぎのように得られる。

$$Q_{AB}=Q_{CD}=\frac{12-(-18)}{4}=7.5\,[\text{kN}], \quad Q_{BC}=\frac{-12-12}{6}=-4\,[\text{kN}]$$

柱材の軸力は梁材BCのせん断力から得られ，$N_{AB}=4\,\text{kN}$，$N_{DC}=-4\,\text{kN}$となる．図（b），（c）にQ図，N図を反力とともに示す．

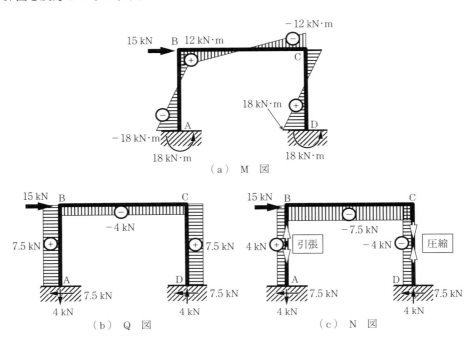

図10.24 水平荷重を受ける門形ラーメンの応力図

つぎのケースでより一般的な問題を考える．

例題 10.11 図10.25に示す門形ラーメンの柱の曲げモーメント求めなさい．ただし，柱の剛比を1，梁の剛比をk_bとしなさい．

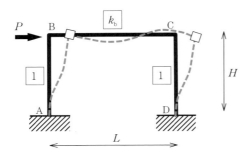

図10.25 水平荷重を受ける門形ラーメンの一般的なケース

① 中間荷重による固定端モーメントはない．
② 剛比は$k_{AB}=k_{CD}=1$，$k_{BC}=k_b$に指定されている．

③ 先に用いた変形状態を考慮し，たわみ角法の基本式が得られる．

$M_{AB} = \varphi_B + \psi$

$M_{BA} = 2\varphi_B + \psi$

$M_{BC} = k_b(2\varphi_B + \varphi_C) = 3k_t\varphi_B$

$M_{CB} = k_b(2\varphi_C + \varphi_B) = 3k_t\varphi_B$

$M_{CD} = 2\varphi_C + \psi = 2\varphi_B + \psi$

$M_{DC} = \varphi_C + \psi = \varphi_B + \psi$

④ 点Bの節点方程式と層方程式は次式となる．

$M_{BA} + M_{BC} = 0$

$PH + M_{AB} + M_{BA} + M_{CD} + M_{DC} = 0$

⑤ ④から，次式が得られる．

$(3k_b + 2)\varphi_B + \psi = 0, \qquad PH + 6\varphi_B + 4\psi = 0$

節点角 φ_B と部材角 ψ が次式のようになる．

$$\varphi_B = \frac{1}{12k_b + 2}PH, \qquad \psi = -\frac{3k_b + 2}{12k_b + 2}PH \tag{10.12}$$

これより材端モーメントが得られる．

$$M_{AB} = M_{DC} = \varphi_B + \psi = \frac{1}{12k_b + 2}PH - \frac{3k_b + 2}{12k_b + 2}PH = -\frac{3k_b + 1}{12k_b + 2}PH \tag{10.13a}$$

$$M_{BA} = M_{CD} = 2\varphi_B + \psi = \frac{2}{12k_b + 2}PH - \frac{3k_b + 2}{12k_b + 2}PH = -\frac{3k_b}{12k_b + 2}PH \tag{10.13b}$$

⑥ 上記で得られた材端モーメントから，柱材ABの曲げモーメントが得られる．

$$M_A = M_{AB} = -\frac{3k_b + 1}{12k_b + 2}PH, \qquad M_B = -M_{BA} = \frac{3k_b}{12k_b + 2}PH$$

柱の剛比を1，梁の剛比を k_b としたときの曲げモーメントから，門形ラーメンの応力を調べる．柱のせん断力を式 (10.8)，(10.13) より求めると次式となる．

$$Q_{AB} = -\frac{M_{AB} + M_{BA}}{H} = -\frac{-\dfrac{3k_b + 1}{12k_b + 2}PH - \dfrac{3k_b}{12k_b + 2}PH}{H} = \frac{P}{2} \tag{10.14}$$

梁の剛比 k_b にかかわらず，柱のせん断力は水平荷重 P の1/2となる．これは水平荷重を柱2本で均等に分担することを意味する．例題10.10でも同じ結果となっている．

また式 (10.14) より次式が成立する．

$$-M_{AB} - M_{BA} = Q_{AB}H \tag{10.15}$$

柱上下の材端モーメントの総和（の絶対値）は，せん断力×階高で決定される．

水平力を受ける門形ラーメンの応力の特徴はつぎのようにまとめられる．

> **水平力を受ける門形ラーメンの応力の特徴**
> ① 左右の柱のせん断力の和は水平荷重と一致する。$Q_{AB} + Q_{CD} = P$
> ② 柱上下の材端モーメントの総和（の絶対値）は，せん断力×階高と一致する。$-M_{AB} - M_{BA} = Q_{AB}H$
> ③ 左右の柱の軸力は，片側が引張，もう一方が圧縮となる。

ポイント

10.3.3 反曲点

例題 10.11 の結果を利用して，梁の剛性により柱上下の材端モーメントがどのように変化するかを調べる。梁が極度に軟らかい場合，すなわち $k_b \to 0$ の場合は，式 (10.13) より，柱の曲げモーメントは以下となる。

$$M_{AB} = -\frac{PH}{2}, \quad M_{BA} = 0$$

一方，梁が極度に硬い場合，すなわち $k_b \to \infty$ の場合は，以下となる。

$$M_{AB} = -\frac{PH}{4}, \quad M_{BA} = -\frac{PH}{4}$$

これらの状態を**図 10.26** に示す。柱 1 本当りのせん断力は同じであるので，柱上下の材端モーメントの総和は一定となる。

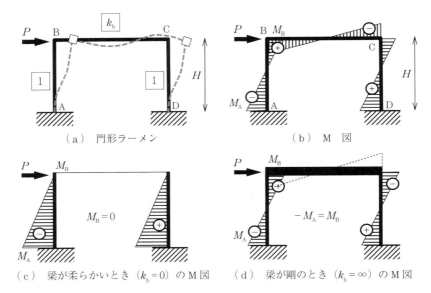

図 10.26 梁の剛比による水平荷重を受ける門形ラーメンの応力

柱上下の材端モーメントの大きさは梁の剛比 k_b によって変化し，柱の曲げモーメントが 0 となる点が，柱中央から柱頭の間にあることがわかる。**図 10.27**（a）に示すように門形ラーメンが変形する状態で，図（b）に示すような柱の曲げモーメントが 0 となる点を**反曲点**と呼び，柱脚から

の高さを**反曲点高さ**という。反曲点高さを柱の長さ H で割った値を，**反曲点高比** y と呼ぶ。例題 10.11 の結果を利用すると，反曲点高比 y は次式で得られる。

$$y = \frac{M_{AB}}{M_{AB} + M_{BA}} = \frac{3k_b + 1}{6k_b + 1} \tag{10.16}$$

$k_b \to 0$ の場合は $y = 1$，$k_b \to \infty$ の場合は $y = 0.5$ となるので，柱脚固定の 1 階柱ではつねに $0.5 \leq y \leq 1$ となる。

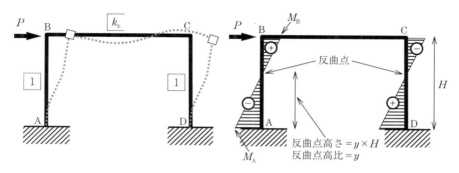

（a）門形ラーメンの変形図　　　（b）柱の曲げモーメント図

図 10.27　柱の曲げモーメントの反曲点

例題 10.12　例題 10.10 で検討した図 10.22 (a) に示す不静定ラーメンについて，反曲点高比 y を求めなさい。

柱の剛比を 1 としたときの梁の剛比は $k_b = 2/3$ となるので，式 (10.16) より以下のように求められる。

$$y = \frac{3k_b + 1}{6k_b + 1} = \frac{2 + 1}{4 + 1} = 0.6$$

10.3.4　反曲点高比に基づく応力算定

柱の剛比を 1 としたときの梁の剛比 k_b が与えられれば，式 (10.16) の反曲点高比と式 (10.15) の関係式より柱の材端モーメント M_{AB}，M_{BA} が求められることになる。すなわち，たわみ角法を利用することなく，反曲点高比 y のみから門形ラーメンの応力状態を算定することができる。いくつかの反曲点高比によって，M 図がどのように変化するかを**図 10.28** に示す。

この結果を利用して，不静定ラーメンの応力を以下の流れで算定することができる。

反曲点高比に基づく不静定ラーメンの応力算定

① 各柱の負担せん断力を求める。
② 柱上下の材端モーメントの総和を求める。
③ 与えられた反曲点高比から，柱頭と柱脚の材端モーメントを求める。
④ 柱頭と柱脚の材端モーメントから，柱と梁の曲げモーメント，せん断力，軸力を求める。

ポイント

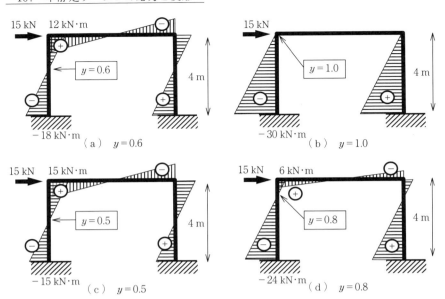

図10.28 反曲点高比 y と M 図

例題 10.13 例題 10.10 で検討した図 10.22（a）に示す不静定ラーメンについて，例題 10.12 で得られた反曲点高比 y を用いて，材端モーメントを求めなさい。

① 柱材 AB の負担せん断力は $Q_{AB}=P/2=7.5$ kN となる。
② 柱上下の材端モーメントの総和は式 (10.15) より，次式で得られる。
 $-M_{AB}-M_{BA}=Q_{AB}H=7.5\times 4=30$〔kN·m〕
③ 反曲点比 $y=0.6$ であるので，M_{AB}，M_{BA} を y の比で分配する。すなわち，$M_{AB}:M_{BA}=0.6:0.4$ であるので，つぎのように材端モーメントが得られる。
 $M_{AB}=-18$〔kN·m〕
 $M_{BA}=-12$〔kN·m〕
④ 梁の材端モーメントは，節点方程式 $M_{BA}+M_{BC}=0$ より，つぎのように得られる。
 $M_{BC}=-M_{BA}=12$〔kN·m〕

たわみ角法を用いることなく，簡単に材端モーメントを計算することができた。これより曲げモーメントやせん断力，軸力，反力も求めることができる。

　反曲点高比 y を用いた応力算定のアプローチはしばしば用いられる。水平荷重に対する部材応力算定法として知られる**武藤の D 値法**では，各柱の負担せん断力の割合，反曲点高比 y が簡易式により与えられ，上記のような手順で柱上下端の材端モーメント，柱，梁の応力が求められる。この方法はたわみ角法のような機械的な方法ではなく，実際の力の流れをイメージしやすい方法である。

演習問題 10.5

図 10.29 に示す水平力が作用しているラーメンの柱の反曲点高比 y が 0.8 であった。このときの曲げモーメント図とせん断力図を示しなさい。

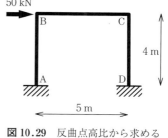

図 10.29 反曲点高比から求めるラーメンの応力

10.4 水平荷重を受ける門形ラーメンの層剛性と層間変位

10.4.1 片持ち梁から求める層剛性と層間変位

8 章で学んだ片持ち梁のたわみを用いて，門形ラーメンの変形を考える。図 10.30 に示す曲げ剛性 EI，材長 L の片持ち梁の先端に，集中荷重 P を加える。

⇨ 図 8.14 参照

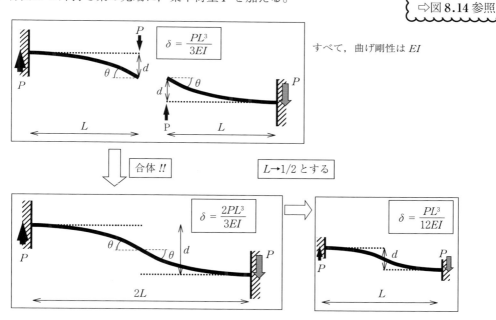

図 10.30 片持ち梁と両端固定梁の関係

このときのたわみは，$\delta = PL^3/3EI$ となる。これを 2 本で合体すると，材長 $2L$ の両端固定端となっている梁の変形状態が $\delta = 2PL^3/3EI$ で得られる。この状態で材長を 1/2 倍すると，材長の両端固定端となっている梁の変形状態が次式で得られる。

$$\delta = \frac{2P\left(\dfrac{L}{2}\right)^3}{3EI} = \frac{PL^3}{12EI} \tag{10.17}$$

これを 90° 回転させ柱の状態で考えたのが，図 10.31 である。

204　　10. 不静定ラーメンの応力と変形

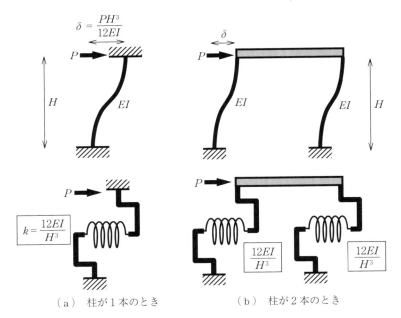

図 10.31 柱の変形とばね定数

図 10.31（a）のように，両端を固定した状態で，水平荷重 P を与えたときの水平変位は，柱の長さを H とすると次式で得られる。

$$\delta = \frac{PH^3}{12EI} \tag{10.18}$$

このときの柱 1 本の**ばね定数** k は，力と変形の関係より次式から得られる。

$$k = \frac{P}{\delta} = \frac{12EI}{H^3} \tag{10.19}$$

つぎに，図 10.31（b）のように，柱を 2 本にした門形ラーメンを考える。ただし，ここでは梁は剛（$k_b = \infty$）と仮定し，柱に作用する軸力やせん断力による変形もないものと仮定する。すると，式（10.19）のばねが 2 本並列につながっているのと同じ状態になることから，ばね定数は 2 倍となる。層のばねの値 k_S をラーメンの**層剛性**または**水平剛性**と呼び，次式で表す。

$$k_S = 2k = \frac{24EI}{H^3} \tag{10.20}$$

このときの水平荷重 P に対する変位は**層間変位** δ_S と呼ばれ，次式で得られる。

$$\delta_S = \frac{P}{k_S} = P \div \frac{24EI}{H^3} = \frac{PH^3}{24EI} \tag{10.21}$$

より複雑な構造についても，このような考え方で層剛性を計算し，層間変位を計算することができる。

例題 10.14　図 10.32 に示すラーメンについて，層剛性 k_S と層間変位 δ_S を求めなさい。

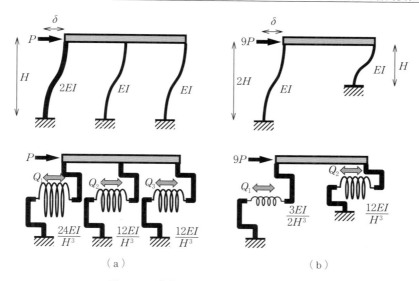

図 10.32 複雑なラーメンの変形とばね定数

図 10.32（a）では，3本の柱があるが，うち1本の曲げ剛性が他の2倍となっている。この場合の層剛性は，つぎのように得られる。

$$k_S = \frac{12(2E)I}{H^3} + \frac{12EI}{H^3} + \frac{12EI}{H^3} = \frac{48EI}{H^3}$$

よって，層間変位は次式となる。

$$\delta_S = \frac{P}{k_S} = \frac{PH^3}{48EI}$$

図 10.32（b）では，2本の柱のうち1本の材長が長い。この場合の層剛性 k_S は，つぎのように得られる。

$$k_S = \frac{12EI}{(2H)^3} + \frac{12EI}{H^3} = \frac{27EI}{2H^3}$$

よって，水平荷重 $9P$ を与えたときの層間変位は次式となる。

$$\delta_S = \frac{9P}{\frac{27EI}{2H^3}} = \frac{2PH^3}{3EI}$$

10.4.2　柱の負担せん断力

図 10.31（b）に示す門形ラーメンで，柱1本が負担するせん断力を求める。せん断力はばね定数と変形の掛け算で求められるので，式（10.21）より次式となる。

$$Q_1 = k_1 \delta = \frac{12EI}{H^3} \times \frac{PH^3}{24EI} = 0.5P \tag{10.22}$$

すなわち，負担せん断力は水平荷重の半分となる。

例題 10.14 の図 10.32 に示すラーメンについて，各柱が負担するせん断力を求めると，図（a）では，次式のように求められる。

$$Q_1 = k_1\delta = \frac{24EI}{H^3} \times \frac{PH^3}{48EI} = 0.5P$$

$$Q_2 = Q_3 = \frac{12EI}{H^3} \times \frac{PH^3}{48EI} = 0.25P$$

すなわち,各柱が負担するせん断力は水平荷重をばね定数の比で分配した数値となる。

同様にして,図10.32(b)では,二つのばね定数の比が1:8であるので,次式のようになる。

$$Q_1 = \frac{9P}{9} = P, \quad Q_2 = 8P$$

この水平荷重の分担は,9.2.6項で示したように剛比に応じてモーメント荷重が分配されるのと同じ仕組みである。

10.4.3 たわみ角法から求める層剛性と層間変位

節点移動を考慮したたわみ角法の基本式から,変形を求めることができる。例題10.11の図10.25に示す門形ラーメンで調べてみよう。このラーメンの梁の剛比はk_bであり,梁が剛である必要はない。部材角ψは,式(10.12)ですでに得られている。

$$\psi = -\frac{3k_b+2}{12k_b+2}PH \tag{10.23}$$

また,部材角Rは式(10.7c)より

$$R = -\frac{1}{6EK_0}\psi \tag{10.24}$$

となる。柱の剛比を1としているので,標準剛度K_0は柱の剛度I_C/Hとなる。ここで,I_Cは柱の断面二次モーメントである。門形ラーメンの層間変位δ_Sは,図10.19に示すように部材角Rに階高Hを掛けて得られる。

$$\delta_S = RH = \left(-\frac{1}{6E \times \frac{I_C}{H}}\right) \times \left(-\frac{3k_b+2}{12k_b+2}PH\right) \times H = \frac{PH^3}{6EI_C}\frac{3k_b+2}{12k_b+2} \tag{10.25}$$

ラーメンの層剛性k_Sはつぎのように求められる。

$$k_S = \frac{P}{\delta_S} = \frac{6EI_C}{H^3}\frac{12k_b+2}{3k_b+2} \tag{10.26}$$

例題10.15 図10.25に示す門形ラーメンで,梁が剛の場合にラーメンの層剛性が式(10.20)で得られた結果と同じとなることを示しなさい。

式(10.26)で$k_b \to \infty$とすると

$$k_S(k_b \to \infty) \to \frac{6EI_C}{H^3} \times \frac{12k_b}{3k_b} = \frac{24EI_C}{H^3}$$

となり,式(10.20)と一致する。

10.4 水平荷重を受ける門形ラーメンの層剛性と層間変位

例題 10.16 図 10.25 に示す門形ラーメンで，梁の剛比が柱と同じである場合，梁が剛の場合に比べ，ラーメンの層間変位がどの程度大きくなるかを示しなさい。

式 (10.25) で $k_b \to \infty$ と $k_b = 1$ の δ_S の比を取ればよい。

$$\delta_S(k_b \to \infty) \to \frac{PH^3}{6EI_C} \times \frac{3}{12} = \frac{1}{4} \times \frac{PH^3}{6EI_C}$$

$$\delta_S(k_b = 1) = \frac{5}{14} \times \frac{PH^3}{6EI_C}$$

$PH^3/(6EI_C)$ の係数は共通であるので，以下の倍率が得られる。

$$\frac{\delta_S(k_b = 1)}{\delta_S(k_b \to \infty)} = \frac{5}{14} \div \frac{1}{4} = \frac{10}{7} \fallingdotseq 1.43$$

梁がたわむことにより，ラーメンの層間変位が 1.43 倍大きくなる。

例題 10.17 図 10.33 に示す門形ラーメンの層剛性 k_S を求めなさい。ただし，梁のスラブ効果による断面二次モーメントの割増係数を 3.0 とし，ヤング係数は $E = 2.0 \times 10^4 \, \text{N/mm}^2$ とする。柱の軸変形，せん断変形は考えないものとする。

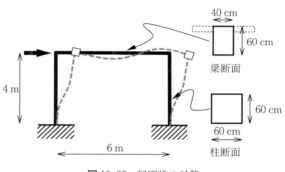

図 10.33 層剛性の計算

梁，柱の断面二次モーメント I_G, I_C は以下となる。

$$I_G = \frac{40 \times 60^3}{12} \times 3.0 (\text{スラブ効果}) = 2.16 \times 10^6 \, [\text{cm}^4]$$

$$I_C = \frac{60 \times 60^3}{12} = 1.08 \times 10^6 \, [\text{cm}^4]$$

柱の剛比を 1 とすると，梁の剛比は $k_b = 4/3$ となる。式 (10.26) で $H = 4$ m，$I_C = 1.08 \times 10^6$ cm^4 = 1.08×10^{-2} m^4，$E = 2.0 \times 10^4$ N/mm^2 = 2.0×10^7 kN/m^2 を代入して，ラーメンの層剛性 k_S を求める。

$$k_S = \frac{6EI_C}{H^3} \frac{12k_b + 2}{3k_b + 2} = \frac{6 \times 2.0 \times 10^7 \times 1.08 \times 10^{-2}}{4^3} \times \frac{12 \times \left(\frac{4}{3}\right) + 2}{3 \times \left(\frac{4}{3}\right) + 2}$$

$$= 6.075 \times 10^4 \, [\text{kN/m}]$$

208 　10. 不静定ラーメンの応力と変形

演習問題 10.6　図 10.34 に示すラーメンの層剛性と，水平荷重が作用するときの層間変位 δ_S を求めなさい。柱断面は 60 cm 角の正方形とし，ヤング係数は $E = 2.0 \times 10^4 \, \text{N/mm}^2$ とする。ただし，梁や床は十分に剛性が大きいと仮定し，柱の軸変形，せん断変形は考えないものとする。

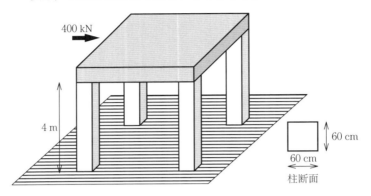

図 10.34　ラーメンの層剛性と層間変位

10 章のポイント

「節点移動のない場合のラーメンの応力の解き方は，不静定梁の場合と同じなんだ。」

「なるほど！」

「水平荷重を受ける不静定ラーメンでの応力を求めるときには，節点移動を考慮したたわみ角法を利用するんだよ。」

「門形ラーメンで反曲点高さが与えられれば，たわみ角法を利用しなくても応力計算はできるんですね！」

「そうだね。」

「ラーメンの層間変位と層剛性は柱と梁の剛比で変化することも重要ですよね！」

「うん。層剛性は振動論でも利用するから，覚えておこう。」

「わかりました！」

11章
構造力学から振動学へ

さあ，りっちゃん。ここまでよく頑張ったね。これが最後の章だよ。

最後まで気を抜かずに頑張ります！

うん。ところで，建物が地震の揺れを受けるとどのように力が作用するかな。

建物が地震の揺れを受けると水平方向に地震力が作用します！

そうだね。いままでは，これを図11.1（a）に示すように，水平方向に作用する荷重であるかのように扱ってきたよね。このように構造力学で扱ってきた問題を**静的問題**というんだ。でも，実際には外力は止まったものではなくて，図11.1（b）に示すように，左右に大きく揺れて時間によって変化するんだよ。

なるほど！　要するに，外力や荷重，それによって発生する応力，応力度，建物の変形はすべて時間ごとに変化するってことですね！

そうだよ。こういう問題を扱うのが**振動学**で，振動状態を扱う問題を**動的問題**というんだ。本章では，いままで学んできた構造力学が動的問題にどのようにつながっていくかを紹介するよ。そして，振動学への道筋を学んでいこう。

（a）　　　　　　　　　（b）

図11.1　地震動が作用した建物

11.1 静的問題から動的問題へ

11.1.1 地震動 — 地盤の揺れ —

最初に地盤の揺れである地震動について説明する。図11.2に示すように，地中に存在する断層がずれて破壊することにより地震波が発生する。それが地中を伝わって，地表面の揺れとなって現れる。これが**地震動**もしくは**地動**である。地盤の上に建設された建物の基礎に作用する地盤動を**入力地震動**と呼ぶ。入力地震動によって建物に揺れが生じる。これを**建物の地震応答**もしくは**建物応答**と呼ぶ。

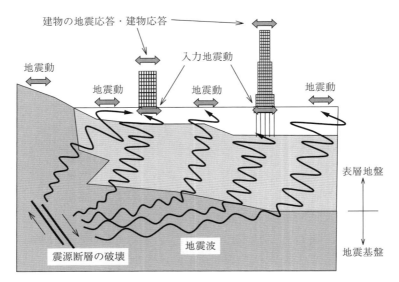

図11.2　地震動，入力地震動，地震応答

地震動や入力地震動，建物応答が時間によって変化する状態は，横軸を時間，縦軸を振幅とする**時刻歴波形**で表現される。地震動は地震が発生した際に**地震計**，もしくは強震計により記録される。図11.3に地震動の時刻歴波形の一例を示す。これは2011年3月11日東北地方太平洋沖地震時に千葉県野田市で得られた地震記録である。横軸は時間 t で，縦軸は加速度，速度，変位である。このときには，地盤も建物も長い時間揺れ続けた。

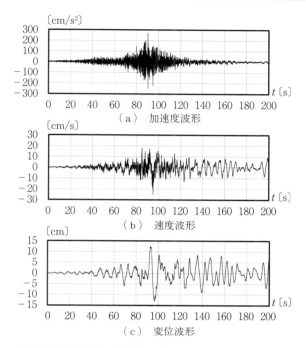

図 11.3 2011 年東北地方太平洋沖地震時に千葉県野田市で得られた地震動の時刻歴波形
（建築研究所提供）

11.1.2 加速度，速度，変位

時刻歴で地盤や建物の揺れの振幅を表すものとして，図 11.3 に示した加速度，速度，変位がある。

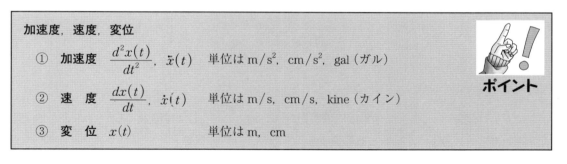

加速度，速度，変位
① 加速度　$\dfrac{d^2x(t)}{dt^2}$, $\ddot{x}(t)$　単位は m/s², cm/s², gal（ガル）
② 速度　$\dfrac{dx(t)}{dt}$, $\dot{x}(t)$　単位は m/s, cm/s, kine（カイン）
③ 変位　$x(t)$　単位は m, cm

いままでは x を水平軸や材軸として利用していたが，振動学の世界では水平方向の変位を表現する場合が多い。前章までとは異なるが，以降ではこの表現を利用していきたい。

地震計では主に加速度データが得られる。これらのデータはある時間間隔で数値が与えられ，これらを結ぶことにより時刻歴波形として表現される。図 11.3 は時間間隔 0.01s で 20 000 個のデータを用いて描かれている。

加速度の振幅を表す単位 cm/s² は **gal**（**ガル**）とも呼ばれる。加速度を積分することにより速度が，速度を積分することにより変位が得られる。速度の振幅を表す単位 cm/s は **kine**（**カイン**）

とも呼ばれる。以降は，加速度，速度，変位をそれぞれ $\ddot{x}$, $\dot{x}$, x と表記する。

11.1.3　調和波

建物や地盤の揺れかたで最も単純なものとして，**図 11.4**（a）に示す時間 T〔s〕で繰り返す sin 波の変位を考える。

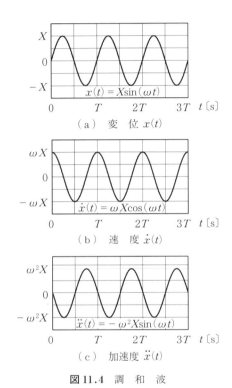

図 11.4　調　和　波

$$x(t) = X\sin\left(2\pi\frac{1}{T}\right) = X\sin(\omega t) \tag{11.1a}$$

ここで，T は**周期**〔s〕，$\omega = 2\pi/T$ は**円振動数**〔rad/s〕，$f = 1/T$ は**振動数**〔Hz〕である。X は最大振幅である。このような揺れを**調和波**と呼ぶ。

式 (11.1a) を時間について 1 階および 2 階微分すると，次式の速度，加速度が得られる。

$$\dot{x}(t) = \omega X\cos(\omega t) \quad (速度) \tag{11.1b}$$

$$\ddot{x}(t) = -\omega^2 X\sin(\omega t) \quad (加速度) \tag{11.1c}$$

速度，加速度波形を図 11.4（b），（c）に示す。調和波の周期が $T < 2\pi ≒ 6.28\,\mathrm{s}$ であれば $\omega > 1$ となる。図 11.3 でも示したように，地震動はゆったりした揺れの成分よりは，小刻みな揺れの成分のほうが振幅が大きい。また建物の周期が 6 s を超えることも滅多にない。よって，式 (11.1) の関係から，地盤や建物の揺れの単位を除いた値の大きさは一般的に，変位＜速度＜加速度，の順となる。

11.1.4 建物応答 ― 建物の揺れ ―

地震動が建物に作用すると，つぎは建物が揺れる。図 11.5（a）に示すように，静的問題を扱う構造力学では荷重を与えた後は力も変形も止まった状態であった。図（b）に示す振動を扱う動的問題は，静的問題とつぎの違いがある。

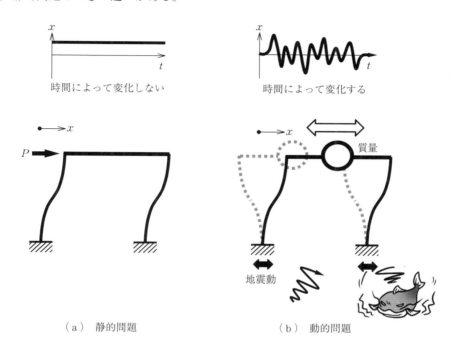

図 11.5　静的問題と動的問題の違い

動的問題の特徴

① 図 11.5（b）に示すように，変位（もしくは変形）が時間によって変化する。
② 変位が時間によって変化すると，それを時間で微分した**速度**，**加速度**が発生する。
③ 建物の質量に加速度が発生すると，両者の掛け算により水平方向に力が発生する。これを**慣性力**と呼ぶ。
④ 速度に比例する力も発生する。これを**減衰力**と呼ぶ。これらの力の釣合いによって，時間ごとに建物の変形や応力が決定される。

③の**慣性力**が構造力学で用いてきた水平荷重の正体である。図 11.6 に示すように，バスや電車の中で立っている状態で急に発車したときは，体が進行方向と反対側によろけるだろう。また，車に乗っていて急ブレーキを掛けて止まったら，頭が前に突っ込むようになるだろう。これらも慣性力によるものである。

214   11. 構造力学から振動学へ

図 11.6 急発進するバスと慣性力

11.2 建物の運動方程式

11.2.1 建物のモデル化 ― 質量とばね定数 ―

建物応答を求めるには，入力地震動と建物モデルがあればよい．建物の振動をモデル化する際に必要となるものは，**質量** m（単位はtなど），**ばね定数** k（kN/mなど），**減衰係数** c（kNs/mなど）である．このうち，ばね定数は10章で学んだ力と変形の関係から得られる層剛性 k_S に相当する．本章では建築振動学でよく用いられる表記に従い，これを k とする．

図 11.7（a）に示す4本の柱と床，屋根を含む剛の梁から構成される門形ラーメンを考えよう．

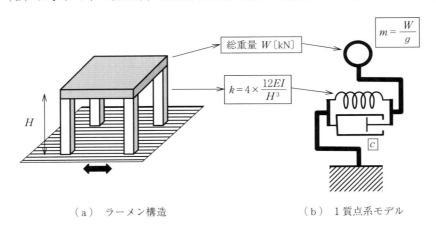

（a）ラーメン構造　　　　　　（b）1質点系モデル

図 11.7 門形ラーメンと振動モデル

梁や床が十分に硬い場合，柱1本分のばね定数は式（10.19）より $12EI/H^3$ となる．ここで，EI は柱の曲げ剛性，H は建物高さである．よって，1層分の層剛性は柱4本分に相当するので

$$k = \frac{48EI}{H^3} \tag{11.2}$$

となる．

床や梁，柱の一部，積載物の重さを2階床位置に集約したものが重量 W となる。質量 m は

$$m = \frac{W}{g} \tag{11.3}$$

から得られる。ここで，g は**重力加速度**（$= 9.80665 \text{ m/s}^2$）である。

11.2.2 建物のモデル化 — 減衰係数 —

図 11.8（a）に示すように，かりに建物を引っ張ることができるとすると，離したあとは徐々に揺れが小さくなり，永遠に揺れ続けることはない。このような現象を**減衰振動**と呼ぶ。減衰振動が起こる理由として，建物振動の間に発生する柱や梁，外装材，内装材の間の摩擦や，建物が建っている地盤へのエネルギーの散逸などが考えられる。

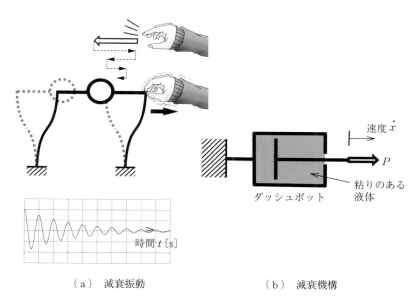

（a）減衰振動　　　　（b）減衰機構

図 11.8 減衰振動と減衰機構

建物の減衰振動を表すために，**ダッシュポット**と呼ばれる速度に比例した抵抗機構が利用される。図 11.8（b）に示すようにピストンの中に粘りのある液体が入っているものを想像してほしい。ピストンをゆっくりと押せば抵抗力は少ないが，激しく動かすと大きく抵抗する。このような力，すなわち**減衰力**はつぎのように速度に比例する式で表現される。

$$P = c\dot{x} \tag{11.4}$$

速度に掛かる係数は減衰係数 c と呼ばれる。

11.2.3　1質点系モデル

図 11.7（a）に示す建物は　図（b）に示すように，一つずつの質量とばね，ダッシュポットから構成されるモデルと考えることができる。これを**1質点系モデル**と呼ぶ。振動問題では最も基本

的かつ重要なモデルとなる。超高層建物などのより複雑なモデルも、大局的にみれば1質点系モデルに置き換えることができる。平成20年の建築基準法改正時に導入された限界耐力計算では、この考え方を取り入れている。1質点系モデルの地震応答特性を理解できれば、建築振動学の基礎は習得できたことになる。

11.2.4 1質点系モデルの運動方程式

図11.9に示すように1質点系モデルが振動している状態を考える。床位置の変位、速度、加速度を$x(t)$、$\dot{x}(t)$、$\ddot{x}(t)$とする。以降、時間tの変数を表わす変数(t)は省略する。

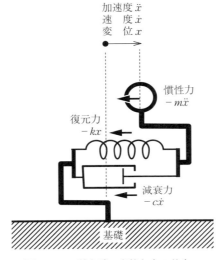

図11.9 1質点系の応答と力の釣合い

床位置の質量がある加速度となった場合、図11.6で示したように加速度が作用する方向と逆の方向に**慣性力**が生じる。この大きさは$-m\ddot{x}$で表現される。また、基礎位置に対し床が水平にxだけ変形すると、変形方向と逆の方向にばねが戻ろうとする力である**復元力**が生じる。この大きさは、$-kx$で表現される。同様に、ダッシュポットは速度$\dot{x}$と逆の方向に減衰力$-c\dot{x}$を生じさせる。2章で学んだ水平方向の力の釣合い条件式より、これらの力の総和が0となる。

$$\sum X = -m\ddot{x} - c\dot{x} - kx = 0$$
$$\therefore m\ddot{x} + c\dot{x} + kx = 0 \tag{11.5}$$

これは時間tに関する2階の微分方程式であり、**運動方程式**と呼ばれる。

11.2.5 地動入力時の1質点系モデルの運動方程式

つぎに、**図11.10**に示すように、上記の1質点系モデルに加速度$\ddot{y}$の入力地震動が作用した状態を考える。床位置の質量の加速度は、建物だけの加速度$\ddot{x}$と入力地震動の加速度$\ddot{y}$の和$\ddot{x}+\ddot{y}$となる。これは**絶対加速度**と呼ばれる。慣性力は$-m(\ddot{x}+\ddot{y})$となる。

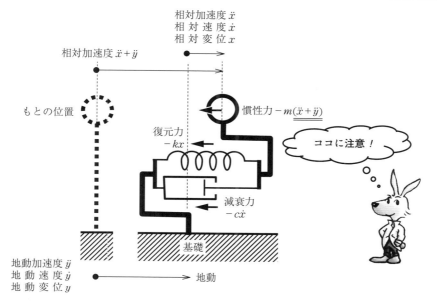

図 11.10 地動入力時の 1 質点系の応答と力の釣合い

基礎に対する床位置の水平変位は図 11.9 と同じ x である点に注意する必要がある。ここではこれを**相対変位**と呼ぶ。この表現は変位だけではなく，速度に対しても同じである。

ばねの伸び自体は相対変位 x のみが関係するので，復元力は同じ $-kx$ である。減衰力も同じ $-c\dot{x}$ である。よって，水平方向の力の釣合い条件式より，次式が得られる。

$$\sum X = -m(\ddot{x}+\ddot{y}) - c\dot{x} - kx = 0$$

$$\therefore\ m\ddot{x} + c\dot{x} + kx = -m\ddot{y} \tag{11.6}$$

これが**地動入力時の運動方程式**であり，建物の地震応答に関する最も重要な式となる。静的問題も動的問題も結局は力の釣合い条件式に基づいている。

地動入力時の力の釣合いと運動方程式

慣性力 ： $-m(\ddot{x}+\ddot{y})$

減衰力 ： $-c\dot{x}$

復元力 ： $-kx$

地動入力時の運動方程式　$m\ddot{x}+c\dot{x}+kx=-m\ddot{y}$

11.3 建物の地震応答

11.3.1 固有周期

建物の地震応答を検討する前に，建物の振動特性としてきわめて重要なパラメータを紹介する。図11.8（a）に示したように，建物の頂部を引っ張り離したあとは徐々に揺れが小さくなる。このような振動を**自由振動**と呼ぶ。これから，① 建物は一定の時間間隔で振動すること，② 徐々に振幅が小さくなっていくこと，がわかる。①の時間間隔を**固有周期** T_0（単位は s）と呼び，建物が最も揺れやすい周期である。②は**減衰定数** h によって説明され，建物の揺れやすさ，揺れにくさを表す指標となっている。これらは建物固有の特性である。

固有周期 T_0（単位は s）は質量 m とばね定数 k から求めることができる。

$$T_0 = 2\pi \sqrt{\frac{m}{k}} \tag{11.7}$$

これを変形した

$$f_0 = \frac{1}{T_0}, \quad \omega_0 = 2\pi f_0 = \sqrt{\frac{k}{m}} \tag{11.8}$$

はそれぞれ**固有振動数**〔Hz〕，**固有円振動数**〔rad/s〕である。建物の固有周期の目安は，鉄骨造（S造）で階数 N の 0.1 倍，鉄筋コンクリート造（RC造）で階数 N の 0.06 倍（それぞれ単位は s）である。例えば，60 階建ての鉄骨造（S造）の事務所ビルは約 6 秒の固有周期を持ち，30 階建ての鉄筋コンクリート造（RC造）の高層マンションは約 1.8 秒となる。

例題 11.1 図 11.11（a）〜（d）に示すラーメンについて，固有周期の長い順番を示しなさい。

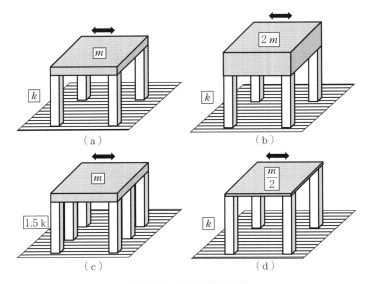

図 11.11 固有周期の比較

（a）のケースを基準の固有周期 $T_{0a}=2\pi\sqrt{m/k}$ とする。(b), (c), (d) の固有周期 T_{0b}, T_{0c}, T_{0d} はつぎのようになる。

$$T_{0b}=2\pi\sqrt{\frac{2m}{k}}=\sqrt{2}\,T_0\fallingdotseq 1.47\,T_0$$

$$T_{0c}=2\pi\sqrt{\frac{m}{1.5k}}=\frac{1}{\sqrt{1.5}}T_0\fallingdotseq 0.816\,T_0$$

$$T_{0d}=2\pi\sqrt{\frac{\frac{m}{2}}{k}}=\frac{1}{\sqrt{2}}T_0\fallingdotseq 0.707\,T_0$$

よって，固有周期の長い順に（b）＞（a）＞（c）＞（d）となる。

例題 11.2 図 11.12 に示す門形ラーメンの固有周期を求めなさい。ただし，梁に質量 $m=40\,t$ が集中した状態を仮定する。層剛性 k は例題 10.17 ですでに求めている。

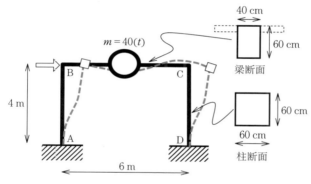

図 11.12 門形ラーメンの固有周期

層剛性は $k=6.075\times 10^4\,\mathrm{kN/m}$ である。$m=40t$ であるので，固有周期は式（11.7）よりただちに求められる。

$$T_0=2\pi\sqrt{\frac{m}{k}}=2\pi\sqrt{\frac{40}{6.075\times 10^4}}\fallingdotseq 0.161\,[\mathrm{s}]$$

演習問題 11.1 ある建物について質量，剛性を見積もって推定した固有周期は 1.0 秒であったが，実際に計測したら 0.9 秒であった。質量の見積もりは正しいものとすると，推定剛性は計測時に比べ，どの程度の違いであるかを推定しなさい。

11.3.2 減衰定数

建物のモデルで c を直接与えるケースは，制震ダンパーなどのモデル化を除き少なく，通常は減衰定数 h が先に与えられる。減衰定数 h はダッシュポットの減衰係数 c とつぎの関係にある。

$$h=\frac{c}{2m\omega_0} \tag{11.9}$$

減衰定数は建物の揺れが収まる程度を表した，非常に便利な係数である。建物の減衰定数の値は大体 $0.01 \sim 0.05$ くらいであり，1 % ～ 5 % と百分率（パーセント）で表示する場合が多い。耐震設計で用いられる建物の減衰定数の目安は，S 造で 2 %，RC 造で 3 % である。

> **建物の振動特性とその目安**
> 固有周期 T_0 ： S 造で $0.1N$ 〔s〕，RC 造で $0.06N$ 〔s〕，ただし N は階数
> 減衰定数 h ： S 造で 2 %，RC 造で 3 %

減衰定数は，先に示した自由振動の揺れが自然に収まる周期の回数と関係する。**図 11.13** は四つの減衰定数によって自由振動がどのように変化するかを調べたものである。最初に頂部変位 x_0 を与え，それを離したときの時刻歴変位である。$h = 0$ は無減衰の状態であり，建物は永久に揺れたままである。$h = 5$ % の場合は大体 10 周期で，$h = 10$ % の場合はだいたい 5 周期で，最初の頂部変位に比べ揺れが十分に小さくなる。減衰定数 2 % の場合はだいたい 25 周期となる。

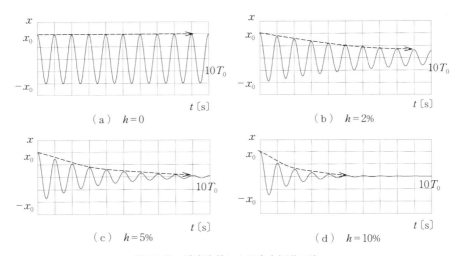

図 11.13 減衰定数による自由振動の違い

理論的には，自由振動時の n 周期後の振幅は $e^{-2\pi n h}$ 倍となる。ここで $e \fallingdotseq 2.718$ はネイピア数である。$h = 5$ %，$n = 10$ の場合は $e^{-2\pi \times 10 \times 0.05} \fallingdotseq 0.043$ となり，5 % 以下となる。hn が一定の場合はすべて同じ結果となる。減衰定数 h と揺れが十分に小さくなる周期数 n は，両者の掛け算が h〔%〕$\times n \fallingdotseq 50$ の関係にあることがわかる。

例題 11.3 40 階建ての S 造の超高層事務所ビルの固有周期を概算しなさい。また，減衰定数が 2 % であったときに，自由振動で何秒後に揺れが十分に小さくなるか推定しなさい。

S造なので固有周期の概算は，$T_0 ≒ 0.1N = 0.1 × 40 = 4$ s となる。また減衰定数が 2% のときに揺れが十分に小さくなる周期数は h〔%〕$× n ≒ 50$ の関係より $n = 25$ となるので，約 $4 × 25 = 100$ 秒後に揺れが小さくなる。超高層建物は揺れている時間が非常に長いことがわかる。

例題 11.4 図 11.14 はある建物の自由振動時の波形である。この建物のだいたいの固有周期と減衰定数を示しなさい。

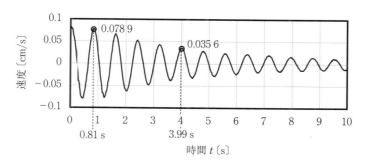

図 11.14 建物の自由振動時における波形の一例

正のピークが現れる時間 $t = 0.81$ s，3.99 s に着目する。この時間内に 4 周期分だけ振動していることから，固有周期 T_0 はつぎのように推定される。

$$T_0 = \frac{3.99 - 0.81}{4} ≒ 0.80 〔\text{s}〕$$

また，4 周期後に振幅が $0.0356 / 0.0789 = 0.451$ 倍となっている。よって，$e^{-2\pi × 4 × h} = 0.451$ より減衰定数 h を逆算すると，つぎのようになる。

$$-2\pi × 4 × h = \log_e 0.451 \rightarrow h = -\frac{\log_e 0.451}{8\pi} ≒ 0.032$$

この建物の固有周期は約 0.8 秒で，減衰定数は約 3% であることがわかる。

演習問題 11.2 建物の減衰付きの自由振動の解は，$x(t) ≒ x_0 e^{-h\omega_0 t} \cos \omega_0 t$ で近似される。これを用いて，自由振動時の n 周期後の振幅が $e^{-2\pi n h}$ 倍となることを示しなさい。

11.3.3 建物の地震応答

式 (11.6) の地動入力時の運動方程式について全体を m で割り変形すると，つぎのようになる。

$$\ddot{x} + 2h\left(\frac{2\pi}{T_0}\right)\dot{x} + \left(\frac{2\pi}{T_0}\right)^2 x = -\ddot{y} \tag{11.10}$$

式 (11.10) からもわかるように，運動方程式に関係する変数は固有周期 T_0 と減衰定数 h だけとなる。すなわち，地震動の加速度 $\ddot{y}$ が与えられたら，固有周期 T_0 と減衰定数 h だけで建物の応答が把握できることになる。

建物の地震応答に必要なパラメータ

$$\ddot{x} + 2h\left(\frac{2\pi}{T_0}\right)\dot{x} + \left(\frac{2\pi}{T_0}\right)^2 x = -\ddot{y}$$

ただし，地震動の加速度 $\ddot{y}$，固有周期 T_0，減衰定数 h である。

ポイント

入力地震動に対し建物が具体的にどのように揺れるのかは，式 (11.6) や式 (11.10) の時間に関する 2 階の微分方程式を解くことで時刻歴応答として得られる。入力地震動の加速度 $\ddot{y}$ として観測されたデータを利用する場合，これを厳密な理論解で解くことは稀である。上記の時間 t に関する微分の式を，四則演算の形に直して数値計算で解く。ほとんどの場合計算機を利用するため，前章までのように手で計算するケースはほとんどない。このアルゴリズムの詳細は，巻末で参考文献として紹介する建築振動学のテキストを参照してもらうことにするが，表計算ソフトなどを使って解くことができる。

図 11.15 は図 11.3 の地震動が例題 11.2 の図 11.12 で示した門形ラーメンに入力したときの応答波形である。建物の固有周期は $T_0 = 0.161$ s であり，減衰定数は $h = 5\%$ とした。応答波形として，(a) では $\ddot{x} + \ddot{y}$，(b) では x の時刻歴波形を示している。前者を**加速度応答**，後者を**変位応答**と呼ぶ。加速度応答は通常，絶対加速度で表現される。

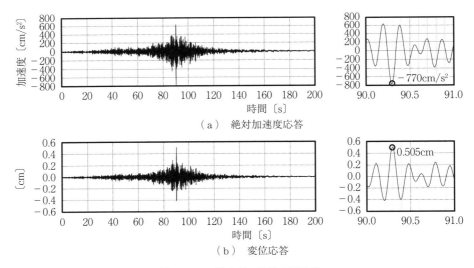

図 11.15 1 質点系の地震応答波形

11.3.4 建物の最大応答とラーメンの応力

建物の地震応答で最も重要となるのは，時間内で最も大きくなる応答値である。図 11.15 右図は建物応答が最大となる時間近傍を拡大した結果である。加速度応答の最大値は $|\ddot{x} + \ddot{y}|_{\max} = 770\,\mathrm{cm/s^2}$ となる。これを**最大加速度応答**と呼ぶ。これは図 11.3 の入力地震動の最大加速度よりも大きく，建物内で地震の揺れが**増幅**することがわかる。変位応答の最大値である**最大変位応答**は $|x|_{\max} =$

0.505 cm である。

層剛性は $k = 6.075 \times 10^4$ kN/m であるので，門形ラーメンの復元力の最大値は $|P|_{max} = k|x|_{max} \fallingdotseq 306.8$ kN となる。1層の建物の場合，水平荷重がそのまま層せん断力に相当する。質量に重力加速度 $g = 9.80665$ m/s^2 を掛けた建物重量 $W = mg$ に対する層せん断力 Q の割合を**層せん断力係数**と呼ぶ。2階建て以上の場合では，1階での層せん断力係数を**ベースシア係数** C_B と呼ぶ。ここでの例は平屋なので両者は同じである。上記のケースでは

$$C_B = \frac{Q}{mg} = \frac{306.8}{40 \times 9.80665} = 0.782$$

となる。また，最大加速度応答は $|\ddot{x} + \ddot{y}|_{max} = 770$ cm/s^2 であり，重力加速度に対する比 7.70 m/s^2 $\div 9.80665 = 0.785$ とほぼ対応する。

水平荷重の最大値が得られたら，10章までで習った内容を利用して，このときの柱や梁の応力を求めることができる。

例題 11.5 図 11.3 の地震動が図 11.12 に示す門形ラーメンに入力したときの，最大変位応答時の応力図を求めなさい。

最大変位応答時の水平荷重は，上記の計算から $|P_{max}| = 306.8$ kN となる。これが水平荷重として床位置に作用する状況を考える。柱に対する梁の剛比は例題 10.17 ですでに $k_b = 4/3$ と求めているので，式 (10.16) より反曲点高比を求める。

$$y = \frac{3k_b + 1}{6k_b + 1} = \frac{3 \times \left(\frac{4}{3}\right) + 1}{6 \times \left(\frac{4}{3}\right) + 1} = \frac{5}{9}$$

後は例題 10.13 の反曲点高比に基づく応力算定に従い，柱，梁の応力を求めればよい。

柱 AB 材の負担せん断力は $Q_{AB} = |P_{max}|/2 = 153.4$ kN となる。柱上下の材端モーメントの総和は式 (10.15) より，次式で得られる。

$$Q_{AB}H = 153.4 \times 4 = 613.6 \text{ [kN·m]}$$

反曲点は 5/9 であるので，M_{AB}，M_{BA} を y の比で分配する。

$$M_{AB} = -613.6 \times \frac{5}{9} \fallingdotseq -340.9 \text{ [kN·m]}$$

$$M_{BA} = -613.6 \times \left(1 - \frac{5}{9}\right) \fallingdotseq -272.7 \text{ [kN·m]}$$

梁の材端モーメントは，節点方程式 $M_{BA} + M_{BC} = 0$ より，以下のように得られる。

$$M_{BC} = -M_{BA} = 272.7 \text{ [kN·m]}$$

梁のせん断力 Q_{BC} は，曲げモーメントの勾配より求める。

$$Q_{BC} = \frac{-272.7 - 272.7}{6} = -90.9 \text{ [kN]}$$

建物の最大応答時の M 図と Q 図を**図 11.16** に示す。

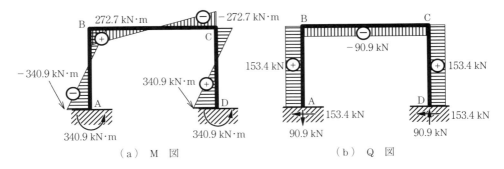

図 11.16　最大応答時の門形ラーメンの応力図

11 章のポイント

「静的問題と動的問題の大きな違いはなにかな？」

「慣性力ですよね！」

「そのとおり。さすがりっちゃんだね！」

「もちろんですよ！　構造力学で学んだ層剛性を，振動学で利用するんですよね！」

「固有周期と減衰定数があれば，低層から超高層に至るまでの建物の揺れの特徴を把握することができるんだ。」

「地震が入力したときの建物の運動方程式はとても重要ですね！」

「そうだね。地震大国である日本で建物を設計するためには，地震荷重を考えることがとても重要になる。建物と地震の揺れを関係づけるのが運動方程式だね。すべてはここから始まるんだ！」

参 考 文 献

以下に本書で参考としたテキスト，参考文献を挙げる．構造力学，建築振動学をより深く勉強したい場合に，これらの文献を活用していただきたい．

【建築構造力学】
1) 和泉正哲：建築構造力学1，培風館（1984）
2) 谷　資信，井口道雄，永坂具也，寺田貞一：建築構造力学演習教科書，彰国社（1990）
3) 武藤　清：耐震設計法，耐震設計シリーズ1，丸善（1963）
4) 和田　章，古谷　勉　監修：最新建築構造設計入門 — 力学から設計まで，基礎シリーズ，実教出版（2004）

【建築振動学】
5) 柴田明徳：最新耐震構造解析，最新建築学シリーズ9，森北出版（1981）
6) 田治見宏：建築振動学，建築構造講座17，コロナ社（1965）
7) 宮本裕司，永野正行，藤谷秀雄，吉村智昭：建築振動を学ぶ — 地震から免震・制震まで —，理工図書（2014）

演習問題の解答

演習問題 1.1

(a) $F=3$〔kN〕,　$L=3$〔m〕,　$M_{(A)}=-3\times3=-9$〔kN·m〕
(b) $F=3\sqrt{2}\fallingdotseq 4.24$〔kN〕,　$L=0$,　$M_{(A)}=0$
(c) $F=2$〔kN〕,　$L=4$〔m〕,　$M_{(A)}=2\times4=8$〔kN·m〕
(d) $F=4\sqrt{2}\fallingdotseq 5.66$〔kN〕,　$L=2.5\sqrt{2}=3.54$〔m〕,　$M_{(A)}=4\sqrt{2}\times 2.5\sqrt{2}=20$〔kN·m〕

演習問題 1.2

(a) $M_{(A)}=-3\times 4=-12$〔kN·m〕
(b) $M_{(A)}=2\times 6+2\times 2=16$〔kN·m〕
(c) $M_{(A)}=-4\times 5=-20$〔kN·m〕

演習問題 1.3

等分布荷重，等変分布荷重を，**解図 1.1** に示すように合力に置き換える。図（c）の台形の等変分布荷重については，等分布荷重と三角形の等変分布荷重の部分に分けて，合力を設定する。

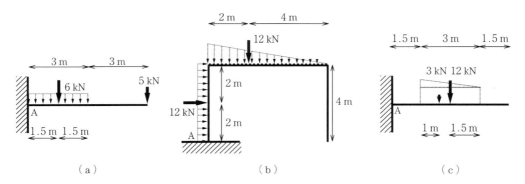

解図 1.1　等分布荷重と等変分布荷重の合力と作用位置

(a) $M_{(A)}=6\times 1.5+5\times 6=39$〔kN·m〕
(b) $M_{(A)}=12\times 2+12\times 2=48$〔kN·m〕
(c) $M_{(A)}=3\times 2.5+12\times 3=43.5$〔kN·m〕

演習問題 1.4

節点 A における力の釣合いより
$$\sum X_{(A)}=-N_1\sin 60°+N_2\sin 30°=0$$

$$\sum Y_{(A)} = N_1 \cos 60° + N_2 \cos 30° - 10 = 0$$
よって，$N_1 = 5$ kN，$N_2 = 5\sqrt{3} ≒ 8.66$ kN が得られる。

演習問題 1.5

最初に斜め方向に作用する集中荷重を分解すると，**解図 1.2** のようになる。1 点に交わらない力の釣合い条件式より，以下の式が得られる。モーメントの総和は点 A でとる。

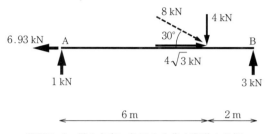

解図 1.2 斜め方向に作用する集中荷重の分解

$$\sum X = -H_A + 4\sqrt{3} = 0$$
$$\sum Y = V_A + V_B - 4 = 0$$
$$\sum M_{(A)} = 4 \times 6 - V_B \times 8 = 24 - 8V_B = 0$$

これらより，$H_A = 4\sqrt{3} ≒ 6.93$ kN，$V_A = 1$ kN，$V_B = 3$ kN が得られる。

演習問題 2.1

支点の反力をすべて座標正方向に設定する。

（a） 点 A の水平反力が 0 であるのは明らかなので，V_A, V_B のみを考慮する。等変分布荷重を**解図 2.1**（a）に示す合力に置き換え，1 点に交わらない力の釣合い条件式を立てる。

$$\sum Y = V_A + V_B - 9 = 0$$
$$\sum M_{(A)} = 9 \times 2.5 - V_B \times 4.5 = 0$$

これよりつぎの反力が得られる。
$$V_A = 4 \text{〔kN〕}, \quad V_B = 5 \text{〔kN〕}$$
図（a）に反力を図示する。

（b） 反力として V_A, V_B, H_B を設定する。図（b）に示すように，等分布荷重，等変分布荷重を合力に置き換え，1 点に交わらない力の釣合い条件式を立てる。

$$\sum X = 6 + H_B = 0$$
$$\sum Y = V_A + V_B - 12 = 0$$
$$\sum M_{(A)} = 6 \times 2 + 12 \times 4 - V_B \times 6 = 0$$

これより，$H_B = -6$ kN，$V_A = 2$ kN，$V_B = 10$ kN となる。ここで，H_B が負となったので，図（b）に示すように矢印を逆転させ正の値を記入する。

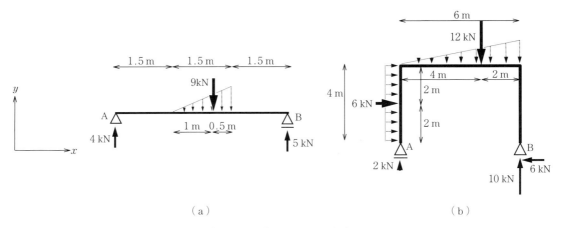

(a) (b)

解図 2.1 演習問題 2.1 の解答

演習問題 2.2

単位長さ当りの重量は $w = 24 \times 0.2 \times 0.2 = 0.96$ kN/m となる。反力は，$-0.96 \times 6 + V = 0$ より $V = 5.76$ kN が得られる。点 B，C の軸力は，各点で部材を切断し，**解図 2.2** のように切断面に軸力 N_B，N_C を記入する。各部分の自重との釣合いにより，つぎのように軸力が得られる。

$-0.96 \times 3 - N_B = 0$ ∴ $N_B = -2.88$ 〔kN〕 （圧縮）

$-0.96 \times 4.5 - N_C = 0$ ∴ $N_C = -4.32$ 〔kN〕 （圧縮）

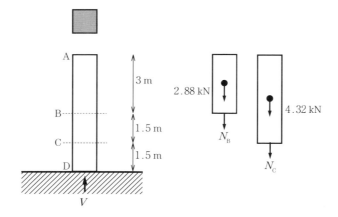

解図 2.2 演習問題 2.2 の解き方

演習問題 3.1

（a） 節点 B 周りで部材を切断し，**解図 3.1** のように切断面に対して外向きに軸力 N_1，N_2 をとる。節点 B で 1 点に交わる力の釣合いより，軸力 N_1，N_2 が得られる。

$\sum X_{(B)} = -N_1 \sin 30° + N_2 \sin 30° + 10 = 0$

$\sum Y_{(B)} = -N_1\cos 30° + N_2\cos 30° + 5\sqrt{3} = 0$

これより，$N_1 = 15$ kN（引張），$N_2 = -5$ kN（圧縮）が得られる。

（b）（a）と同様に

$\sum X_{(B)} = -N_1\sin 60° + N_2\sin 30° = 0$

$\sum Y_{(B)} = -N_1\cos 60° + N_2\cos 30° - 20 = 0$

これより，$N_1 = 10$ kN（引張），$N_2 = 10\sqrt{3} \fallingdotseq 17.3$ kN（引張）が得られる。

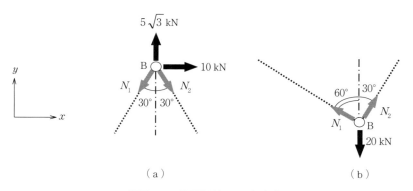

解図 3.1 演習問題 3.1 の解き方

演習問題 3.2

反力は左右対称条件を利用して，$V_A = V_B = 8$ kN となる。

各節点周りで部材を切断し，**解図 3.2** のように切断面に対して外向きに矢印を描く。節点 A での 1 点に交わる力の釣合いより，軸力 N_1，N_2 が得られる。

$\sum X_{(A)} = \dfrac{\sqrt{3}}{2}N_1 + N_2 = 0$

$\sum Y_{(A)} = \dfrac{1}{2}N_1 + 8 - 2 = 0$

$\therefore\ N_1 = -12$ 〔kN〕（圧縮），$N_2 = 6\sqrt{3} \fallingdotseq 10.4$ 〔kN〕（引張）

節点 D での力の釣合いより，$N_5 = 0$ がすぐにわかる。

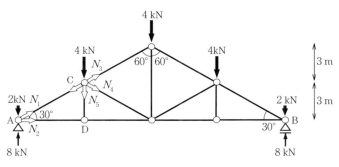

解図 3.2 演習問題 3.2 の解き方

230   演習問題の解答

節点Cでの1点に交わる力の釣合いより，軸力 N_3, N_4 が得られる。

$$\sum X_{(C)} = -\frac{\sqrt{3}}{2}N_1 + \frac{\sqrt{3}}{2}N_3 + \frac{\sqrt{3}}{2}N_4 = 0$$

$$\sum Y_{(C)} = -\frac{1}{2}N_1 + \frac{1}{2}N_3 - \frac{1}{2}N_4 - 4 = 0$$

∴ $N_3 = -8$ 〔kN〕（圧縮）， $N_4 = -4$ 〔kN〕（圧縮）

演習問題 3.3

全体の力の釣合い条件より $H_A = 0$。点A，Bには水平力が作用しないため，$N_2 = N_6 = 0$ となる。部材⑤の点Fには鉛直力が作用しないため，$N_5 = 0$ となる。

演習問題 3.4

最初に反力を求める。左右支持点の反力を V_L, V_R とする。

$$\sum Y = V_L + V_R - 12 = 0$$

$$\sum M_{(L)} = 6 \times 3 + 4 \times 6 + 2 \times 9 - V_R \times 12 = 0$$

これより，$V_L = 7$ kN，$V_R = 5$ kN が得られる。

つぎに，**解図 3.3** に示すように静定トラスを切断し，左側の部分構造で軸力 N_1, N_2, N_3 を記入する。節点Aでのモーメントの釣合いより，軸力 N_3 が得られる。

$$\sum M_{(A)} = 7 \times 3 - N_3 \times 3 = 0 \quad ∴ \quad N_3 = 7 \text{〔kN〕（引張）}$$

節点Bでのモーメントの釣合いより，軸力 N_1 が得られる。

$$\sum M_{(B)} = 7 \times 6 - 6 \times 3 + N_1 \times 3 = 0 \quad ∴ \quad N_1 = -8 \text{〔kN〕（圧縮）}$$

左側の部分構造の Y 方向の力の釣合いより，軸力 N_2 が得られる。

$$\sum Y = 7 - 6 - \frac{1}{\sqrt{2}}N_2 = 0 \quad ∴ \quad N_2 = \sqrt{2} \fallingdotseq 1.41 \text{〔kN〕（引張）}$$

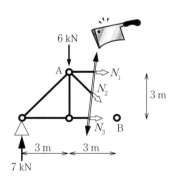

解図 3.3 演習問題 3.4 の解き方

演習問題 4.1

左側の支点を L，右側の支点を R とし，その鉛直方向の反力（上向き正）を V_L，V_R とする。応力はすべて左側の部分構造で算定している（解図省略）。

（a） $\sum Y = V_L + V_R - 6 = 0$　　$\sum M_{(L)} = 6 \times 2 - V_R \times 6 = 0$　　∴ $V_L = 4$ [kN]，$V_R = 2$ [kN]

　　　$Q_A = 4 - 6 = -2$ [kN]，　　$M_A = 4 \times 3 - 6 \times 1 = 6$ [kN·m]

　　　$Q_B = 4 - 6 = -2$ [kN]，　　$M_B = 4 \times 5 - 6 \times 3 = 2$ [kN·m]

（b） $\sum Y = V_L + V_R - 9 = 0$　　$\sum M_{(L)} = 7 \times 2 + 2 \times 5 - V_R \times 8 = 0$　　∴ $V_L = 6$ [kN]，$V_R = 3$ [kN]

　　　$Q_A = 6 - 7 = -1$ [kN]，　　$M_A = 6 \times 3 - 7 \times 1 = 11$ [kN·m]

　　　$Q_B = 6 - 7 - 2 = -3$ [kN]，　　$M_B = 6 \times 6 - 7 \times 4 - 2 \times 1 = 6$ [kN·m]

（c） $\sum Y = V_L + V_R - 5 = 0$　　$\sum M_{(L)} = 1 \times 3 + 6 \times 2 - V_R \times 5 = 0$　　∴ $V_L = 2$ [kN]，$V_R = 3$ [kN]

　　　$Q_A = 1$ [kN]，　　$M_A = 1 \times 2 = 2$ [kN·m]

　　　$Q_B = 1 + 2 - 6 = -3$ [kN]，　　$M_B = 1 \times 6 + 2 \times 3 - 6 \times 1 = 6$ [kN·m]

演習問題 4.2

左側の支点を L，右側の支点を R とし，その鉛直方向の反力（上向き正）を V_L，V_R とする。点 A について左側の部分構造から，点 B については右側の部分構造から，応力算定する（解図省略）。

（a） $\sum Y = V_L + V_R - 12 = 0$，　$\sum M_{(L)} = 12 \times 1.5 - V_R \times 6 = 0$　　∴ $V_L = 9$ [kN]，$V_R = 3$ [kN]

　　　左側の部分構造より

　　　$Q_A = 9 - 4 \times 1.5 = 3$ [kN]，　　$M_A = 9 \times 1.5 - 6 \times 0.75 = 9$ [kN·m]

　　　右側の部分構造より

　　　$Q_B = -3$ [kN]，　　$M_B = -(-3 \times 1.5) = 4.5$ [kN·m]

（b） $\sum Y = V_L + V_R - 27 = 0$，　$\sum M_{(L)} = 27 \times 3 - V_R \times 6 = 0$　　∴ $V_L = V_R = 13.5$ [kN]

　　　左側の部分構造より

　　　$Q_A = 13.5 - 8 \times 3 \times \dfrac{1}{2} = 1.5$ [kN]，　　$M_A = 13.5 \times 3 - 12 \times 1 = 28.5$ [kN·m]

　　　右側の部分構造より

　　　$Q_B = -13.5$ [kN]，　　$M_B = -(-13.5 \times 1.5) = 20.25$ [kN·m]

演習問題 4.3

（a）　片持ち梁なので，反力計算は不要。

　　　$Q_{AB} = 0$，　$M_A = M_B = 3$ [kN·m]

　　　$Q_{BC} = 3$ [kN]，　$M_C = 3 - 3 \times 4 = 15$ [kN·m]

（b）　点 A，D の鉛直反力を V_A，V_D とする。

　　　$\sum Y = V_A + V_D - 12 = 0$，　$\sum M_{(A)} = 4 \times 2 + 8 \times 6 - V_D \times 8 = 0$　　∴ $V_A = 5$ [kN]，$V_D = 7$ [kN]

Q は節点間で一定値，M は一次関数となる。

$Q_{AB} = 5$ 〔kN〕, $M_A = 0$, $M_B = 5 \times 2 = 10$ 〔kN〕

$Q_{BC} = 5 - 4 = 1$ kN，右側の部分構造より $M_C = -(-7 \times 2) = 14$ kN·m, $M_D = 0$

$Q_{CD} = -7$ kN

これらの応力図を**解図 4.1** に示す。

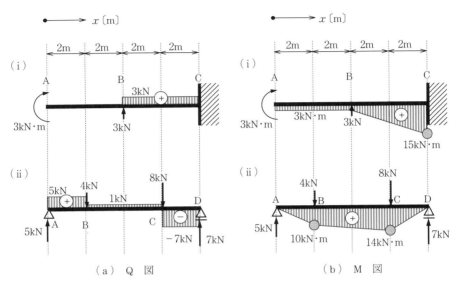

解図 4.1 演習問題 4.3 の解答

演習問題 4.4

点 A，C の鉛直反力を V_A, V_C とする。

$\sum Y = V_A + V_C - 2 \times 4 = 0$, $\sum M_{(A)} = 8 + 2 \times 4 \times 6 - V_C \times 8 = 0$

∴ $V_A = 1$ 〔kN〕, $V_C = 7$ 〔kN〕

AB 間で Q は一定値，M は一次関数，BC 間で Q は一次関数，M は二次関数となる。

$Q_{AB} = 1$ 〔kN〕, $M_{AB} = 8 + 1 \times x = x + 8$ 〔kN·m〕, $M_A = 8$ 〔kN·m〕, $M_B = 12$ 〔kN·m〕

$Q_{BC} = 1 - 2 \times (x - 4) = -2x + 9$ 〔kN〕, $Q_C = -7$ 〔kN〕

$M_{BC} = 8 + 1 \times x - 2 \times (x - 4) \times \dfrac{x-4}{2} = -x^2 + 9x - 8$ 〔kN·m〕

$\dfrac{dM_{BC}}{dx} = -2x + 9 = 0$

よって，$x = 4.5$ m で M_{BC} の極値をとるので

$M_{BC}(x = 4.5) = -4.5^2 + 9 \times 4.5 - 8 = 12.25$ 〔kN·m〕

となる。これらの応力図を**解図 4.2** に示す。

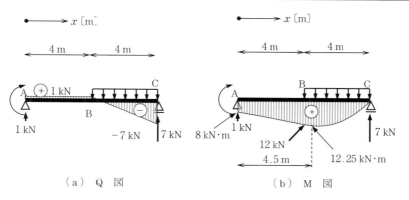

(a) Q 図 (b) M 図

解図 4.2 演習問題 4.4 の解答

演習問題 4.5

AB, BC, CD 間のせん断力を曲げモーメントの勾配から求める。

$$Q_{AB} = \frac{6-(-6)}{2} = 6 \ [\text{kN}], \quad Q_{BC} = \frac{10-6}{4} = 1 \ [\text{kN}], \quad Q_{CD} = \frac{0-10}{2} = -5 \ [\text{kN}]$$

梁に作用する集中荷重と反力はせん断力の差となる。また，点 A では集中モーメントを作用させる。これらの結果を**解図 4.3** に示す。

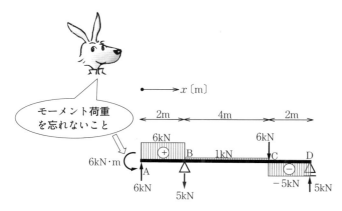

解図 4.3 演習問題 4.5 の解答

演習問題 4.6

(a) 左側の支点を L，右側の支点を R とし，その鉛直方向の反力（上向き正）を V_L, V_R とする。

$$\sum Y = V_L + V_R - 2 \times 8 = 0, \quad \sum M_{(L)} = 12 + 16 \times 4 - V_R \times 8 = 0$$

$$\therefore \ V_L = 6.5 \ [\text{kN}], \quad V_R = 9.5 \ [\text{kN}]$$

応力は次式で表現される。

$Q_x = 6.5 - 2 \times x = -2x + 6.5$ 〔kN〕

$M_x = 12 + 6.5x - 2x \times \dfrac{x}{2} = -x^2 + 6.5x + 12$ 〔kN・m〕

（b）M_x, Q_x をそれぞれ x で微分すると，以下が成立する。

$\dfrac{dM_x}{dx} = -2x + 6.5 = Q_x, \qquad \dfrac{dQ_x}{dx} = -2 = -w_x$

（c）$\dfrac{dM_x}{dx} = 0$ より $x = 3.25$ m で M_x の極値をとる。

$M_x(x = 3.25) = -3.25^2 + 6.5 \times 3.25 + 12 \fallingdotseq 22.6$ 〔kN・m〕

（d）Q 図，M 図を**解図 4.4** に示す。

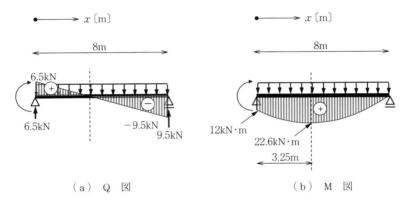

解図 4.4　演習問題 4.6 の解答

演習問題 5.1

反力を座標正方向に定義する。水平方向に作用する外力はないので，$H_A = 0$ である。

$\sum Y = V_A + V_D - 12 = 0$

$\sum M_{(A)} = -6 + 12 \times 4 - V_D \times 6 = 0$

$V_A = 5$ 〔kN〕,　　$V_D = 7$ 〔kN〕

点 E，F，G における応力は以下のように求められる。左側の部分構造より

$Q_E = 0$,　　$M_E = 0$,　　$N_E = -5$ kN（圧縮）

$Q_F = 5 - 2 \times 3 \div 2 = 2$ 〔kN〕,　　$M_F = 5 \times 3 - 6 - 3 \times 1 = 6$ 〔kN・m〕,　　$N_F = 0$

右側の部分構造より

$Q_G = 0$,　　$M_G = 0$,　　$N_G = -7$ kN（圧縮）

演習問題 5.2

解き方は斜材のあるラーメンとまったく同じである。反力は左右対称であるから，5 kN ずつである。**解図 5.1** を参照し左側の部分構造より，以下のように点 C の応力が得られる。

$M_C = 5 \times 4(1 - \cos 45°) \fallingdotseq 5.86$ 〔kN・m〕

$Q_C = 5 \times \cos 45° \fallingdotseq 3.54$ 〔kN〕
$N_C = -5 \times \sin 45° \fallingdotseq -3.54$ 〔kN〕

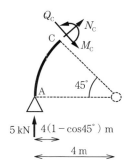

解図 5.1　演習問題 5.2 の解き方

演習問題 5.3

（a）最初に反力を求める。節点 A，D の座標正方向に反力 V_A, H_A, V_D を設定する。

$\sum X = H_A + 10 + 20 = 0$
$\sum Y = V_A + V_D = 0$
$\sum M_{(A)} = 20 \times 1.5 + 10 \times 3 - 4 V_D = 0$

より，$V_A = -15$ 〔kN〕，$H_A = -30$ 〔kN〕，$V_D = 15$ 〔kN〕が得られる。
集中荷重のみであるので，荷重作用点，節点，支点での曲げモーメントを求め，それを線で結ぶことにより曲げモーメント図が得られる。

左側の部分構造より

$M_A = 0$, $M_E = 30 \times 1.5 = 45$ 〔kN·m〕, $M_B = 30 \times 3 - 20 \times 1.5 = 60$ 〔kN·m〕

右側の部分構造より

$M_C = M_D = 0$

また各材のせん断力，軸力はつぎのとおりとなる。

$Q_{AE} = 30$ 〔kN〕, $Q_{EB} = 30 - 20 = 10$ 〔kN〕, $Q_{BC} = -15$ 〔kN〕, $Q_{CD} = 0$
$N_{AB} = 15$ 〔kN〕, $N_{BC} = 30 - 20 - 10 = 0$, $N_{CD} = -15$ 〔kN〕

応力図は**解図 5.2** のようになる。

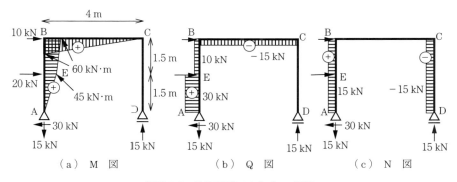

解図 5.2　演習問題 5.3 (a) の解答

（b）最初に反力を求める。節点 A，D の座標正方向に反力 V_A，V_D，H_D を設定する。

$$\sum X = H_D + 6 = 0$$
$$\sum Y = V_A + V_D - 6 = 0$$
$$\sum M_{(D)} = 6 \times V_A + 6 \times 2 - 6 \times 3 = 0$$

より $V_A = 1$ kN，$V_D = 5$ kN，$H_D = -6$ kN が得られる。

集中荷重のみであるので，荷重作用点，節点，支点での曲げモーメントを求め，それを線で結ぶことにより曲げモーメント図が得られる。

左側の部分構造より

$$M_A = M_B = 0, \quad M_E = 1 \times 3 = 3 \text{ [kN·m]}$$

右側の部分構造より

$$M_D = 0, \quad M_C = -6 \times 2 = -12 \text{ [kN·m]}$$

また各材のせん断力，軸力はつぎのとおりとなる。

$$Q_{AB} = 0, \quad Q_{BE} = 1 \text{ [kN]}, \quad Q_{BC} = -5 \text{ [kN]}, \quad Q_{CD} = 6 \text{ [kN]}$$
$$N_{AB} = -1 \text{ [kN]}, \quad N_{BC} = -6 \text{ [kN]}, \quad N_{CD} = -5 \text{ [kN]}$$

応力図は**解図 5.3** のようになる。

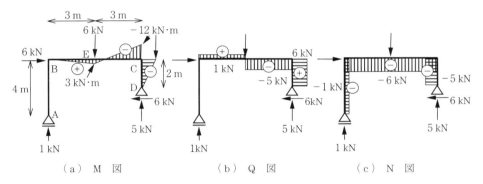

(a) M 図　　　(b) Q 図　　　(c) N 図

解図 5.3 演習問題 5.3（b）の解答

演習問題 5.4

3 ヒンジラーメンでは四つの反力を設定する。以下の力の釣合い式

$$\sum X = H_A + H_D + 3 = 0$$
$$\sum Y = V_A + V_D = 0$$
$$\sum M_{(A)} = 3 \times 4 - V_D \times 4 + H_D \times 2 = 0$$

に加え，点 E で切断し部分構造を利用して，$M_E = 0$ の式を立てる。左側の部分構造より

$$M_E = 2V_A - 4H_A = 0$$

となる。四つの式から，$V_A = -2$ kN，$H_A = -1$ kN，$V_D = 2$ kN，$H_D = -2$ kN が得られる。V_A，H_A，H_D は負となったので，矢印の向きを反対にして，正の反力の値を記入する。

これより，**解図 5.4** に示す応力図が得られる。

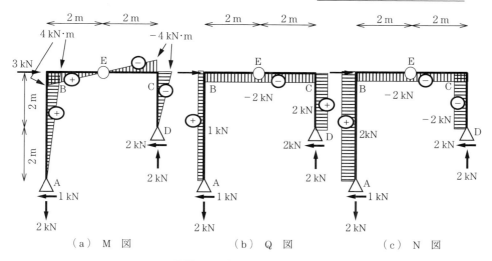

解図 5.4 演習問題 5.4 の解答

演習問題 6.1

（a） L字型の断面を，**解図 6.1** 上段に示すように縦長と横長の長方形の二つの領域に分解し，それぞれの断面積と断面一次モーメントを求める。

$A = A_1 + A_2 = 20 \times 60 + 60 \times 20 = 2\,400 \ [\mathrm{cm}^2]$

$S_x = A_1 y_{G1} + A_2 y_{G2} = 20 \times 60 \times 30 + 60 \times 20 \times 10 = 48\,000 \ [\mathrm{cm}^3]$

$S_y = A_1 x_{G1} + A_2 x_{G2} = 20 \times 60 \times 10 + 60 \times 20 \times 50 = 72\,000 \ [\mathrm{cm}^3]$

$x_G = \dfrac{S_y}{A} = \dfrac{72\,000}{2\,400} = 30 \ [\mathrm{cm}]$

$y_G = \dfrac{S_x}{A} = \dfrac{48\,000}{2\,400} = 20 \ [\mathrm{cm}]$

（b） 解図 6.1 中段に示すように中空のない長方形断面から内側の長方形を差し引く。

$A = A_1 - A_2 = 70 \times 70 - 30 \times 40 = 3\,700 \ [\mathrm{cm}^2]$

$S_x = A_1 y_{G1} - A_2 y_{G2} = 4\,900 \times 35 - 1\,200 \times 40 = 123\,500 \ [\mathrm{cm}^3]$

$S_y = A_1 x_{G1} - A_2 x_{G2} = 4\,900 \times 35 - 1\,200 \times 45 = 117\,500 \ [\mathrm{cm}^3]$

$x_G = \dfrac{S_y}{A} = \dfrac{117\,500}{3\,700} \fallingdotseq 31.8 \ [\mathrm{cm}]$

$y_G = \dfrac{S_x}{A} = \dfrac{123\,500}{3\,700} \fallingdotseq 33.4 \ [\mathrm{cm}]$

図心位置は解図 6.1 下段に示すとおりである。

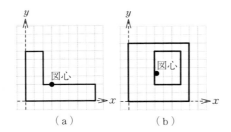

解図 6.1 演習問題 6.1 の解答

演習問題 6.2

　最初に図心位置を求める。もとの長方形断面の面積を A_1，スラブ協力幅分の面積を A_2 とする。y 座標を下向き正とすると，

$$A = A_1 + 2A_2 = 30 \times 60 + 2 \times 48 \times 15 = 1\,800 + 2 \times 720 = 3\,240 \ [\mathrm{cm}^2]$$

$$\begin{aligned} S_x &= A_1 y_{G1} + 2A_2 y_{G2} \\ &= 1\,800 \times 30 + 2 \times 720 \times 7.5 = 64\,800 \ [\mathrm{cm}^3] \end{aligned}$$

$$y_G = \frac{S_x}{A} = \frac{64\,800}{3\,240} = 20 \ [\mathrm{cm}]$$

つぎに，平行軸の定理を利用して，全体の断面二次モーメントを算定する。

$$\begin{aligned} I_X &= \left[I_{X1} + A_1 \left(y_G - y_{G1} \right)^2 \right] + 2 \left[I_{X2} + A_2 \left(y_G + y_{G2} \right)^2 \right] \\ &= \left[\frac{30 \times 60^3}{12} + 1\,800 \times (20-30)^2 \right] + 2 \left[\frac{48 \times 15^3}{12} + 720 \times (20-7.5)^2 \right] \\ &= 9.72 \times 10^5 \ [\mathrm{cm}^4] \end{aligned}$$

長方形断面の梁の断面二次モーメントは

$$I_X = \frac{30 \times 60^3}{12} = 5.40 \times 10^5 \ [\mathrm{cm}^4]$$

であるので，スラブ効果を考慮した梁の断面二次モーメントは

$$\phi = \frac{9.72 \times 10^5}{5.4 \times 10^5} = 1.8$$

より，もとの長方形断面の 1.8 倍となる。

演習問題 6.3

例題 6.10 の結果より $I_x = 5.60 \times 10^5 \text{ cm}^4$ であり,$Y_U = Y_L = 30 \text{ cm}$ であるので,つぎのように断面係数が得られる。

$$Z_{xU} = Z_{yU} = \frac{I_x}{Y_U} = \frac{5.60 \times 10^5}{30} \fallingdotseq 1.87 \times 10^4 \text{ [cm}^3\text{]}$$

演習問題 6.4

解図 6.2 に示すように,長方形断面と円形断面の差として計算することができる。

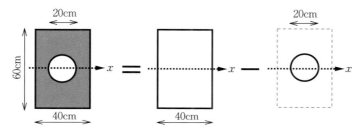

解図 6.2 演習問題 6.4 の解き方

$$I_x = \frac{40 \times 60^3}{12} - \frac{\pi \times 10^4}{4} \fallingdotseq 7.12 \times 10^5 \text{ [cm}^4\text{]}$$

x 軸に関する断面係数は,以下となる。

$$Z_x = \frac{I_x}{30} \fallingdotseq 2.37 \times 10^5 \text{ [cm}^3\text{]}$$

演習問題 7.1

(a) $I = \dfrac{30 \times 40^3}{12} = 1.6 \times 10^5 \text{ [cm}^4\text{]}$

(b) $A = 30 \times 40 = 1200 \text{ [cm}^2\text{]}$,$\sigma_t = \dfrac{P}{A} = \dfrac{180 \times 10^3}{1200 \times 10^2} = 1.5 \text{ [N/mm}^2\text{]}$

(c) $\tau_{\max} = 1.5 \times \dfrac{Q}{A} = \dfrac{1.5 \times 80 \times 10^3}{1200 \times 10^2} = 1.0 \text{ [N/mm}^2\text{]}$

(d) $Z = \dfrac{30 \times 40^2}{6} = 8000 \text{ [cm}^3\text{]}$,$\sigma_b = \dfrac{M}{Z} = \dfrac{40 \times 10^6}{8000 \times 10^3} = 5 \text{ [N/mm}^2\text{]}$

演習問題 7.2

柱の断面積と断面係数は,以下のとおりである。

$$A = 30 \times 40 = 1200 \text{ [cm}^2\text{]},\quad Z = \frac{bh^2}{6} = \frac{30 \times 40^2}{6} = 8000 \text{ [cm}^3\text{]}$$

軸力に対する垂直応力度はつぎのようになる。

$$\sigma_0 = \frac{N}{A} = \frac{-600 \times 10^3}{1\,200 \times 10^2} = -5 \; [\text{N/mm}^2] \;(圧縮)$$

曲げモーメント M 〔kN·m〕に対する縁応力度は M/Z であるので，片側の縁応力度が 0 となるために必要な M は以下のように求められる。

$$\sigma_L = \frac{N}{A} + \frac{M}{Z} = -5 + \frac{M \times 10^6}{8\,000 \times 10^3} = 0$$

$$\therefore \quad M = 40 \; \text{kN·m}$$

このときの反対側の縁応力度は，次式となる。

$$\sigma_R = \frac{N}{A} - \frac{M}{Z} = -5 - \frac{40 \times 10^6}{8\,000 \times 10^3} = -10 \; [\text{N/mm}^2]$$

演習問題 7.3

現在の梁の断面 2 次モーメントは $I_x = \dfrac{bh^3}{12}$ である。

(a) $h \to 2h$ で，I_x は 8 倍となるため，たわみは 1/8 倍である。

(b) $I_x = 2 \times \dfrac{b\left(\dfrac{h}{2}\right)^3}{12} = \dfrac{1}{4} \times \dfrac{bh^3}{12}$ となるため，たわみは 4 倍である。

(c) $I_x = 8 \times \dfrac{2b\left(\dfrac{h}{4}\right)^3}{12} = \dfrac{1}{4} \times \dfrac{bh^3}{12}$ となるため，たわみは 4 倍である。

演習問題 7.4

最大の曲げモーメントは 30 kN·m となる。部材の断面係数は次式となる。

$$Z = \frac{bh^2}{6} = \frac{20 \times h^2}{6} = \frac{10h^2}{3} \; [\text{cm}^3]$$

最大曲げモーメントと断面係数より最大曲げ応力度を求めることができるので，最大曲げ応力度を許容応力度以内とするのに必要な部材断面のせい h〔cm〕は以下となる。

$$\sigma = \frac{M}{Z} = \frac{30 \times 10^6 \; [\text{N·mm}]}{\dfrac{10h^2}{3} \times 10^3 \; [\text{mm}^3]} = \frac{9\,000}{h^2} \leq 10 \; [\text{N/mm}^2]$$

$$\therefore \quad h \geq 30 \; [\text{cm}]$$

応力度の計算自体は N, mm 系に修正しているが，h 自体の単位はあくまでも cm である点に注意する。

演習問題 8.1

$$\sigma = \frac{P}{A} = \frac{50 \times 10^3}{10 \times 10^2} = 50 \; [\text{N/mm}^2]$$

$$\varepsilon = \frac{\sigma}{E} = \frac{50}{2.0 \times 10^5} = 2.5 \times 10^{-4}$$

$$\delta = L\varepsilon = 4\times 10^3 \times 2.5\times 10^{-4} = 1 \ [\text{mm}]$$

$$k = \frac{EA}{L} = \frac{2.0\times 10^5 \times 10\times 10^2}{4\times 10^3} = 5\times 10^4 \ [\text{N/mm}] = 5\times 10^4 \ [\text{kN/m}]$$

解表 8.1 演習問題 8.1 の解答

変化させた定数	垂直応力度 σ	垂直ひずみ度 ε	変形 δ	ばね定数 k
断面積 $A = 20 \text{ cm}^2$	1/2 倍	1/2 倍	1/2 倍	2 倍
材 長 $L = 8 \text{ m}$	×	×	2 倍	1/2 倍
荷 重 $P = 100 \text{ kN}$	2 倍	2 倍	2 倍	×
$E = 2\times 10^4 \text{ N/mm}^2$	×	10 倍	10 倍	1/10 倍
$A = 20 \text{ cm}^2,\ L = 8 \text{ m}$	1/2 倍	1/2 倍	1 倍	1 倍
$L = 8 \text{ m},\ E = 2\times 10^4 \text{ N/mm}^2$	×	10 倍	20 倍	1/20 倍

演習問題 8.2

$$M = -PL = -50\times 4 = -200 \ [\text{kN}\cdot\text{m}]$$

$$I = \frac{bh^3}{12} = \frac{30\times 60^3}{12} = 5.4\times 10^5 \ [\text{cm}^4]$$

$$\delta = \frac{PL^3}{3EI} = \frac{50\times 10^3 \ [\text{N}]\times (4\times 10^3)^3 \ [\text{mm}^3]}{3\times 2\times 10^5 \ [\text{N/mm}^2]\times 5.4\times 10^5 \times 10^4 \ [\text{mm}^4]} = \frac{5\times 4^3}{3\times 2\times 54} \fallingdotseq 0.988 \ [\text{mm}]$$

$$\theta = -\frac{PL^2}{2EI} = -\frac{50\times 10^3 \times (4\times 10^3)^2}{2\times 2\times 10^5 \times 5.4\times 10^5 \times 10^4} = -\frac{5\times 4^2}{2\times 2\times 5.4\times 10^4} \fallingdotseq -3.70\times 10^{-4} \ [\text{rad}]$$

解表 8.2 演習問題 8.2 の解答

変化させた定数	M	I	δ	θ
幅 $b = 60 \text{ cm}$	×	2 倍	1/2 倍	1/2 倍
せい $h = 30 \text{ cm}$	×	1/8 倍	8 倍	8 倍
材長 $L = 2 \text{ m}$	1/2 倍	×	1/8 倍	1/4 倍
荷重 $P = 100 \text{ kN}$	2 倍	×	2 倍	2 倍
$E = 2\times 10^4 \text{ N/mm}^2$	×	×	10 倍	10 倍
$b = 60 \text{ cm},\ L = 8 \text{ m}$	2 倍	2 倍	4 倍	2 倍
$L = 8 \text{ m},\ E = 1\times 10^5 \text{ N/mm}^2$	2 倍	×	16 倍	8 倍

演習問題 8.3

奥行き 1 m 当りで考える。このときの等分布荷重は
$$w = 5\,[\mathrm{kN/m^2}] \times 1\,[\mathrm{m}] = 5\,[\mathrm{kN/m}] = 5\,[\mathrm{N/mm}]$$
となる（単位面積当りの値から，単位長さ当りの値に変換されていることに注意）。
同様に断面二次モーメントは
$$I = \frac{bh^3}{12} = \frac{100 \times 15^3}{12} = 28\,125\,[\mathrm{cm^4}]$$
であるので，最大たわみは以下で求められる。
$$\delta = \frac{5wL^4}{384EI} = \frac{5 \times 5 \times 4\,000^4}{384 \times 2 \times 10^4 \times 28\,125 \times 10^4} \fallingdotseq 2.96\,[\mathrm{mm}]$$
奥行き幅については，w と I が同じオーダーで変化するため，これを 1 cm として計算しても，1 mm として計算しても結果は同じである。

演習問題 8.4

(1) 曲げモーメントは**解図 8.1**（a）のようになる。

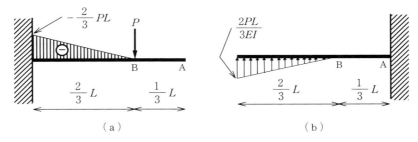

解図 8.1 演習問題 8.4 の解き方

(2) 共役梁では，片持ち梁の自由端と固定端を逆とし，仮想荷重は図（b）のように曲げモーメント図と反対方向より掛ける。

(3) モールの定理より，共役梁のせん断力がたわみ角，曲げモーメントがたわみとなるため，点 A，点 B のたわみとたわみ角は以下のとおりとなる。せん断力，曲げモーメントの正負に注意すること。

$$\theta_\mathrm{B} = \overline{Q}_\mathrm{B} = \frac{2PL}{3EI} \times \frac{2L}{3} \times \frac{1}{2} = \frac{2PL^2}{9EI} \quad \rightarrow \text{これが仮想荷重の合力に相当する}$$

$$\delta_\mathrm{B} = \overline{M}_\mathrm{B} = \frac{2PL^2}{9EI} \times \left(\frac{2}{3} \times \frac{2}{3}\right)L = \frac{2PL^2}{9EI} \times \frac{4}{9}L = \frac{8PL^3}{81EI}$$

$$\theta_\mathrm{A} = \overline{Q}_\mathrm{A} = \overline{Q}_\mathrm{B} = \frac{2PL^2}{9EI}$$

$$\delta_\mathrm{A} = \overline{M}_\mathrm{A} = \frac{2PL^2}{9EI} \times \left(\frac{2}{3} \times \frac{2}{3} + \frac{1}{3}\right)L = \frac{2PL^2}{9EI} \times \frac{7}{9}L = \frac{14PL^3}{81EI}$$

(4) B 点におけるたわみとたわみ角は図 8.14 に示す結果を参照して以下となる。

$$\delta_\mathrm{B} = \frac{P\left(\frac{2L}{3}\right)^3}{3EI} = \frac{8PL^3}{81EI} \qquad \theta_\mathrm{B} = \frac{P\left(\frac{2L}{3}\right)^2}{2EI} = \frac{2PL^2}{9EI}$$

点 A におけるたわみは，点 B におけるたわみに，たわみ角と材長によって生じる変形を加え得られる。点 A におけるたわみ角は点 B と同じである。

$$\delta_A = \frac{8PL^3}{81EI} + \frac{2PL^2}{9EI} \times \frac{L}{3} = \frac{14PL^3}{81EI}$$

$$\theta_A = \theta_B = \frac{2PL^2}{9EI}$$

モールの定理による結果と一致する。

演習問題 8.5

座屈する方向は弱軸であるので，奥行き方向に座屈する。このときの断面二次モーメントは

$$I = \frac{12 \times 3^3}{12} = 27 \ [\text{cm}^3]$$

となり，断面二次半径は次式となる。

$$i = \sqrt{\frac{27}{12 \times 3}} = \frac{\sqrt{3}}{2} \fallingdotseq 0.866 \ [\text{cm}]$$

有効座屈長さは，図 8.29 を参照して，片側固定端，片側自由端より 2 m となるので，細長比はつぎのとおりとなる。

$$\lambda = \frac{L_k}{i} = \frac{200}{\frac{\sqrt{3}}{2}} \fallingdotseq 231$$

弾性座屈荷重は，つぎのとおりとなる。

$$P_{cr} = \frac{\pi^2 EI}{L_k^2} = \frac{\pi^2 \times 1 \times 10^4 \times 27 \times 10^3}{2\,000^2} \fallingdotseq 666 \ [\text{N}] = 0.666 \ [\text{kN}]$$

また，座屈応力度は次式で得られる。

$$\sigma_{cr} = \frac{\pi^2 E}{\lambda^2} = \frac{\pi^2 \times 1 \times 10^4}{231^2} \fallingdotseq 1.85 \ [\text{N/mm}^2]$$

演習問題 9.1

(1) 中間荷重による固定端モーメントは以下となる。

$$C_{AB} = -\frac{12 \times 4^2}{12} = -16 \ [\text{kN·m}], \quad C_{BA} = 16 \ [\text{kN·m}]$$

(2) 剛比を $k=1$ として，たわみ角法の基本式を示す。

$$M_{AB} = 2\varphi_A + \varphi_B - 16, \quad M_{BA} = 2\varphi_B + \varphi_A + 16$$

(3) 境界条件は以下となる。

点 A で節点角 0：$\varphi_A = 0$，点 B で節点方程式：$M_{BA} = 0$

これより方程式を解く

$$M_{AB} = \varphi_B - 16, \quad 0 = 2\varphi_B + 16$$

$$\varphi_B = -8 \ [\text{kN·m}], \quad M_{AB} = -24 \ [\text{kN·m}]$$

(4) 重ね合わせの原理により，**解図 9.1** に示す応力図が得られる。反力も応力図から求められる。

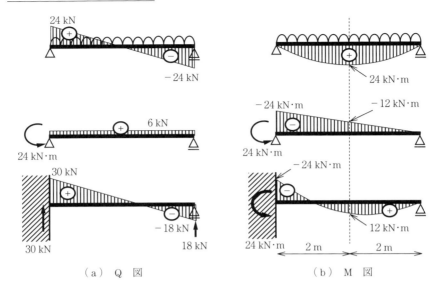

（a） Q 図 （b） M 図

解図 9.1　演習問題 9.1 の解答

演習問題 9.2

① 固定端モーメントは AB 材，BC 材の両者で発生する。

AB 材：$C_{AB} = -\dfrac{wL^2}{12} = -\dfrac{20 \times 6^2}{12} = -60$ 〔kN·m〕，　$C_{BA} = 60$ 〔kN·m〕

BC 材：$C_{BC} = -\dfrac{PL}{8} = -\dfrac{90 \times 4}{8} = -45$ 〔kN·m〕，　$C_{CB} = 45$ 〔kN·m〕

② 断面二次モーメントは同じであるので，剛比は材長に反比例する。

$k_{AB} = 1$，　$k_{BC} = \dfrac{6}{4} = 1.5$

なお，$k_{AB} : k_{BC} = 2 : 3$ としても同じ結果が得られる。

③ たわみ角法の基本式を得る。固定端の $\varphi_C = 0$ はすでに考慮している。

$M_{AB} = 2\varphi_A + \varphi_B - 60$，　$M_{BA} = 2\varphi_B + \varphi_A + 60$
$M_{BC} = 1.5(2\varphi_B) - 45 = 3\varphi_B - 45$，　$M_{CB} = 1.5\varphi_B + 45$

④ 釣合い条件として，点 A，B の節点方程式を立てる。

点 A：$M_{AB} = 0 \rightarrow 2\varphi_A + \varphi_B - 60 = 0$
点 B：$M_{BA} + M_{BC} = 0 \rightarrow \varphi_A + 5\varphi_B + 15 = 0$

⑤ $\varphi_A = 35$ kN·m，$\varphi_B = -10$ kN·m より以下のように材端モーメントが得られる。

$M_{BA} = 75$ 〔kN·m〕，　$M_{BC} = -M_{BA} = -75$ 〔kN·m〕，　$M_{CB} = 30$ 〔kN·m〕

⑥ **解図 9.2** に示すように，AB 材では等分布荷重と材端モーメント，BC 材では集中荷重と材端モーメントによる M 図を重ね合わせる。最終的に得られる M 図，Q 図を**解図 9.3** に示す。

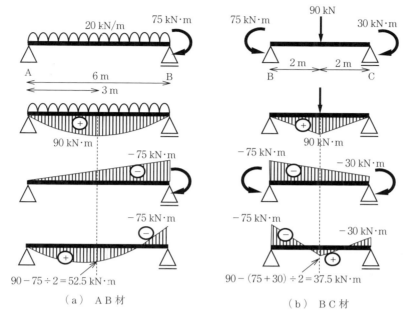

(a) AB材
(b) BC材

解図9.2 重ね合わせの原理による各材の曲げモーメント図

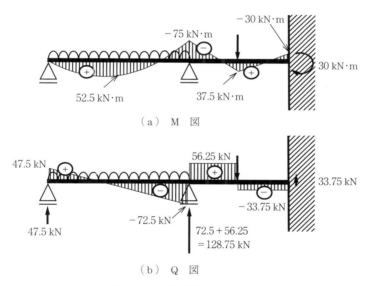

(a) M図

(b) Q図

解図9.3 演習問題9.2の応力図

演習問題 9.3

解図 9.4 に示す二つの状態を考える。

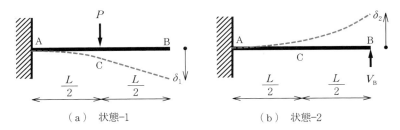

解図 9.4 演習問題 9.3 の解き方

状態 1，2 のときの片持ち梁先端のたわみ δ_1，δ_2 は，以下のようになる。ただし，下方を正にとる。

$$\delta_1 = \frac{P\left(\frac{L}{2}\right)^3}{3EI} + \frac{P\left(\frac{L}{2}\right)^2}{2EI} \times \frac{L}{2} = \frac{PL^3}{EI}\left(\frac{1}{24} + \frac{1}{16}\right) = \frac{5}{48}\frac{PL^3}{EI}$$

$$\delta_2 = -\frac{V_B L^3}{3EI} = -\frac{1}{3}\frac{V_B L^3}{EI}$$

ここで，δ_1 は中央部でのたわみに，たわみ角に $L/2$ を掛けたたわみを足したものとなる。両者のたわみを足して 0 となるときの V_B が静定梁のローラーの反力となる。

$$\delta_1 + \delta_2 = \frac{L^3}{EI}\left(\frac{5}{48}P - \frac{1}{3}V_B\right) = 0$$

$$\therefore\ V_B = \frac{5}{16}P$$

図 9.22 の左右端を逆にした形と同じ結果となる。

演習問題 10.1

① 固定端モーメントは BC 材で発生する。

$$C_{BC} = -\frac{wL^2}{12} = -\frac{8 \times 6^2}{12} = -24\ [\text{kN} \cdot \text{m}], \quad C_{CB} = 24\ [\text{kN} \cdot \text{m}]$$

② $k_{BC} = 2, \quad k_{AB} = k_{CD} = 3$

③ たわみ角法の基本式を得る。この際に，固定端で $\varphi_A = \varphi_D = 0$ を考慮する。

$M_{AB} = 3\varphi_B, \quad M_{BA} = 3(2\varphi_B) = 6\varphi_B$

$M_{BC} = 2(2\varphi_B + \varphi_C) - 24 = 4\varphi_B + 2\varphi_C - 24, \quad M_{CB} = 2(2\varphi_C + \varphi_B) + 24 = 4\varphi_C + 2\varphi_B + 24$

$M_{CD} = 3(2\varphi_C) = 6\varphi_C, \quad M_{DC} = 3\varphi_C$

④ 釣合いを考える。最初に，逆対称条件より $\varphi_C = -\varphi_B$ を考慮すると次式を得る。

$M_{BC} = 4\varphi_B - 2\varphi_B - 24 = 2\varphi_B - 24$

つぎに点 B で節点方程式を立て，$M_{BA} + M_{BC} = 0$ を考慮すると

$M_{BA} + M_{BC} = 6\varphi_B + 2\varphi_B - 24 = 0$

これより，$\varphi_B = 3\ \text{kN} \cdot \text{m}$ が得られる。

⑤ 以下のように材端モーメントが得られる。

$M_{AB} = 9$ 〔kN·m〕, $M_{BA} = 18$ 〔kN·m〕, $M_{BC} = -18$ 〔kN·m〕
$M_{CB} = 18$ 〔kN·m〕, $M_{CD} = -18$ 〔kN·m〕, $M_{DC} = -9$ 〔kN·m〕

⑥ 柱材では材端モーメントからM図を作成する。梁材では等分布荷重と材端モーメントによるM図を重ね合わせる。梁中央部の曲げモーメントはつぎのようになる。

$$M_E = \frac{8 \times 6^2}{8} - 8 = 18 \text{〔kN·m〕}$$

最終的に得られる応力図を**解図 10.1** に示す。

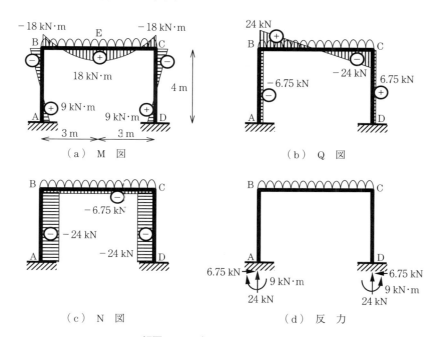

(a) M 図 (b) Q 図

(c) N 図 (d) 反 力

解図 10.1 演習問題 10.1 の解答

演習問題 10.2

(1) 以下の①〜⑤の手順で解く。

① 固定端モーメントはない。点Bでのモーメント荷重は節点方程式で考慮する。

② $k_{AB} : k_{BC} = (2I/4) : (3I/6) = 1 : 1$ であるので、$k_{AB} = k_{BC} = 1$ で設定する。

③ たわみ角法の基本式を得る。この際に、固定端の条件である $\varphi_A = \varphi_C = 0$ を考慮する。
$M_{AB} = k_{AB}(2\varphi_A + \varphi_B) + C_{AB} = \varphi_B$, $M_{BA} = 2\varphi_B$
$M_{BC} = 2\varphi_B$, $M_{CB} = \varphi_B$

④ 点Bの節点方程式を立てる。
$M_{BA} + M_{BC} = 24 \rightarrow \varphi_B = 6$ 〔kN·m〕

⑤ 材端モーメントは以下のように得られる。
$M_{AB} = \varphi_B = 6$ 〔kN·m〕, $M_{BA} = 2\varphi_B = 12$ 〔kN·m〕
$M_{BC} = 2\varphi_B = 12$ 〔kN·m〕, $M_{CB} = \varphi_B = 6$ 〔kN·m〕

(2) 分配率を利用して点Bの材端モーメントを、到達率を用いて固定端の材端モーメントを求める。

$$M_{BA} = \frac{k_{AB}}{k_{AB}+k_{BC}}M = \frac{1}{1+1}\times 24 = 12 \text{ [kN·m]}, \qquad M_{AB}=\frac{1}{2}M_{BA}=6 \text{ [kN·m]}$$

$$M_{BC}=12 \text{ [kN·m]}, \qquad M_{CB}=6 \text{ [kN·m]}$$

(1) と同じ材端モーメントとなる。

(3) せん断力は曲げモーメントの勾配より求める。

$$Q_{AB}=\frac{1}{4}(-12-6)=-4.5 \text{ [kN]}, \qquad Q_{BC}=\frac{1}{6}(-6-12)=-3 \text{ [kN]}$$

軸力はせん断力から判断できる。M図，Q図，N図を**解図10.2**に示す。

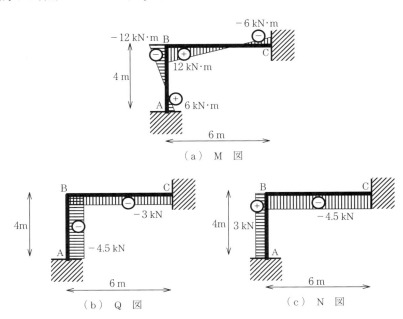

解図10.2 演習問題10.2の解答

演習問題10.3

梁材の有効剛比は点B，Cがローラー支点であるので，以下となる。

$$k^e_{BE}=0.75k_{BE}=1.5, \qquad k^e_{CE}=1.5$$

各部材の材端モーメントは剛比の分配率より以下となる。

$$M_{EA}=\frac{k_{AE}}{k_{AE}+k_{DE}+k^e_{BE}+k^e_{CE}}M=\frac{3}{9}\times 45=15 \text{ [kN·m]}$$

$$M_{EB}=\frac{1.5}{9}\times 45=7.5 \text{ [kN·m]},$$

$$M_{EC}=7.5 \text{ [kN·m]}, \qquad M_{ED}=15 \text{ [kN·m]}$$

固定端では，到達率が1/2であることから

$$M_{AE}=7.5 \text{ [kN·m]}, \qquad M_{DE}=7.5 \text{ [kN·m]}$$

ローラー支点では，材端モーメントは0である。

$$M_{BE}=M_{CE}=0$$

曲げモーメント図を**解図10.3**に示す。

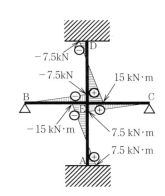

解図10.3 演習問題10.3の解答

演習問題 10.4

材BE，ECに作用する荷重による点Eの固定端モーメント C_{EB}，C_{EC} は以下のとおりとなる。

$$C_{EB} = \frac{wL^2}{12} = \frac{2 \times 6^2}{12} = 6 \text{ (kN·m)}, \quad C_{EC} = -\frac{PL}{8} = -\frac{8 \times 4}{8} = -4 \text{ (kN·m)}$$

解図 10.4 演習問題 10.4 の解答

また，**解図 10.4** に示すように，点Eを固定端と仮定したときの荷重 P_D 〔kN〕によるモーメント反力を，等価な固定端モーメントと考えることができる。

$$C_{ED} = -P_D \times 2 = -2P_D \text{ (kN·m)}$$

柱AE材に曲げモーメントが生じないようにするためには，点Eにおける固定端モーメントの総和＝不釣合い力が0になればよい。よって，$M = C_{EB} + C_{EC} + C_{ED} = 6 - 4 - 2P_D = 0$ より $P_D = 1$ kN が得られる。

演習問題 10.5

柱の1本当りのせん断力は，水平力の1/2となるので，$Q_{AB} = 50/2 = 25$ kN となる。柱頭と柱脚の材端モーメントの総和は式(10.15)より $Q_{AB}H = 25 \times 4 = 100$ kN·m となる。反曲点高比が0.8であることから，$M_{AB} : M_{BA} = 0.8 : 0.2$ となる。これより材端モーメントが次式で得られる。

$$M_{AB} = -80 \text{ (kN·m)}, \quad M_{BA} = -20 \text{ (kN·m)}$$

柱の材端モーメントと曲げモーメントの関係より

$$M_A = M_{AB} = -80 \text{ (kN·m)}$$
$$M_B = -M_{BA} = 20 \text{ (kN·m)}$$

が得られる。梁の曲げモーメントとせん断力は

$$M_B = 20 \text{ (kN·m)}, \quad M_C = -20 \text{ (kN·m)}, \quad Q_{BC} = \frac{-20-20}{5} = -8 \text{ (kN)}$$

となる。曲げモーメント図とせん断力図を**解図 10.5** に示す。

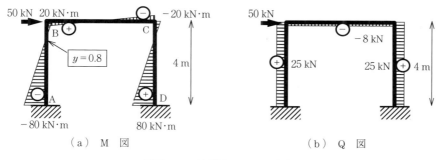

(a) M 図   (b) Q 図

解図 10.5 演習問題 10.5 の解答

演習問題 10.6

柱が 4 本あるので，層剛性は $k_S = 48EI/H^3$ となる。ここで

$$H = 4 \text{ (m)}, \quad I = \frac{60 \times 60^3}{12} = 1.08 \times 10^6 \text{ (cm}^4\text{)} = 1.08 \times 10^{-2} \text{ (m}^4\text{)}$$

$$E = 2.0 \times 10^4 \text{ (N/mm}^2\text{)} = 2.0 \times 10^7 \text{ (kN/m}^2\text{)}$$

を代入すると

$$k_S = \frac{48 \times 2.0 \times 10^7 \times 1.08 \times 10^{-2}}{4^3} = 1.62 \times 10^5 \text{ (kN/m)}$$

層間変位は，$\delta_S = P/k_S$ となるので

$$\delta_S = \frac{400}{1.62 \times 10^5} \fallingdotseq 2.47 \times 10^{-3} \text{ (m)} = 2.47 \text{ (mm)}$$

演習問題 11.1

推定時の剛性を k_D，計測時の剛性を k_M とする。質量 m は正しいと考えるので，式 (11.7) より以下の関係式が得られる。

$$1.0 = 2\pi\sqrt{\frac{m}{k_D}}, \quad 0.9 = 2\pi\sqrt{\frac{m}{k_M}}$$

これより，

$$\frac{k_D}{k_M} = \left(\frac{0.9}{1.0}\right)^2 = 0.81$$

となり，計測時の剛性に対し推定剛性を 0.81 倍小さく評価していたことがわかる。

剛性や質量の変化に対する固有周期の変化は，およそ 2:1 の関係から簡単に見積もることができる。例えば，上の問題では，剛性が約 20 % 小さくなっており，固有周期は約 10 % 伸びている。また，質量が約 10 % 大きくなった場合には，固有周期は約 5 % 伸びることがわかる。

演習問題 11.2

$t = kT_0$ とそれから n 周期後の時間 $t = (k+n)T_0$ 時の振幅をそれぞれ x_k，x_{k+n} とすると，これらは近似式を用いると次式で表現される。

$$x_k = x_0 e^{-h\omega_0 kT_0}\cos(\omega_0 kT_0) = x_0 e^{-2\pi hk}$$

$$x_{k+n} = x_0 e^{-2\pi h(k+n)}$$

ここでは，$\omega_0 T_0 = 2\pi f_0 T_0 = 2\pi$ を利用している。よって，自由振動時の n 周期後の振幅は下式で示される。

$$\frac{x_{k+n}}{x_k} = \frac{e^{-2\pi h(k+n)}}{e^{-2\pi hk}} = e^{-2\pi nh}$$

上式の自然対数を取ると

$$h = -\frac{1}{2\pi n}\log_e \frac{x_{k+n}}{x_k} = \frac{1}{2\pi n}\log_e \frac{x_k}{x_{k+n}}$$

となり，この式より減数定数 h が求められる。

記 号 一 覧

構造力学，振動学で慣用的に用いられる点を優先した関係で，同じ記号が異なる変数として用いられる場合もある。ここでは，本書で利用した記号を整理しアルファベット順にまとめる。

【A】　A：断面積（全般）
【B】　b：梁断面の幅（全般）
【C】　c：減衰係数（11章）
　　　C：固定端モーメント（9章，10章）
　　　C_{AB}：AB材の点Aに作用する固定端モーメント（9章，10章）
　　　C_B：ベースシア係数（11章）
　　　C_1，C_2：積分定数（8章）
【E】　e：偶力間の距離（1章），偏心距離（7章）
　　　E：ヤング係数（8章・他）
　　　EI：曲げ剛性（8章）
【F】　f：振動数（11章）
　　　f_0：固有振動数（11章）
　　　f_b：曲げ許容応力度（7章）
　　　f_c：圧縮許容応力度（7章）
　　　f_s：せん断許容応力度（7章）
　　　f_t：引張許容応力度（7章）
　　　F：力の大きさ（1章，3章），基準強度（7章）
　　　F_C：設計基準強度（7章，8章）
　　　F_x：x軸方向の力の大きさ（1章）
　　　F_y：y軸方向の力の大きさ（1章）
【G】　g：重力加速度（$=9.80665\mathrm{m/s^2}$）（1章）（11章）
　　　G：せん断弾性係数（8章）
【H】　h：梁のせい，高さ（全般），減衰定数（11章）
　　　H：水平反力（全般），柱の高さ，建物の高さ（10章，11章）
　　　H_A：点Aでの水平反力（全般）
【I】　i：断面二次半径，回転半径（8章）
　　　I：断面二次モーメント（7章・他）
　　　I_x：x軸に関する断面二次モーメント（6章）
　　　I_y：y軸に関する断面二次モーメント（6章）

記号一覧

I_p：断面極二次モーメント（6章）†

【K】 k：ばね定数（8章，10章），節点数（9章），剛比（9章，10章），層剛性（11章）

k_b：梁の剛比（10章）

k_S：層剛性（10章）

k^e：有効剛比（10章）

K：剛度（9章）

K_0：標準剛度（9章）

【L】 L：左側の支点（全般）

L：距離（1章），梁の長さ

L_k：有効座屈長さ（8章）

【M】 m：不静定次数（9章），質量（11章）

M：モーメント（全般），曲げモーメント（全般）

M_A：点Aでのモーメント反力（全般），点Aでの曲げモーメント（全般）

$M_{(A)}$：点Aに作用する力のモーメント（全般）

M_{AB}：AB材の点Aに作用する材端モーメント（9章，10章），点AB間の曲げモーメント（全般）

【N】 n：反力数（9章），周期数（11章）

N：軸力（全般），建物階数（11章）

N_A：点Aでの軸力（全般）

N_{AB}：点AB間の軸力（全般）

【P】 P：力，集中荷重（全般）

P_{cr}：オイラーの座屈荷重（8章）

【Q】 Q：せん断力（全般）

Q_A：点Aでのせん断力（全般）

Q_{AB}：点AB間のせん断力（全般）

【R】 r：図心からの距離（6章），剛節接合材数（9章）

R：右側の支点（全般）

R：合力（1章，3章，4章），半径（6章），部材角（10章）

【S】 s：部材数（9章）

S_x：x軸に関する断面1次モーメント（6章）

S_y：y軸に関する断面1次モーメント（6章）

【T】 t：時間（11章）

T：周期（11章）

T_0：固有周期（11章）

【V】 V：鉛直反力（全般）

V_A：点Aでの鉛直反力（全般）

【W】 w：単位長さあたりの荷重（1章，2章，4章），等分布荷重（8章，9章）

---

† 本書に出る「断面極二次モーメント」は，『学術用語集　建築学編（増訂版）』（文部省・日本建築学会共編）では「断面二次極モーメント」とされているが，一般には「断面極二次モーメント」が広く使われているため，本書でも「断面極二次モーメント」と表記した。

【X】　x：水平軸（全般），水平軸方向の距離（全般），材軸（8章），変位（11章），相対変位（11章）
　　　$\dot{x}$：速度（11章）
　　　$\ddot{x}$：加速度（11章）
　　　x_G：水平方向の図心位置（6章）
　　　X：水平軸方向の力の成分（全般），図心を通る水平軸（6章），最大振幅（11章）
　　　$X_{(A)}$：点Aでの水平方向の力の成分（3章，5章）

【Y】　y：鉛直軸（全般），鉛直軸方向の距離（全般），反曲点高比（10章），地動変位（11章）
　　　$\dot{y}$：地動速度（11章）
　　　$\ddot{y}$：地動加速度（11章）
　　　y_G：鉛直方向の図心位置（6章）
　　　Y：鉛直軸方向の力の成分（全般），図心を通る鉛直軸（6章）
　　　Y_U：図心を通る軸から断面上端までの距離（6章）
　　　Y_L：図心を通る軸から断面下端までの距離（6章）
　　　$Y_{(A)}$：点Aでの鉛直方向の力の成分（3章）

【Z】　Z：断面係数（7章）
　　　Z_{xU}：断面の上端に関する断面係数（6章，7章）
　　　Z_{xL}：断面の下端に関する断面係数（6章，7章）
　　　Z_c：圧縮側の断面係数（7章）
　　　Z_t：引張側の断面係数（7章）

【ギリシャ文字】
　　　γ（ガンマ）：単位体積重量（1章，8章），せん断ひずみ度（8章），中間荷重で生じる節点角（9章）
　　　δ（デルタ）：たわみ（7章），伸び（8章），変形（8章）
　　　δ_S：層間変位（10章）
　　　ε（イプシロン）：垂直ひずみ度（8章）
　　　θ（シータ）：たわみ角（8章），節点角（9章）
　　　λ（ラムダ）：細長比（8章）
　　　ν（ヌー，ニュー）：ポアソン比（8章）
　　　π（パイ）：円周率（6章）
　　　ρ（ロー）：曲率半径（8章）
　　　σ（シグマ）：垂直応力度（7章，8章）
　　　σ_{cr}：座屈応力度（8章）
　　　τ（タウ）：せん断応力度（7章，8章）
　　　τ_a：平均せん断応力度（7章）
　　　τ_{max}：最大せん断応力度（7章）
　　　φ（ファイ）：（$=2EK_0\theta$）剛比によるたわみ角法の基本式に用いる節点角（9章，10章）
　　　ψ（プサイ）：（$=-6EK_0R$）剛比によるたわみ角法の基本式に用いる部材角（10章）
　　　ω（オメガ）：円振動数（11章）
　　　ω_0：固有円振動数（11章）

索　　　引

【あ】
アーチ　　　　　　　　　45
圧　縮　　　　　　　　　30
アーム長　　　　　　　　 2
安　定　　　　　　　　 159

【い】
異形ラーメン　　　　　　77
移動端　　　　　　　　　24

【う，え】
運動方程式　　　　　　216
円振動数　　　　　　　212

【お】
オイラーの座屈荷重　　153
応　力　　　　　　　　　28
応力図　　　　　　　　　56
応力度　　　　　　　　112

【か】
回転角　　　　　　　　137
回転端　　　　　　　　　24
回転半径　　　　　　　156
解放モーメント　　　　189
カイン　　　　　　　　211
重ね合わせの原理　　65, 165
荷重項　　　　　　　　166
風荷重　　　　　　　　　23
加速度　　　　　　　211, 213
加速度応答　　　　　　222
片持ち梁　　　　　　　　53
ガル　　　　　　　　　211
慣性力　　　　　　23, 213, 216

【き】
基準強度　　　　　　　126
強　度　　　　　　　　126
共役性　　　　　　　　124
共役梁　　　　　　　　148
曲　率　　　　　　　　140
曲率半径　　　　　　　139
許容応力度　　　　　　127
許容応力度設計　　　　127

【く】
偶　力　　　　　　　　　 7
偶力モーメント　　　　　 8

【け】
ゲルバー梁　　　　　　　92
限界細長比　　　　　　156

減衰係数　　　　　　　214
減衰振動　　　　　　　215
減衰定数　　　　　　　218
減衰力　　　　　　　213, 215

【こ】
剛接合　　　　　　　　　24
剛節接合材数　　　　　161
剛　度　　　　　　　　169
剛　比　　　　　　　　170
合　力　　　　　　　　　10
固定端　　　　　　　　　24
固定端モーメント　　　166
固定モーメント法　　　189
固有円振動数　　　　　218
固有周期　　　　　　　218
固有振動数　　　　　　218

【さ】
材　軸　　　　　　　　137
材　質　　　　　　　　132
最大加速度応答　　　　222
最大せん断応力度　　　121
最大変位応答　　　　　222
最大曲げ応力度　　　　114
材端モーメント　　　　164
座　屈　　　　　　　　151
座屈応力度　　　　　　155
座屈荷重　　　　　　　153

【し】
軸　力　　　　　　　　　28
軸力図　　　　　　　　　81
時刻歴波形　　　　　　210
自　重　　　　　　　　　23
地震荷重　　　　　　　　23
地震計　　　　　　　　210
地震動　　　　　　　　210
地震力　　　　　　　　　23
質　量　　　　　　　6, 23, 214
支　点　　　　　　　　　24
弱　軸　　　　　　　　153
斜　材　　　　　　　　　77
周　期　　　　　　　　212
自由振動　　　　　　　218
自由端　　　　　　　　　24
集中荷重　　　　　　　12, 23
重力加速度　　　　　　215
振動学　　　　　　　　209
振動数　　　　　　　　212

【す】
垂直応力度　　　　　　112

垂直ひずみ度　　　　　131
水平剛性　　　　　　　204
数式解法　　　　　　　　36
図式解法　　　　　　　　36
図　心　　　　　　　　　96
図心軸　　　　　　　　102
スパン　　　　　　　　　93
スラスト　　　　　　　　93

【せ】
静定構造物　　　　　24, 160
静定トラス　　　　　　　36
静定ラーメン　　　　　　72
静的問題　　　　　　　209
積載荷重　　　　　　　　23
設計基準強度　　　　　127
絶対加速度　　　　　　216
切断法　　　　　　　　　42
節　点　　　　　　　　　24
節点移動
　── のあるラーメン　　180
　── のないラーメン　　180
　── を考慮したたわみ角法の
　　基本式　　　　　　194
節点角　　　　　　　　164
節点法　　　　　　　　　36
節点方程式　　　　　172, 181
せん断応力度　　　　112, 121
せん断弾性係数　　　　136
せん断ひずみ度　　　　135
せん断力　　　　　　　　28
せん断力図　　　　　　57, 81
せん力方程式　　　　　196

【そ】
層間変位　　　　　　　204
層剛性　　　　　　　　204
層せん断力　　　　　　196
層せん断力係数　　　　223
相対変位　　　　　　　217
増　幅　　　　　　　　222
層方程式　　　　　　　196
速　度　　　　　　　211, 213

【た】
ダッシュポット　　　　215
建物応答　　　　　　　210
建物の地震応答　　　　210
たわみ　　　　　　　　137
たわみ角　　　　　　　137
たわみ角法　　　　　158, 164
たわみ角法の基本式　　165
単位体積重量　　　　　　12

索引

短期荷重	127
単純支持梁	47
単純支持ラーメン	72
単純梁	47
弾性曲線式	141
弾性座屈荷重	153
断面一次モーメント	96
断面極二次モーメント	108
断面係数	107, 114
断面二次半径	156
断面二次モーメント	101

【ち】

力	
——の3要素	2
——のモーメント	2
地動	210
地動入力時の運動方程式	217
中間荷重	164
中立軸	114
長期荷重	127
調和波	212

【つ,て】

釣合い条件式	18
適合条件	164

【と】

土圧	23
到達モーメント	186
到達率	186
動的問題	209
等分布荷重	12, 23
等変分布荷重	14, 23
トラス	18, 34

【に,の】

入力地震動	210
伸び	131

【は】

ばね定数	133, 204, 214
バリニオンの定理	11
反曲点	200
反曲点高比	201
反曲点高さ	201
判別式	160
反力	25

【ひ】

ひずみ度	131
左側の部分構造	43, 49, 72
引張	30
ピン	24
ピン接合	24

【ふ】

不安定	159
復元力	216
部材角	194
不静定構造物	24, 160
不静定次数	160
不静定ラーメン	72
縁応力度	114
フックの法則	132
不釣合いモーメント	189
部分構造	43
分配率	186
分布荷重	12

【へ】

平均せん断応力度	121
平行弦トラス	34
平行軸の定理	103
平面保持	114
ベースシア係数	223
変位	137, 211
変位応答	222
変形	131, 137
変形角	137
偏心荷重	118

偏心距離	118

【ほ】

ポアソン比	136
細長比	156

【ま】

曲げ応力度	113
曲げ剛性	137
曲げモーメント	28
曲げモーメント図	57, 81
マトリックス構造計算	158

【み,む】

右側の部分構造	50, 72
武藤のD値法	202

【も】

モーメント	2
モーメントアーム	2
モーメント荷重	58
モールの定理	147
門形ラーメン	72

【や,ゆ】

ヤング係数	132
有効剛比	187
有効座屈長さ	154
有効細長比	156

【ら】

ラーメン	24
ライズ	93

【り】

リッター法	42
両端固定梁	163

【れ,ろ】

連続梁	175
ローラー	24

【G】

gal	211

【K】

kine	211

【M】

M図	57, 81

【N】

N図	81

【Q】

Q図	57, 81
1質点系モデル	215
3ヒンジラーメン	87

―― 編著者・著者・監修者略歴 ――

永野　正行（ながの　まさゆき）
1988 年　早稲田大学大学院修士課程了
1988 年　鹿島建設株式会社
1998 年　博士（工学）（早稲田大学）
2008 年　東京理科大学理工学部教授
　　　　　現在に至る
共著に『建築振動を学ぶ―地震から免震、制震まで―』、『入門・建物と地盤との動的相互作用』、『建物と地盤の動的相互作用を考慮した応答解析と耐震設計』ほか

井口　道雄（いぐち　みちお）
1966 年　早稲田大学大学院修士課程了
1974 年　工学博士（早稲田大学）
1978 年　Univ. of Calif. San Diego 客員研究員
1985 年　東京理科大学理工学部教授
2009 年　東京理科大学名誉教授
共著に『入門・建物と地盤との動的相互作用』、『建築構造力学の最近の発展』、『建築構造力学演習／教科書』ほか

肥田　剛典（ひだ　たけのり）
2005 年　千葉大学大学院修士課程了
2005 年　国土交通省関東地方整備局
2010 年　京都大学大学院博士課程了
　　　　　博士（工学）
2011 年　東京理科大学助教
2014 年　東京大学助教
2021 年　茨城大学大学院准教授
　　　　　現在に至る

学びやすい建築構造力学
――力の釣合いから振動まで――

Fundamentals of Structural Mechanics—From equilibrium of force to vibration—
　　　　　　　　　　　　　　　　　　　Ⓒ Nagano, Hida, Iguchi　2015

2015 年 3 月 25 日　初版第 1 刷発行　　　　　　　　　　　　　　★
2023 年 1 月 20 日　初版第 3 刷発行

	編著者	永　野　正　行
検印省略	著　者	肥　田　剛　典
	監修者	井　口　道　雄
	発行者	株式会社　コロナ社
		代表者　牛来真也
	印刷所	萩原印刷株式会社
	製本所	有限会社　愛千製本所

112-0011　東京都文京区千石 4-46-10
発 行 所　株式会社　コ ロ ナ 社
CORONA PUBLISHING CO., LTD.
Tokyo Japan
振替 00140-8-14844・電話(03)3941-3131(代)
ホームページ https://www.coronasha.co.jp

ISBN 978-4-339-05242-8　C3052　Printed in Japan　　　　　　（中原）

〈出版者著作権管理機構　委託出版物〉
本書の無断複製は著作権法上での例外を除き禁じられています。複製される場合は、そのつど事前に、出版者著作権管理機構（電話 03-5244-5088、FAX 03-5244-5089、e-mail: info@jcopy.or.jp）の許諾を得てください。

本書のコピー、スキャン、デジタル化等の無断複製・転載は著作権法上での例外を除き禁じられています。購入者以外の第三者による本書の電子データ化及び電子書籍化は、いかなる場合も認めていません。
落丁・乱丁はお取替えいたします。